Der Mann mit den zwei linken Füßen und andere Geschichten

PG Wodehouse

Writat

Cette édition parue en 2024

ISBN : 9789359946368

Publié par
Writat
email : info@writat.com

Inhalt

BILL DER BLUTHUND

Es gibt eine Göttlichkeit, die unsere Ziele formt. Betrachten Sie den Fall des Detektivs Henry Pifield Rice.

Ich muss es Henry frühzeitig erklären, um Enttäuschungen zu vermeiden. Wenn ich einfach sagen würde, dass er ein Detektiv ist, und es dabei belassen würde, würde ich unter Vorspiegelung falscher Tatsachen das Interesse des Lesers wecken . Er war eigentlich nur eine Art Detektiv, eine Art Detektiv. Im Staffords International Investigation Bureau am Strand, wo er angestellt war, verlangte man von ihm nicht, Rätsel zu lösen, die die Polizei vor ein Rätsel gestellt hatten. Er hatte noch nie in seinem Leben einen Fußabdruck gemessen, und was er nicht über Blutflecken wusste, hätte eine ganze Bibliothek gefüllt. Die Aufgabe, die sie Henry gaben, bestand darin, im Regen vor einem Restaurant zu stehen und zu notieren, wann jemand drinnen das Restaurant verließ. Kurz gesagt, es ist nicht „ Pifield Rice, Ermittler." Nr. 1. – Das Abenteuer des Maharadscha-Rubins", das ich Ihnen zur Kenntnis lege, aber die unsensationellen Taten eines recht alltäglichen jungen Mannes, der seinen Kameraden im FBI gelegentlich als „Fettkopf" bekannt ist, „Dieser Schurke, was ist sein …" Name' und ‚Hier, du!'

Henry lebte in einer Pension in der Guildford Street. Eines Tages kam ein neues Mädchen in die Pension und saß beim Essen neben Henry. Ihr Name war Alice Weston. Sie war klein und ruhig und ziemlich hübsch. Sie haben sich prächtig verstanden. Ihr Gespräch, das sich zunächst auf das Wetter und die bewegten Bilder beschränkte, wurde schnell intimer. Henry war überrascht, dass sie im Refrain auf der Bühne stand. Frühere Chormädchen in der Pension waren von ausgeprägterem Typ – gute Mädchen, aber laut und neigten dazu, Schönheitsflecken zu tragen. Alice Weston war anders.

„Ich probe gerade", sagte sie. „Ich gehe nächsten Monat mit „The Girl From Brighton" auf Tour. Was machen Sie, Mr. Rice?'

Henry hielt einen Moment inne, bevor er antwortete. Er wusste, wie sensationell er sein würde.

„Ich bin Detektiv."

Wenn er Mädchen von seinem Beruf erzählte, ertönte normalerweise ein Quieken verblüffter Bewunderung. Nun war es ihm betrübt, in den braunen Augen zu sehen, dass ihm deutliche Missbilligung begegnete.

'Was ist los?' sagte er ein wenig besorgt, denn schon zu diesem frühen Zeitpunkt ihrer Bekanntschaft verspürte er den starken Wunsch, ihre Zustimmung zu gewinnen. „Magst du keine Detektive?"

'Ich weiß nicht. Irgendwie hätte ich nicht glauben sollen, dass du einer bist.'

Dies stellte Henrys Gleichmut etwas wieder her. Natürlich möchte ein Detektiv nicht wie ein Detektiv aussehen und gleich zu Beginn alles verraten.

„Ich denke – du wirst nicht beleidigt sein?"

'Mach weiter.'

hinterhältigen Job angesehen ."

'Hinterhältig!' stöhnte Henry.

„Na ja, herumschleichen und Leute ausspionieren."

Henry war entsetzt. Sie hatte sein eigenes Handwerk genau definiert. Es mochte Detektive geben, deren Arbeit über diesen Vorwurf erhaben war, aber er war ein überzeugter Schleicher, und das wusste er. Es war nicht seine Schuld. Der Chef sagte ihm, er solle kriechen, und er kroch. Wenn er sich weigerte zu kriechen, würde er *sofort entlassen werden* . Es war schwer, und doch spürte er den Schmerz ihrer Worte, und in seiner Brust keimten die ersten Samen der Unzufriedenheit mit seinem Beruf.

Man hätte meinen können, dass diese Offenheit des Mädchens Henry davon abgehalten hätte, sich in sie zu verlieben. Sicherlich wäre es würdevoller gewesen, seinen Platz am Tisch zu wechseln und seine Mahlzeiten neben jemandem einzunehmen, der die Romantik der Detektivarbeit ein wenig mehr schätzte. Aber nein, er blieb, wo er war, und plötzlich erschoss ihn Amor, der nie zielsicherer schießt als durch den Dampf von Pensionshaschisch, dort, wo er saß.

Er machte Alice Weston einen Heiratsantrag. Sie lehnte ihn ab.

„Das liegt nicht daran, dass ich dich nicht mag. Ich glaube, du bist der netteste Mann, den ich je getroffen habe.' Eine Menge eifriger Aufmerksamkeit hatte es Henry ermöglicht, diesen Platz in ihrer Zuneigung zu gewinnen. Er hatte geduldig und gut gearbeitet, bevor er sein Vermögen tatsächlich auf die Probe stellte. „Ich würde dich morgen heiraten, wenn die Dinge anders wären." Aber ich bin auf der Bühne und ich werde dort bleiben. Die meisten Mädchen wollen davon loskommen, aber ich nicht. Und eine Sache, die ich niemals tun werde, ist, jemanden zu heiraten, der keinen Beruf ausübt. Meine Schwester Genevieve hat es getan, und schauen Sie, was mit ihr passiert ist. Sie hat einen Geschäftsreisenden geheiratet , und ich glaube, er reiste. Sie sah ihn im Laufe des Jahres nie länger als fünf Minuten, außer wenn er in derselben Stadt, in der sie ihre raffinierte Spezialität ausübte, Herrenstrumpfwaren verkaufte , und dann winkte er einfach mit der Hand, flitzte vorbei und machte sich wieder auf den Weg. Mein Mann muss in der

Nähe sein, wo ich ihn sehen kann. Es tut mir leid, Henry, aber ich weiß, dass ich recht habe.'

Es schien endgültig, aber Henry verzweifelte nicht völlig. Er war ein entschlossener junger Mann. Man muss längere Zeit im Regen vor Restaurants warten.

Er hatte eine Inspiration. Er suchte einen Dramatiker auf.

„Ich möchte auf die Bühne gehen, in der Musicalkomödie."

„Lass uns dich tanzen sehen."

„Ich kann nicht tanzen."

„Singen", sagte der Agent. „Hör auf zu singen", fügte der Agent hastig hinzu.

„Gehen Sie weg und trinken Sie eine schöne Tasse heißen Tee", sagte der Agent beruhigend, „und morgen früh wird es Ihnen genauso gut gehen wie allen anderen."

Henry ging weg.

Ein paar Tage später begrüßte ihn sein Kollege Simmonds im FBI.

„Hier, du! Der Chef will dich. Kopf hoch!'

Mr. Stafford sprach ins Telefon. Er legte den Hörer auf, als Henry eintrat.

„Oh, Rice, hier ist eine Frau, die möchte, dass ihr Mann beschattet wird, während er unterwegs ist. Er ist ein Schauspieler. Ich schicke dir. Gehen Sie zu dieser Adresse und holen Sie sich Fotos und alle Einzelheiten. „Du musst am Freitag den Elf-Uhr-Zug nehmen."

'Jawohl.'

„Er ist in der Gesellschaft von „The Girl From Brighton". Sie eröffnen in Bristol.'

Manchmal schien es Henry, als hätte das Schicksal es mit Absicht getan. Hätte es sich bei dem Auftrag um ein anderes Unternehmen gehandelt, wäre das völlig ausreichend gewesen, denn beruflich gesehen war es das Wichtigste, mit dem er je betraut worden war. Wenn er Alice Weston nie getroffen und ihre Ansichten zur Detektivarbeit gehört hätte, wäre er erfreut und geschmeichelt gewesen. Unter den gegebenen Umständen war es Henrys wohlüberlegte Meinung, dass das Schicksal ihm einen Streich gespielt hatte.

Erstens, was für eine Qual, immer in ihrer Nähe zu sein und sich nicht offenbaren zu können; um sie zu beobachten, während sie sich in Gesellschaft anderer Männer vergnügte. Er würde verkleidet sein und sie würde ihn nicht erkennen; aber er würde sie erkennen und seine Leiden würden schrecklich sein.

Zweitens, dass er praktisch in ihrer Gegenwart herumschleichen und spionieren musste –

Trotzdem war Geschäft Geschäft.

Um fünf Minuten vor elf des genannten Morgens war er am Bahnhof, ein falscher Bart und eine Brille schützten seine Identität vor der Öffentlichkeit. Hätte man ihn gefragt, hätte er gesagt, er sei ein schottischer Geschäftsmann. Tatsächlich sah er eher wie ein Auto aus, das durch einen Heuhaufen fährt.

Der Bahnsteig war überfüllt. Freunde des Unternehmens waren gekommen, um das Unternehmen zu verabschieden. Henry schaute diskret hinter einem stämmigen Träger zu, dessen Körper einen großen Schirm bildete. Trotz seines Willens war er beeindruckt. Die Bühne aus nächster Nähe begeisterte ihn immer. Er erkannte Berühmtheiten. Der dicke Mann im braunen Anzug war Walter Jelliffe, der Komiker und Star der Firma. Er starrte ihn durch die Brille scharf an. Andere der Berühmten waren verstreut. Er sah Alice. Sie sprach mit einem Mann, dessen Gesicht wie ein Beil aussah, und lächelte auch, als würde es ihr Spaß machen. Hinter dem verfilzten Blattwerk, das er seinem Gesicht zugefügt hatte, klappten Henrys Zähne knackend zusammen.

In den darauffolgenden Wochen, in denen er die Gesellschaft von „The Girl From Brighton" von Stadt zu Stadt begleitete, war es schwer zu sagen, ob Henry glücklich oder unglücklich war. Einerseits war die Erkenntnis, dass Alice so nah und doch so unzugänglich war, eine ständige Quelle des Elends; Dennoch musste er andererseits zugeben, dass es für ihn eine echte Herausforderung war, so durch das Land zu schlendern.

Er war für so ein Leben geschaffen, überlegte er. Das Schicksal hatte ihn in ein Londoner Büro geschickt, aber was er wirklich genoss, war dieses uneingeschränkte Reisen. Etwas Zigeunergefühl in ihm machte selbst die offensichtlichen Unannehmlichkeiten einer Theatertournee angenehm. Er fuhr gern mit dem Zug; es gefiel ihm, in fremde Hotels einzudringen; vor allem genoss er das künstlerische Vergnügen, ahnungslose Mitmenschen zu beobachten, als wären sie Ameisen.

Das war wirklich das Beste an der ganzen Sache. Für Alice war es völlig in Ordnung, über Schleichen und Spionieren zu sprechen, aber wenn man es unvoreingenommen betrachtete, war daran überhaupt nichts Erniedrigendes. Es war eine Kunst. Es brauchte Köpfchen und ein Genie für die Verkleidung, um aus einem Mann einen erfolgreichen Kriecher und Spion zu machen. Du könntest dir nicht einfach sagen: „Ich werde kriechen." Wenn Sie es in Ihrer eigenen Person versuchen würden, würden Sie sofort entdeckt werden. Man musste geschickt darin sein, seine Persönlichkeit zu verbergen. Man musste in Bristol ein Mann sein und in Hull ein ganz anderer Mann — vor allem, wenn man, wie Henry, ein geselliges Gemüt hatte und die Gesellschaft der Schauspieler mochte.

Die Bühne hatte Henry schon immer fasziniert. Es war für ihn aufregend, selbst unbedeutende Berufsangehörige abseits der Bühne zu treffen. In seiner Pension gab es einen ruhenden Jugendlichen von fittem Kaliber, der immer einen Schilling aus ihm herausholen konnte, indem er einfach darüber sprach, wie er eingesprungen war und in den Dörfern, die er im Laufe der Zeit besucht hatte, die Show gerettet hatte seine Wanderungen. Und auf dieser „Girl From Brighton"-Tour stand er in ständigem Kontakt mit Männern, die wirklich etwas bedeuteten. Walter Jelliffe war eine Berühmtheit gewesen, als Henry zur Schule ging; und Sidney Crane, der Bariton, und andere aus der großen Besetzung waren allesamt in London keine Unbekannten. Henry machte ihnen eifrig den Hof.

Es war nicht schwer gewesen, mit ihnen Bekanntschaft zu schließen. Die Firmenchefs übernachteten stets im besten Hotel, und auch Henry zahlte seine Kosten von seinem Arbeitgeber. Es war die einfachste Möglichkeit, die Kluft zwischen Nichtbekanntschaft und herzlicher Freundschaft mit einem gut getimten Whisky und Soda zu überbrücken. Insbesondere Walter Jelliffe war besonders zugänglich. Jedes Mal, wenn Henry ihn ansprach — natürlich als eine andere Person — und die Freundschaft, die er in der letzten Stadt genossen hatte, in neuer Verkleidung erneuerte, kam Walter Jelliffe ihm mehr als auf halbem Weg entgegen.

In der sechsten Woche der Tournee lud ihn der Komiker ein, in sein Zimmer zu kommen und eine Zigarre zu rauchen, indem er ihn von einer rein zufälligen Bekanntschaft abhob.

Henry war erfreut und geschmeichelt. Jelliffe war eine Persönlichkeit, die immer von Bewunderern umgeben war, und das Kompliment war daher von großer Bedeutung.

Er zündete seine Zigarre an. Unter seinen Freunden im Green-Room Club war man sich einig, dass Walter Jelliffe mit seinen Zigarren in den Geltungsbereich des Gesetzes fiel, das das Tragen versteckter Waffen verbot; aber Henry hätte die Gabe eines solchen Mannes geraucht, wenn es ein Kohlblatt gewesen wäre. Er schnaufte zufrieden davon. Er war in dieser Woche als alter indischer Oberst geschminkt und lobte seinen Gastgeber für den Duft mit einer feinen, altmodischen Höflichkeit.

Walter Jelliffe schien zufrieden zu sein.

'Recht bequem?' er hat gefragt.

„ Vielen Dank , ich danke Ihnen", sagte Henry und streichelte seinen silbernen Schnurrbart.

'Das ist richtig. Und jetzt sagen Sie mir, alter Mann, wer von uns ist es, den Sie verfolgen?'

Henry hätte beinahe seine Zigarre verschluckt.

'Wie meinst du das?'

„Ach, kommen Sie", protestierte Jelliffe ; „Es gibt keinen Grund, mit mir weiterzumachen." Ich weiß, dass Sie ein Detektiv sind. Die Frage ist: Wer ist der Mann, den Sie suchen? „Das haben wir uns alle die ganze Zeit gefragt."

Alle! Sie hatten sich alle gefragt! Es war schlimmer, als Henry es sich hätte vorstellen können. Bisher hatte er sich seine Position gegenüber der Firma „The Girl From Brighton" eher als die eines Wissenschaftlers vorgestellt, der sehend, aber unsichtbar, die Bewohner eines Wassertropfens unter seinem Mikroskop im Auge behält. Und sie hatten ihn alle entdeckt – jeder einzelne von ihnen.

Es war ein atemberaubender Schlag. Wenn es eine Sache gab, auf die Henry stolz war, dann war es die Undurchdringlichkeit seiner Verkleidungen. Er könnte langsam sein; er könnte auf der dummen Seite sein; aber er konnte sich verkleiden. Er trug verschiedene Verkleidungen, von denen jede dazu gedacht war, die Öffentlichkeit hoffnungsloser zu täuschen als die andere.

Wenn man die Straße hinuntergeht, trifft man auf einen typischen Geschäftsreisenden , der adrett und aufmerksam ist. Anon, du bist einem stark bärtigen Australier begegnet. Später war es vielleicht ein höflicher alter Oberst im Ruhestand, der Sie anhielt und sich nach dem Weg zum Trafalgar Square erkundigte. Noch später bat Sie ein ziemlich auffälliger Sportler um ein Streichholz für seine Zigarre. Hätten Sie auch nur einen Augenblick vermutet, dass jede dieser sehr unterschiedlichen Persönlichkeiten in Wirklichkeit ein einziger Mann ist?

Sicherlich würden Sie das tun.

Henry wusste es nicht, aber er hatte sich in den Augen des kleinen Dieners, der an der Haustür seiner Pension klingelte, einen wohlbekannten Ruf als Humorist der eher praktischen Art erworben. Es war seine Gewohnheit, seine Verkleidungen an ihr auszuprobieren. Er klingelte, erkundigte sich nach der Vermieterin und sprang, wenn Bella gegangen war, die Treppe zu seinem Zimmer hinauf. Hier würde er die Verkleidung ablegen, wieder sein normales Aussehen annehmen und wieder die Treppe herunterkommen, wobei er eine nachlässige Miene summte. Währenddessen vertraute Bella in der Küche ihrem Verbündeten, der Köchin, an, dass „ Mr. Rice scherzhaft hereingekommen war und wieder irgendwie komisch aussah ".

Er saß da und starrte Walter Jelliffe an . Der Komiker betrachtete ihn neugierig.

„Du siehst mindestens hundert Jahre alt aus“, sagte er. „Als was bist du geschminkt? Ein Stück Gorgonzola?'

Henry warf einen hastigen Blick in den Spiegel. Ja, er sah ziemlich alt aus. Er muss einige der Falten auf seiner Stirn übertrieben haben. Er sah irgendwo zwischen einem jungen Hundertjährigen und einem Neunzigjährigen aus, der schon viel Ärger erlebt hatte.

„Wenn Sie wüssten, wie Sie das Unternehmen demoralisieren“, fuhr Jelliffe fort, „würden Sie es aufgeben.“ So viele Jungs wie nie zuvor, bis du vorbeikamst. Jetzt müssen sie nur noch darauf wetten, welche Verkleidung Sie für die nächste Stadt wählen werden. Ich verstehe nicht, warum man so oft wechseln muss. Als Schotte in Bristol warst du in Ordnung. Wir haben alle gesagt, wie schön du aussiehst. Daran hättest du festhalten sollen. Aber was macht man in Hull, als mit struppigem Schnurrbart und Tweedanzug hereinzurollen und morsch auszusehen? Das alles ist jedoch nebensächlich. Es ist ein freies Land. Wenn Sie Ihre Schönheit verwöhnen möchten, gibt es vermutlich kein Gesetz dagegen. Was ich wissen möchte ist: Wer ist der Mann? Wessen Spur schnüffelst du, Bill? Verzeihen Sie mir, dass ich Sie Bill nenne. In der Firma sind Sie als Bill the Bloodhound bekannt. Wer ist der Mann?'

„Macht nichts“, sagte Henry.

Als er das tat, wurde ihm bewusst, dass es keine sehr geschickte Erwiderung war, aber er fühlte sich zu schwach für eine zufriedenstellende Schlagfertigkeit. Kritik im Präsidium, die sich mit seiner angeblichen Solidität des Schädels befasste, nahm er nicht übel. Er führte sie auf das natürliche Verlangen des Menschen zurück, seine Mitmenschen zu ärgern. Aber auf diese Weise von der Öffentlichkeit entlarvt zu werden, war eine andere Sache. Es hat alles an der Wurzel getroffen.

„Aber es macht mir etwas aus“, wandte Jelliffe ein . „Es ist das Wichtigste. Es hängt viel Geld daran. Wir veranstalten im Unternehmen ein Gewinnspiel, bei dem der Inhaber des Gewinnernamens die gesamten Einnahmen erhält. Aufleuchten. Wer ist er?'

Henry stand auf und ging zur Tür. Seine Gefühle waren zu tief für Worte. Sogar ein kleiner Detektiv hat seinen Berufsstolz; Und das Wissen, dass seine Spionage von seiner Beute zur Grundlage von Gewinnspielen gemacht wird, bringt die Sache auf den Punkt.

„Hier, geh nicht! Wo gehst du hin?'

„Zurück nach London“, sagte Henry bitter. „Es tut mir sehr gut, dass ich jetzt hier bleibe, nicht wahr?“

„Ich würde sagen, das war es – für mich.“ Beeilen Sie sich nicht. Sie denken, dass Ihr Nutzen als Detektiv, da wir jetzt alles über Sie wissen, etwas nachgelassen hat. Ist es das?'

'Also?'

„Nun, warum sollte man sich Sorgen machen? Was ist Ihnen wichtig? Sie werden nicht nach Ergebnissen bezahlt, oder? Ihr Chef sagte: „Gehen Sie mit.“ Dann tun Sie es. Ich würde es hassen, dich zu verlieren. Ich nehme nicht an, dass Sie es wissen, aber Sie waren das beste Maskottchen dieser Tour, das mir je begegnet ist. Von Anfang an haben wir enorme Geschäfte gemacht. Ich würde lieber eine schwarze Katze töten, als dich zu verlieren. Lass die Verkleidungen fallen und bleib bei uns. Kommen Sie hinter alles, was Sie wollen, und seien Sie kontaktfreudig.'

Ein Detektiv ist nur ein Mensch. Je weniger ein Detektiv ist, desto menschlicher ist er. Henry war kein großer Detektiv und seine menschlichen Eigenschaften waren dementsprechend hoch entwickelt. Als Junge hatte er der Neugier nie widerstehen können. Wenn sich auf der Straße eine Menschenmenge versammelte , gesellte er sich immer zu ihr und wäre stehengeblieben, um ein Fenster mit der Aufschrift „Pass auf dieses Fenster auf“ anzustarren, wenn er um sein Leben vor wilden Bullen geflohen wäre. Er hatte schon immer den großen Wunsch, eines Tages hinter die Kulissen eines Theaters zu blicken.

Und da war noch etwas anderes. Wenn er diese Einladung annahm, konnte er endlich Alice Weston sehen und mit ihr sprechen und sich in die Manöver des Mannes mit dem scharfen Gesicht einmischen, über den er seit jenem ersten Morgen auf dem Bahnhof mit Argwohn und Eifersucht gebrütet hatte. Um Alice zu sehen! Vielleicht mit Beredsamkeit, um sie von ihrem lächerlichen Vorsatz abzubringen!

„Da ist doch was dran“, sagte er.

'Eher! Nun, das ist geklärt. Und jetzt, wo ich diesen Schwung berühre, wer *ist* das?‘

„Das kann ich dir nicht sagen. Sehen Sie, soweit das geht, bin ich genau da, wo ich vorher war. Ich kann immer noch zusehen – wen auch immer ich beobachte.“

„Lass es, damit du es kannst.“ Daran habe ich nicht gedacht“, sagte Jelliffe , der ein sensibles Gewissen hatte. „Rein unter uns, *ich bin* es doch nicht, oder?“

Henry musterte ihn unergründlich. Er konnte manchmal undurchschaubar aussehen.

'Ah!' sagte er und ging schnell, mit dem Gefühl, dass sein Abgang gut gewesen sei, egal wie schlecht er während des eigentlichen Interviews aufgetreten war. In Sachen Tarnung hätte er vielleicht versagt, aber niemand hätte diesem „Ah!" mehr stille Unheimlichkeit verleihen können. Es beruhigte ihn sehr und sorgte für eine friedliche Nachtruhe.

Am folgenden Abend befand sich Henry zum ersten Mal in seinem Leben hinter den Kulissen eines Theaters und begann sofort, all die komplexen Emotionen zu erleben, die den Laien in dieser Situation überkommen. Das heißt, er fühlte sich wie eine Katze, die sich in einen seltsamen, feindseligen Hinterhof verirrt hatte. Er befand sich in einer neuen Welt, bewohnt von seltsamen Kreaturen, die in einem unheimlichen Halbdunkel umherhuschten, wie bunte Tiere in einer Höhle.

„The Girl From Brighton" war eine dieser exotischen Produktionen, die speziell für den müden Geschäftsmann entworfen wurden. Der Erfolg beruhte zu einem großen Teil auf der Größe und dem Erscheinungsbild des Chors sowie auf dessen ständigen Kostümwechsel. Infolgedessen war Henry das Zentrum eines kaleidoskopischen Wirbels weiblicher Schönheit, gekleidet, um eine so unterschiedliche Flora und Fauna wie Kaninchen, Pariser Studenten, College-Studenten, holländische Bauern und Narzissen darzustellen. Die Musikkomödie ist der irische Eintopf des Dramas. Es kann alles hineingegeben werden, mit der Gewissheit, dass es den Gesamteffekt verbessert.

Er suchte in der Menge nach Alice. So oft er das Stück während seiner sechswöchigen Wanderung durch die Wildnis gesehen hatte , war es ihm nie gelungen, sie von der Vorderseite des Hauses aus zu erkennen. Möglicherweise, dachte er, sei sie bereits auf der Bühne, versteckt in einem Rosenstrauch oder einem anderen Strauch, bereit, auf das Signal hin in kurzen Röcken auf das Publikum zu stürzen; Denn in „The Girl From Brighton" könnte sich fast alles plötzlich in ein Chormädchen verwandeln.

Dann sah er sie zwischen den Narzissen. Sie war keine besonders überzeugende Narzisse, aber für Henry sah sie gut aus. Mit wackelnden Knien drängte er sich durch die Menge und ergriff begeistert ihre Hand.

„Warum, Henry! Woher kommst du?'

'Ich *bin* froh, dich zu sehen!'

'Wie bist du hier her gekommen?'

'Ich *bin* froh, dich zu sehen!'

An diesem Punkt forderte der Bühnenmanager Henry mit lautem Gebrüll aus dem Pult dazu auf, damit aufzuhören. Es ist eines der Geheimnisse der Akustik hinter den Kulissen, dass das Flüstern eines minderjährigen Mitglieds der Truppe im ganzen Haus zu hören ist, während der Bühnenmanager sich austoben kann, ohne das Publikum zu stören.

Henry, beeindruckt von der Autorität, verfiel wieder in Schweigen. Von der unsichtbaren Bühne ertönte der Klang von jemandem, der ein Lied über den Mond sang. Juni wurde ebenfalls erwähnt. Er erkannte, dass das Lied ihn schon immer gelangweilt hatte. Er mochte die Frau nicht, die es sang – eine Miss Clarice Weaver, die Sidney Cranes Heldin die Heldin des Stücks vorspielte.

Seiner Meinung nach war er nicht allein. Miss Weaver war in der Firma nicht beliebt. Sie hatte sich die Stelle eher als Beweis persönlicher Wertschätzung seitens des Managements gesichert und nicht aufgrund einer angeborenen Fähigkeit. Sie sang schlecht, verhielt sich gleichgültig und wusste nicht, was sie mit ihren Händen anfangen sollte. All diese Dinge hätte man ihr vielleicht verzeihen können, aber sie ergänzte sie durch das Verbrechen, das in Bühnenkreisen als „Herumwerfen" bekannt ist. Das heißt, es war schwer, sie zufrieden zu stellen, und wenn sie nicht zufrieden war, neigte sie dazu, dies unmissverständlich zu sagen. Seinen persönlichen Freunden hatte Walter Jelliffe häufig anvertraut, dass er, obwohl er kein reicher Mann sei, auf der Suche nach einer beträchtlichen Belohnung für jeden sei, der Manns genug sei, eine Tonne Eisen auf Miss Weaver fallen zu lassen.

Heute Abend ärgerte das Lied Henry mehr als sonst, denn er wusste, dass die Narzissen sehr bald auf die Bühne kommen würden, um die Wahrhaftigkeit der Szene zu untermauern, indem sie mit den Kaninchen Tango tanzten. Er bemühte sich , die ihm zur Verfügung stehende Zeit optimal zu nutzen.

'Ich *bin* froh, dich zu sehen!' er sagte.

„ Sch -h!" sagte der Bühnenmanager.

Henry war entmutigt. Romeo hätte unter diesen Bedingungen nicht schlafen können. Und dann, gerade als er sich zusammenreißen wollte, um noch einmal von vorne zu beginnen, wurde sie durch die Anforderungen des Stücks von ihm gerissen.

Er wanderte launisch in das staubige Halbdunkel. Er vermied die Eingabeaufforderung, von wo aus er einen Blick auf sie hätte erhaschen können, da er den Inspizient gerade jetzt nicht treffen wollte.

Walter Jelliffe kam auf ihn zu, als er auf einer Kiste saß und über das Leben nachdachte.

„Etwas weniger Double Forte, alter Mann", sagte er. „Miss Weaver hat wegen des Lärms nebenbei herumgetrampelt. Sie wollte, dass du rausgeworfen wirst, aber ich sagte, du wärst mein Maskottchen und ich würde lieber sterben, als mich von dir zu trennen. Aber ich denke, ich sollte trotzdem vorsichtig mit den Brustzetteln umgehen.'

Henry nickte launisch. Er war deprimiert. Er hatte das Gefühl, das dem Eindringling hinter den Kulissen so leicht fällt, dass ihn niemand liebte.

Das Stück ging weiter. Von der Vorderseite des Hauses her deutete brüllendes Gelächter auf die Anwesenheit von Walter Jelliffe auf der Bühne hin, während hin und wieder eine lethargische Stille darauf hindeutete, dass Miss Clarice Weaver im Einsatz war. Von Zeit zu Zeit füllte sich der leere Raum um ihn herum mit Mädchen, die nach der überschwänglichen Fantasie des Produzenten des Stücks gekleidet waren. Wenn dies geschah, sprang Henry von seinem Sitz auf und versuchte, Alice zu finden; aber immer, genau dann, wenn er glaubte, es getan zu haben, brach das verborgene Orchester in Melodien aus und der Chor wurde nach vorne gerufen.

Erst spät im zweiten Akt fand er Gelegenheit zu weiteren Reden.

Die Handlung von „The Girl From Brighton" hatte zu diesem Zeitpunkt ein kritisches Stadium erreicht. Die Situation war wie folgt: Der Held, der von seinem wohlhabenden und adligen Vater enterbt wurde, weil er sich in die Heldin, eine arme Verkäuferin, verliebt hatte, hat sich verkleidet (indem er eine andersfarbige Krawatte trug) und ist ihr nachgegangen in einen bekannten Badeort, wo sie, nachdem sie sich durch Umziehen verkleidet hat, als Kellnerin in der Rotunde an der Esplanade dient. Der Butler der Familie, verkleidet als Bath- Chair-Mann , ist dem Helden gefolgt, und der wohlhabende und adlige Vater, verkleidet als italienischer Opernsänger, ist aus einem Grund an den Ort gekommen, der, wenn auch äußerst vernünftig, im Moment unerklärlich ist die Erinnerung. Jedenfalls ist er da und sie treffen sich alle auf der Esplanade. Jeder erkennt den anderen, glaubt aber selbst, unerkannt zu sein. *Verlassen Sie* alle eilig und lassen Sie die Heldin allein auf der Bühne zurück.

Es ist eine Krise im Leben der Heldin. Sie begegnet ihm mutig. Sie singt ein Lied mit dem Titel „My Honolulu Queen" mit einem Chor aus japanischen Mädchen und bulgarischen Offizieren.

Alice war eines der japanischen Mädchen.

Sie stand etwas abseits von den anderen japanischen Mädchen. Henry war mit einem Satz auf sie los. Jetzt war seine Zeit. Er fühlte sich aufgeregt, voller überzeugender Worte. In der Zeit seit ihrem letzten Gespräch hatten hefige Gefühle seine Selbstbeherrschung beeinträchtigt. Für einen Neuling, der plötzlich hinter die Kulissen einer Musikkomödie stößt, ist es praktisch unmöglich, sich nicht in jemanden zu verlieben; und wenn er bereits verliebt ist, steigert sich seine Leidenschaft auf ein gefährliches Maß.

Henry hatte das Gefühl, dass es jetzt oder nie hieß. Er vergaß, dass es durchaus möglich und sogar vernünftig war, bis zum Ende der Aufführung zu warten und auf dem Rückweg zu ihrem Hotel erneut an Alice zu appellieren, ihn zu heiraten. Er hatte das Gefühl, dass er gerade mal eine Viertelminute Zeit hatte. Schnelle Reaktion! Das war Henrys Slogan.

Er ergriff ihre Hand.

„Alice!"

„ Sch -h!" zischte der Bühnenmanager.

'Hören! Ich liebe dich. Ich bin verrückt nach dir. Was spielt es für eine Rolle, ob ich auf der Bühne stehe oder nicht? Ich liebe dich.'

„Hör auf mit dem Krach!"

„Willst du mich nicht heiraten?"

Sie sah ihn an. Es schien ihm, als ob sie zögerte.

„Hör auf damit!" brüllte der Bühnenmanager und Henry unterbrach es.

Und in diesem Moment, als sein ganzes Schicksal auf dem Spiel stand, ertönte von der Bühne dieser niederschmetternde hohe Ton, der das Zeichen dafür ist, dass das Solo vorbei ist und dass der Chor nun dabei ist, sich zu mobilisieren. Wie von einer magnetischen Kraft angezogen, entfernte sie sich plötzlich von ihm und betrat die Bühne.

Ein Mann in Henrys Position und Geistesverfassung ist nicht für seine Handlungen verantwortlich. Er sah nichts außer ihr; Er war sich der Tatsache nicht bewusst, dass wichtige Manöver im Gange waren. Er verstand nur, dass sie von ihm wegging und dass er sie aufhalten und die Sache klären musste.

Er klammerte sich an sie. Sie war außer Reichweite und entfernte sich mit jedem Augenblick weiter.

Er sprang nach vorne.

Der Rat, den man jedem jungen Mann am Anfang seines Lebens geben sollte, lautet: Wenn man sich zufällig hinter den Kulissen eines Theaters befindet, springt man niemals vor. Die gesamte Architektur des Ortes ist darauf ausgelegt, diejenigen, die so entspringen, zum Verhängnis zu machen.

Stunden zuvor haben die Bühnenbauer ihre Fallen aufgestellt, und im Halbdunkel kann man nicht anders, als in sie hineinzufallen.

Die Falle, in die Henry tappte, war ein erhöhtes Brett. Es war kein sehr hoch angesetztes Board. Es war nicht so tief wie ein Brunnen und auch nicht so breit wie eine Kirchentür, aber es reichte – es diente. Henry stieß ihn direkt mit dem Zeh an und schoss mit allen Armen und Beinen nach vorne.

Es ist der Instinkt des Menschen, in einer solchen Situation nach der nächsten Stütze zu greifen. Henry schnappte sich das Hotel Superba, den Stolz der Esplanade. Es war ein dünnes Holzgebäude, das ihn vielleicht eine Zehntelsekunde lang trug. Dann taumelte er damit ins Rampenlicht, stolperte über einen bulgarischen Offizier , der sich für einen tiefen Ton aufblähte, und stürzte schließlich in einem komplizierten Haufen genau in die Mitte der Bühne, als wäre er ein langjähriger Star gewesen.

Es ging gut; Davon war keine Rede. Das vorherige Publikum war diesem Lied gegenüber immer eher abweisend gewesen, aber dieses hier kam auf die Beine und schrie nach mehr. Aus dem ganzen Haus kamen begeisterte Forderungen, dass Henry zurückgehen und es noch einmal tun solle.

Aber Henry gab keine Zugaben. Er stand etwas fassungslos auf und begann automatisch, seine Kleidung abzustauben. Das Orchester, verunsichert von dieser ungeprobten Infusion neuer Aufträge, hatte aufgehört zu spielen. Sowohl bulgarische Offiziere als auch japanische Mädchen schienen der Situation nicht gewachsen zu sein. Sie standen herum und warteten darauf, dass das nächste Ding losbrach. Von irgendwo in der Ferne ertönte schwach die Stimme des Bühnenmanagers, der neue Wörter, neue Wortkombinationen und neue Kehlkopfgeräusche erfand.

Und dann bemerkte Henry, während er seinen verletzten Ellbogen massierte, Miss Weaver an seiner Seite. Als er aufblickte, fiel ihm Miss Weaver ins Auge.

Eine bekannte Regieanweisung für Melodramen lautet: „Gehen Sie vorsichtig durch eine Lücke in der Hecke." Es war Henrys erster Auftritt auf einer Bühne, aber er tat es wie ein Veteran.

„Mein lieber Freund", sagte Walter Jelliffe . Es war Mitternacht und er saß in Henrys Schlafzimmer im Hotel. Als Henry das Theater verließ, war er fast instinktiv zu Bett gegangen. Das Bett schien für ihn der einzige Zufluchtsort zu sein. „Mein lieber Freund, entschuldigen Sie sich nicht. Sie haben mir dauerhafte Verpflichtungen auferlegt. Erstens haben Sie mit Ihrem untrüglichen Gespür für die Bühne genau die Stelle erkannt, an der das Stück Leben brauchte, und Sie haben es belebt. Das war gut; aber viel besser war es, dass Sie auch unsere Miss Weaver in heftige Hysterie versetzten, aus der sie herauskam, um ihre Kündigung einzureichen. Sie verlässt uns morgen.'

Henry war entsetzt über das Ausmaß der Katastrophe, für die er verantwortlich war.

'Was werden Sie tun?'

'Tun! Es ist das, wofür wir alle gebetet haben – ein Wunder, das Miss Weaver rausschmeißen sollte. Es brauchte ein Genie wie Sie, um es zu schaffen. Sidney Cranes Frau kann die Rolle ohne Probe spielen. Letzte Saison in London hat sie alles unterschätzt. Crane hat gerade mit ihr telefoniert, und sie nimmt den Nachtexpress.“

Henry setzte sich im Bett auf.

'Was!'

„Was ist jetzt los?“

„Sidney Cranes Frau?“

'Was ist mit ihr?'

Eine Trostlosigkeit legte sich über Henrys Seele.

„Sie war die Frau, die mich angestellt hat.“ Jetzt werde ich entlassen und muss nach London zurück.'

„Du meinst nicht, dass es wirklich Cranes Frau war?“

Jelliffe betrachtete ihn mit einer Art Ehrfurcht.

„ Laddie “, sagte er mit gedämpfter Stimme, „du machst mir fast Angst.“ Deinen Kräften als Maskottchen scheinen keine Grenzen gesetzt zu sein. Du füllst jeden Abend das Haus, du wirst die Weaver-Frau los und jetzt erzählst du mir das. Ich habe Crane im Sweep gezogen und hätte zwei Pence für meine Gewinnchance genommen.'

„Ich werde morgen ein Telegramm von meinem Chef bekommen, in dem er mich zurückruft.“

„Geh nicht. Bleibe bei mir. Treten Sie der Truppe bei.'

Henry starrte.

'Wie meinst du das? Ich kann weder singen noch schauspielern.'

Jelliffes Stimme war voller Ernsthaftigkeit.

„Mein Junge, ich kann zum Strand gehen und hundert Leute abholen, die singen und schauspielern können.“ Ich will sie nicht. Ich weise sie ab. Aber einen siebten Sohn eines siebten Sohnes wie Sie, ein menschliches Hufeisen wie Sie, einen König der Maskottchen wie Sie – heutzutage werden sie nicht mehr hergestellt. Sie haben das Muster verloren. Wenn Sie mitkommen möchten, gebe ich Ihnen einen Vertrag über die von Ihnen gewünschte Anzahl von Jahren. Ich brauche dich in meinem Geschäft.' Er stand auf. „Denken Sie darüber nach, mein Junge , und sagen Sie mir morgen Bescheid." Schauen Sie sich dieses und jenes Bild an. Als Detektiv bist du arm. In einer Telefonzelle konnte man keine Bassdrum erkennen. Du hast keine Zukunft. Sie gehören lediglich zu den Anwesenden. Aber als Maskottchen – mein Junge, bist du das Einzige, was in Sicht ist. Sie können nicht umhin, auf der Bühne erfolgreich zu sein. Sie müssen nicht wissen, wie man sich verhält. Schauen Sie sich die Dutzenden guter Schauspieler an, die arbeitslos sind. Warum? Unglücklich. Kein anderer Grund. Mit etwas Glück und ein wenig Erfahrung werden Sie schon im Handumdrehen zum Star. Überlegen Sie es sich und sagen Sie mir morgen früh Bescheid.'

Vor Henrys Augen entstand plötzlich eine Vision von Alice: Alice war nicht länger unerreichbar; Alice geht auf seinem Arm den Gang entlang; Alice flickt seine Socken; Alice befingert mit ihren himmlischen Händen seinen Gehaltsumschlag.

„Geh nicht", sagte er. „Geh nicht. Ich sage dir jetzt Bescheid.'

Der Schauplatz ist der Strand, direkt an der Bedford Street; die Zeit, diese erholsame Stunde des Nachmittags, wenn sie mit den knorrigen Gesichtern und der hellen Kleidung sich in Gruppen versammeln, um einander zu sagen, wie gut sie sind.

Horchen! Eine Stimme.

'Eher! Courtneidge und der Guv'nor versuchen weiterhin, mich zu kriegen, aber ich lehne sie jedes Mal ab. „Nein", sagte ich erst gestern zu Malone, „nicht für mich! Ich gehe mit dem alten Wally Jelliffe , wie immer, und in der Münzanstalt ist nicht das Geld, das mich wegbringt." Malone war völlig außer sich. Er-'

Es ist die Stimme des Schauspielers Pifield Rice.

Den jungen Gussie befreien

Sie warf es mir vor dem Frühstück zu. Hier haben Sie in sieben Worten eine vollständige Charakterskizze meiner Tante Agatha. Ich könnte endlos über Brutalität und mangelnde Rücksichtnahme reden. Ich sage nur, dass sie mich irgendwo in den frühen Morgenstunden aus dem Bett geholt hat, um mir ihre schmerzhafte Geschichte anzuhören. Es kann nicht halb elf gewesen sein, als Jeeves, mein Mann, mich aus der Traumlosigkeit weckte und die Nachricht überbrachte:

„ Frau Gregson möchte Sie sehen, Sir."

Ich dachte, sie müsste schlafen, aber ich kroch aus dem Bett und schlüpfte in einen Morgenmantel. Ich kannte Tante Agatha gut genug, um zu wissen, dass sie mich sehen würde, wenn sie zu mir gekommen wäre. Das ist die Art von Frau, die sie ist.

Sie saß kerzengerade auf einem Stuhl und starrte ins Leere. Als ich hereinkam, sah sie mich mit dieser verdammt kritischen Art an, die mir immer das Gefühl gibt, als hätte ich dort, wo mein Rückgrat sein sollte, Gelatine . Tante Agatha ist eine dieser willensstarken Frauen. Ich denke, Königin Elizabeth muss so etwas wie sie gewesen sein. Sie ist die Chefin ihres Mannes Spencer Gregson, eines misshandelten kleinen Kerls an der Börse. Sie ist die Chefin meiner Cousine Gussie Mannering-Phipps. Sie ist die Chefin ihrer Schwägerin, Gussies Mutter. Und das Schlimmste ist, dass sie mich dominiert. Sie hat ein Auge wie ein menschenfressender Fisch, und sie verfügt über moralische Überzeugungskraft bis ins kleinste Detail.

Ich wage zu behaupten, dass es Kerle auf der Welt gibt — Männer aus Blut und Eisen, wissen Sie nicht, und so weiter —, die sie nicht einschüchtern konnte; Aber wenn du so fröhlich bist wie ich und ein ruhiges Leben liebst, rollst du dich einfach zu einer Kugel zusammen, wenn du sie kommen siehst, und hoffst auf das Beste. Ich habe die Erfahrung gemacht, dass man, wenn Tante Agatha möchte, dass man etwas tut, es tut, sonst fragt man sich, warum diese Kerle früher so viel Aufhebens gemacht haben, als sie Ärger mit der spanischen Inquisition hatten.

„ Hallo , Tante Agatha!" Ich sagte

„Bertie", sagte sie, „du siehst sehenswert aus." Du siehst völlig ausschweifend aus.'

Ich fühlte mich wie ein schlecht verpacktes Paket aus braunem Papier. Am frühen Morgen bin ich nie in Höchstform. Ich habe es gesagt.

'Früher Morgen! „Ich habe vor drei Stunden gefrühstückt und bin seitdem im Park spazieren gegangen, um meine Gedanken zu ordnen."

Wenn ich jemals um halb neun gefrühstückt hätte, würde ich über die Uferpromenade gehen und versuchen, alles in einem nassen Grab zu beenden.

„Ich mache mir große Sorgen, Bertie. Deshalb bin ich zu dir gekommen.'

Und dann sah ich, dass sie etwas anfangen wollte, und ich meckerte Jeeves schwach zu, er solle mir Tee bringen. Aber sie hatte begonnen, bevor ich es verstehen konnte.

„Was sind deine unmittelbaren Pläne, Bertie?"

„Nun, ich dachte lieber daran, später noch etwas zu Mittag zu essen und dann möglicherweise zum Club zu torkeln, und danach, wenn ich mich stark genug fühle, könnte ich nach Walton Heath gehen, um eine Runde Golf zu spielen."

Ich interessiere mich nicht für Ihr Schwanken und Rinnsal . Ich meine, haben Sie in der nächsten Woche oder so irgendwelche wichtigen Termine?'

Ich witterte Gefahr.

„Eher", sagte ich. „Haufenweise! Millionen! Sicher gebucht!'

'Was sind Sie?'

„Ich – ähm – nun, ich weiß es nicht genau."

„Das habe ich mir auch gedacht. Sie haben keine Verpflichtungen. Dann möchte ich, dass Sie sofort nach Amerika aufbrechen.'

'Amerika!'

Vergessen Sie nicht, dass dies alles auf nüchternen Magen geschah, kurz nach dem Aufstieg der Lerche.

„Ja, Amerika. Ich nehme an, sogar Sie haben von Amerika gehört?'

„Aber warum Amerika?"

„Denn dort ist dein Cousin. " Gussie ist. Er ist in New York und ich kann ihn nicht erreichen.'

„Was hat Gussie gemacht?"

„ Gussie macht sich zum Vollidioten."

Für jemanden, der den jungen Gussie so gut kannte wie ich, eröffneten diese Worte ein weites Feld für Spekulationen.

'Inwiefern?'

„Er hat wegen einer Kreatur den Kopf verloren."

Bei früheren Auftritten traf dies zu. Seit seiner Ankunft auf dem Anwesen der Menschen hatte Gussie den Verstand über die Kreaturen verloren. Er ist so ein Typ. Aber da die Kreaturen wegen ihm nie den Kopf zu verlieren schienen, hatte es nie viel gebracht.

„Ich kann mir vorstellen, dass du genau weißt, warum Gussie nach Amerika gegangen ist, Bertie. Sie wissen, wie unglaublich verschwenderisch Ihr Onkel Cuthbert war.‘

Sie spielte auf Gussies Gouverneur an, das verstorbene Familienoberhaupt, und ich muss sagen, dass sie die Wahrheit gesagt hat. Niemand mochte den alten Onkel Cuthbert mehr als ich, aber jeder weiß, dass er, wenn es um Geld ging, der vollkommenste Trottel in den Annalen der Nation war. Er hatte einen teuren Durst. Er hat nie auf ein Pferd gesetzt, das nicht mitten im Rennen einen Kniefall erlitten hat. Er verfügte über ein System, mit dem er die Bank in Monte Carlo austrickste und die Verwaltung dazu veranlasste, die Wimpel aufzuhängen und die Freudenglocken zu läuten, wenn er in Sicht war. Alles in allem war der gute alte Onkel Cuthbert so verschwenderisch wie nie zuvor und nannte den Anwalt der Familie einen blutsaugenden Vampir, weil er nicht zulassen wollte, dass Onkel Cuthbert das Holz abholzte, um weitere tausend Dollar aufzubringen.

„Er hat Ihrer Tante Julia sehr wenig Geld für eine Frau in ihrer Position hinterlassen. Beechwood erfordert viel Unterhalt und der arme Spencer hat, obwohl er sein Bestes tut, um zu helfen, nicht unbegrenzte Ressourcen. Es war klar, warum Gussie nach Amerika ging. Er ist nicht klug, sieht aber sehr gut aus, und obwohl er keinen Titel hat, sind die Mannering- Phippses eine der besten und ältesten Familien Englands. Er hatte einige ausgezeichnete Empfehlungsschreiben, und als er nach Hause schrieb, um zu sagen, dass er das bezauberndste und schönste Mädchen der Welt kennengelernt hatte, war ich ziemlich glücklich. Mehrere Mails lang schwärmte er weiter von ihr, und dann kam heute Morgen ein Brief von ihm, in dem er ganz beiläufig als eine Art nachträglicher Einfall sagt, dass er weiß, dass wir großzügig genug sind, nicht schlechter über sie zu denken, weil sie ist auf der Varieté-Bühne.'

„Oh, sage ich!“

„Es war wie ein Blitz. Der Name des Mädchens scheint Ray Denison zu sein, und laut Gussie macht sie etwas, das er als Single im großen Stil beschreibt. Woran diese Leistungseinbußen liegen könnten, habe ich nicht die geringste Ahnung. Als weitere Empfehlung gibt er an, dass sie sie letzte Woche bei Mosenstein von ihren Plätzen geholt habe . Wer sie sein mag und wie oder warum und wer oder was Mr Vielleicht ist es Mosenstein , das kann ich Ihnen nicht sagen.‘

„Bei Gott ", sagte ich, „es ist so eine Art Blödsinn, nicht wahr?" Eine Art Schicksal, was?'

„Ich verstehe dich nicht."

„Nun, Tante Julia, weißt du, weißt du nicht? Vererbung und so weiter. „Was sich im Knochen gebildet hat, kommt mit der Wäsche wieder heraus, und so weiter, wissen Sie."

„Sei nicht absurd, Bertie."

Das war alles schön und gut, aber es war alles ein Zufall. Niemand erwähnt es jemals, und die Familie versucht seit fünfundzwanzig Jahren, es zu vergessen, aber es ist eine bekannte Tatsache, dass meine Tante Julia, Gussies Mutter, einmal Varietékünstlerin war, und ich bin auch eine sehr gute erzählt. Sie spielte Pantomime im Drury Lane, als Onkel Cuthbert sie zum ersten Mal sah. Das war natürlich vor meiner Zeit und lange bevor ich alt genug war, um es zu bemerken, hatte die Familie das Beste daraus gemacht, und Tante Agatha hatte ihre Socken hochgezogen und eine Menge pädagogische Arbeit geleistet, und zwar mit einem Mikroskop Ich konnte Tante Julia nicht von einer echten eingefleischten Aristokratin unterscheiden. Frauen passen sich so schnell an!

Ich habe eine Freundin, die Daisy Trimble von der Gaiety geheiratet hat, und wenn ich sie jetzt treffe , habe ich das Gefühl, rückwärts aus ihrer Gegenwart zu gehen. Aber da war das Ding und man konnte ihm nicht entkommen. Gussie hatte Varieté-Blut in sich, und es sah aus, als würde er wieder zum Tippen zurückkehren, oder wie auch immer man es nennt.

„Bei Gott", sagte ich, denn ich interessiere mich für diese Vererbungsgeschichte, „vielleicht handelt es sich dabei um eine reguläre Familientradition, wie man sie in Büchern liest – sozusagen eine Art Fluch der Mannering- Phippses. " . Vielleicht wird jedes Familienoberhaupt für immer und ewig ins Varieté einheiraten. An die Generation, wie nennt man das, wissen Sie nicht?'

„Bitte sei nicht ganz idiotisch, Bertie. Es gibt ein Familienoberhaupt, das das sicherlich nicht tun wird, und das ist Gussie . Und Sie gehen nach Amerika, um ihn aufzuhalten.'

„Ja, aber warum ich?"

'Warum du? Du bist zu nervig, Bertie. Haben Sie überhaupt kein Mitgefühl für die Familie? Du bist zu faul, um zu versuchen, dir selbst Ehre zu machen, aber du kannst dich wenigstens anstrengen, um zu verhindern, dass Gussie uns blamiert. „Du gehst nach Amerika, weil du Gussies Cousin bist, weil du immer sein engster Freund warst, weil du der Einzige in der Familie bist, der außer Golf und Nachtclubs absolut nichts zu tun hat."

„Ich spiele viel Auktion ."

„Und wie Sie sagen, idiotisches Glücksspiel in niedrigen Höhlen." Wenn
Sie einen anderen Grund benötigen, gehen Sie, weil ich Sie um einen
persönlichen Gefallen bitte .'

Was sie meinte, war, dass sie, wenn ich mich weigerte, ihr ganzes
natürliches Genie einsetzen würde, um das Leben für mich zu einem
Untergang zu machen. Sie hielt mich mit ihrem glitzernden Auge fest. Ich
habe noch nie jemanden getroffen, der den Ancient Mariner besser
nachahmen könnte.

„ Also fängst du doch gleich an, nicht wahr, Bertie?"

Ich habe nicht gezögert.

'Eher!' Ich sagte . ' Natürlich werde ich'

Jeeves kam mit dem Tee herein.

„Jeeves", sagte ich, „wir starten am Samstag nach Amerika."

„Sehr gut, Sir", sagte er; „Welchen Anzug wirst du tragen?"

New York ist eine große Stadt, die günstig am Rande Amerikas liegt, so
dass Sie vom Linienschiff aus ohne Anstrengung dorthin gelangen können.
Du kannst dich nicht verirren. Du gehst aus einer Scheune und die Treppe
hinunter, und schon bist du mittendrin. Der einzig mögliche Einwand, den
ein vernünftiger Kerl gegen diesen Ort haben könnte, ist, dass man zu so
einer gottlosen Stunde vom Boot aus hineingelassen wird .

Ich verließ Jeeves, um mein Gepäck sicher an einer Ansammlung
misstrauischer Piraten vorbeizubringen, die unter meinen neuen Hemden
nach vergrabenen Schätzen suchten, und fuhr zu Gussies Hotel, wo ich die
Gruppe vornehmer Angestellter hinter der Rezeption bat, ihn
hervorzubringen.

Da bekam ich meinen ersten Schock. Er war nicht da. Ich flehte sie an,
noch einmal darüber nachzudenken, und sie dachten noch einmal nach, aber
es nützte nichts. Kein Augustus Mannering-Phipps auf dem Gelände.

Ich gebe zu, dass es mich hart getroffen hat. Da war ich allein in einer
fremden Stadt und keine Spur von Gussie . Was war der nächste Schritt? Ich
gehöre nie zu den Vordenkern am frühen Morgen; Die alte Bohne scheint
erst ziemlich spät in den Nachmittagsstunden irgendwie in Schwung zu
kommen, und ich wusste nicht, was ich tun sollte. Doch ein Instinkt führte
mich durch eine Tür im hinteren Teil der Lobby und ich befand mich in
einem großen Raum mit einem riesigen Bild, das sich über die gesamte Wand
erstreckte, und unter dem Bild befand sich eine Theke, und hinter der Theke

saßen mehrere Leute weiß, Getränke servieren. Wissen Sie, in New York gibt es Barkeeper, keine Bardamen? Rum-Idee!

Ich begab mich vorbehaltlos in die Hände eines der weißen Kerle . Er war eine freundliche Seele und ich erzählte ihm die ganze Sachlage. Ich fragte ihn, was seiner Meinung nach zu diesem Fall führen würde.

Er sagte, dass er in einer solchen Situation normalerweise einen „Blitzzauberer" verordnete, eine eigene Erfindung. Er sagte, dass dies das sei, worauf Kaninchen trainierten, wenn sie gegen Grizzlybären antraten, und dass es nur einen aktenkundigen Fall gebe, dass der Bär drei Runden durchgehalten habe. Also habe ich ein paar ausprobiert und, bei Gott! Der Mann hatte völlig recht. Als ich die Sekunde austrank, schien mir eine große Last vom Herzen zu fallen, und ich ging ziemlich gestärkt hinaus, um einen Blick auf die Stadt zu werfen.

Ich war überrascht, dass die Straßen ziemlich voll waren. Die Leute eilten dahin, als wäre es eine vernünftige Stunde und nicht die graue Morgendämmerung. In den Straßenbahnwaggons standen sie sich regelrecht im Nacken. Ich gehe zur Arbeit oder so, das nehme ich an. Wunderbare Johnnys!

Das Merkwürdige daran war, dass das Ding nach dem ersten Schock, all diese schreckliche Energie zu sehen, gar nicht mehr so seltsam wirkte. Seitdem habe ich mit Leuten gesprochen, die in New York waren, und sie sagten mir, dass sie es genauso fanden. Anscheinend ist etwas in der Luft, entweder Ozon oder Phosphate oder so, was einen aufhorchen lässt. Sozusagen eine Art Reißverschluss. Eine Art wilde Freiheit, wenn Sie wissen, was ich meine, die Ihnen ins Blut geht, Sie aufrichtet und Ihnen das Gefühl gibt –

Gott ist in seinem Himmel:

Alles ist in Ordnung mit der Welt,

Und es ist dir egal, ob du seltsame Socken trägst. Ich kann es nicht besser ausdrücken, als zu sagen, dass der Gedanke, der mir am meisten durch den Kopf ging, als ich über den Ort, den sie Times Square nennen, umherging, war, dass zwischen mir und meiner Tante Agatha dreitausend Meilen tiefes Wasser lagen.

Es ist lustig, nach Dingen zu suchen. Wenn man im Heuhaufen nach einer Nadel sucht, findet man sie nicht. Wenn es Ihnen egal ist, ob Sie die Nadel jemals sehen oder nicht, trifft sie Sie, wenn Sie sich zum ersten Mal an den Stapel lehnen. Als ich ein- oder zweimal auf und ab schlenderte, mir die Sehenswürdigkeiten ansah und zuließ, wie das Korrekturmittel des weißen Kerls in meinen Körper eindrang, hatte ich das Gefühl, dass es mir egal wäre, wenn Gussie und ich uns nie wieder treffen würden, und ich wäre am Boden zerstört, wenn ich es tun würde Ich sah nicht plötzlich den lebensgroßen alten Jungen, der gerade an einer Haustür am Ende der Straße einbog.

Ich rief ihm nach, aber er hörte mich nicht, also folgte ich ihm und erwischte ihn dabei, wie er ein Büro im ersten Stock betrat. Der Name an der Tür war Abe Riesbitter , Vaudeville-Agent, und von der anderen Seite der Tür erklangen viele Stimmen.

Er drehte sich um und starrte mich an.

„Bertie! Was in aller Welt machst du? Woher bist du gekommen? Wann seid ihr angekommen?'

„Heute Morgen gelandet. Ich ging zu Ihrem Hotel, aber sie sagten, Sie seien nicht da. Sie hatten noch nie von dir gehört.'

„Ich habe meinen Namen geändert. Ich nenne mich George Wilson.'

„Warum zum Teufel?“

„Nun, versuchen Sie mal, sich hier Augustus Mannering-Phipps zu nennen, und schauen Sie, wie es Ihnen gefällt. Du fühlst einen perfekten Arsch. Ich weiß nicht, was es mit Amerika auf sich hat, aber Fakt ist, dass man sich dort nicht Augustus Mannering-Phipps nennen kann. Und es gibt noch einen weiteren Grund. Ich erzähle es dir später. „Bertie, ich habe mich in das liebste Mädchen der Welt verliebt.“

Der arme alte Spinner blickte mich mit einem so blöden, katzenhaften Blick an, stand mit offenem Mund da und wartete auf meine Glückwünsche, dass ich es einfach nicht übers Herz brachte, ihm zu sagen, dass ich das schon alles wusste und herübergekommen war ins Land mit dem ausdrücklichen Zweck, ihn zu behindern.

Also habe ich ihm gratuliert.

„Vielen Dank, alter Mann“, sagte er. „Es ist ein bisschen verfrüht, aber ich gehe davon aus, dass alles gut wird.“ Kommen Sie herein, ich erzähle Ihnen davon.'

„Was willst du an diesem Ort? Es sieht aus wie ein Rommé-Spot.'

„Oh, das ist ein Teil der Geschichte. Ich erzähle dir alles.'

Wir öffneten die Tür mit der Aufschrift „Wartezimmer“. Ich habe noch nie in meinem Leben einen so überfüllten Ort gesehen. Der Raum war so voll, dass die Wände hervortraten.

Gussie erklärte.

„Profis", sagte er, „Musikhallenkünstler, die darauf warten, den alten Abe Riesbitter zu sehen ." Dies ist der erste September, der Eröffnungstag des Varietés. „Der Frühherbst", sagte Gussie , der auf seine Art ein gewisser Dichter ist, „ist der Frühling des Varietés." Überall im Land erblühen mit dem Ende des Augusts funkelnde Komödianten, der Saft regt sich in den Adern von Tramp-Radfahrern, und die Schlangenmenschen des letzten Jahres, die aus ihrem Sommerschlaf erwachen, binden sich zaghaft in Knoten. Ich meine, dies ist der Beginn der neuen Saison und alle sind auf der Suche nach Buchungen.'

„Aber was willst du hier?"

„Oh, ich muss Abe wegen irgendetwas sprechen. Wenn Sie einen dicken Mann mit etwa siebenundfünfzig Kinn aus dieser Tür kommen sehen, schnappen Sie ihn sich, denn das wird Abe sein. Er ist einer dieser Kerle, die jeden Fortschritt, den sie in der Welt machen, damit anpreisen, dass sie sich ein weiteres Kinn wachsen lassen. Mir wurde gesagt, dass er damals in den Neunzigern nur zwei hatte. Wenn Sie sich Abe schnappen, denken Sie daran, dass er mich als George Wilson kennt."

„Du hast gesagt, dass du mir diese George-Wilson-Sache erklären würdest, Gussie , alter Mann."

„Nun, es ist hier entlang –"

brach der gute alte Gussie ab, erhob sich von seinem Sitz und sprang mit unbeschreiblichem Elan auf einen außerordentlich beleibten Jungen zu , der plötzlich aufgetaucht war. Es gab einen gewaltigen Ansturm auf ihn, aber Gussie hatte einen guten Start hingelegt, und der Rest der Sänger, Tänzer, Jongleure, Akrobaten und raffinierten Sketch-Teams schienen zu erkennen, dass er den Trick gewonnen hatte, denn sie ließen nach kehrten wieder auf ihre Plätze zurück und Gussie und ich gingen in den Innenraum.

Herr Riesbitter zündete sich eine Zigarre an und blickte uns feierlich über seine Kinnzareba hinweg an.

„Jetzt lass mich dir etwas sagen", sagte er zu Gussie . „Du lügst zu mir."

Gussie registrierte respektvolle Aufmerksamkeit. Herr Riesbitter überlegte einen Moment und beschoss das Speibecken mit indirektem Feuer über die Schreibtischkante.

„ Lizzun t' me", sagte er noch einmal. „Ich habe Sie proben sehen, wie ich es Miss Denison versprochen hatte. Du bist nicht schlecht für einen Amateur. Du musst viel lernen, aber es liegt in dir. Es kommt darauf an, dass ich Sie mit vier am Tag versorgen kann, wenn Sie fünfunddreißig pro Tag nehmen. Ich kann es nicht besser machen, und das hätte ich auch nicht getan, wenn die kleine Dame mich nicht verfolgt hätte . Nimm es oder lass es. Was sagen Sie?'

„Ich nehme es", sagte Gussie heiser. 'Danke schön.'

Im Gang draußen gurgelte Gussie vor Freude und klopfte mir auf die Schulter. „Bertie, alter Mann, es ist alles in Ordnung. „Ich bin der glücklichste Mann in New York."

'Was jetzt?'

„Nun, wissen Sie, wie ich Ihnen sagte, als Abe hereinkam, war Rays Vater früher in diesem Beruf tätig. Er war vor unserer Zeit, aber ich erinnere mich, dass ich von ihm gehört habe – Joe Danby. Bevor er nach Amerika kam, war er in London sehr bekannt. Nun, er ist ein netter alter Junge, aber so stur wie ein Maultier, und ihm gefiel die Vorstellung nicht, dass Ray mich heiraten würde, weil ich nicht in diesem Beruf tätig war. Ich würde nichts davon hören. Nun, wissen Sie, ich konnte in Oxford immer ein Lied ziemlich gut singen; Also schnappte sich Ray den alten Riesbitter und nahm ihm das Versprechen ab, zu mir zu kommen und mir bei den Proben zuzuhören und mir Buchungen zu besorgen, wenn ihm meine Arbeit gefiel. Sie steht hoch bei ihm. Sie hat mich wochenlang gecoacht, mein Schatz. Und jetzt, wie Sie ihn sagen hörten, hat er mich kurzfristig für fünfunddreißig Dollar die Woche gebucht.'

Ich stützte mich an der Wand ab. Die Wirkung der stärkenden Mittel meines Kumpels an der Hotelbar begann nachzulassen, und ich fühlte mich ein wenig schwach. Durch eine Art Nebel schien es mir, als hätte ich eine Vision von Tante Agatha, die hörte, dass das Oberhaupt der Mannering-Phippses im Begriff war, auf der Varieté-Bühne zu erscheinen. Tante Agathas Verehrung des Familiennamens kommt einer Obsession gleich. Die Mannering- Phippses waren ein alteingesessener Clan, als Wilhelm der Eroberer ein kleiner Junge war, der mit bloßen Beinen und einem Katapult umherlief. Seit Jahrhunderten nennen sie Könige beim Vornamen und helfen Herzögen mit ihrer wöchentlichen Miete; und es gibt praktisch nichts, was ein Mannering-Phipps tun kann, ohne sein Wappen zu beflecken. Was also Tante Agatha sagen würde – abgesehen davon, dass alles meine Schuld war –, als sie die schreckliche Nachricht erfuhr, konnte ich mir nicht vorstellen.

„Komm zurück ins Hotel, Gussie ", sagte ich. „Dort ist ein Sportler, der Dinge mischt, die er „Blitztalente" nennt. Irgendetwas sagt mir, dass ich jetzt eines brauche. Und entschuldigen Sie mich für eine Minute, Gussie . Ich möchte ein Telegramm schicken.'

Mir war inzwischen klar, dass Tante Agatha den falschen Mann für diese Aufgabe ausgewählt hatte, Gussie aus den Fängen des amerikanischen Varieté-Berufs zu befreien. Was ich brauchte, war Verstärkung. Einen

Moment lang dachte ich darüber nach, Tante Agatha zu telegrafieren, doch sie sagte mir, dass das übertrieben wäre. Ich wollte Hilfe, aber nicht so dringend. Ich traf den, wie mir schien, glücklichen Mittelweg. Ich telegrafierte an Gussies Mutter und teilte ihr mit, dass es dringend sei.

„Was hast du verkabelt?" fragte Gussie später.

„ Oh, nur um zu sagen, dass ich sicher angekommen bin und all diesen Blödsinn", antwortete ich.

Gussie eröffnete seine Vaudeville-Karriere am darauffolgenden Montag in einem Rommé-Lokal in der Innenstadt, wo es zeitweise Kinofilme und zwischendurch ein oder zwei Varieté-Auftritte gab. Es hatte viel sorgfältige Handhabung erfordert, um ihn auf Vordermann zu bringen. Er schien mein Mitgefühl und meine Hilfe als selbstverständlich zu betrachten und ich konnte ihn nicht im Stich lassen. Meine einzige Hoffnung, die wuchs, als ich ihm bei den Proben zuhörte, war, dass er bei seinem ersten Auftritt so furchtbar frostig sein würde, dass er es nie wieder wagen würde, aufzutreten; und da die Ehe dadurch automatisch scheitern würde, schien es mir das Beste, die Sache weiterlaufen zu lassen.

Er ging kein Risiko ein. Am Samstag und Sonntag lebten wir praktisch in einem scheußlichen kleinen Musikzimmer im Büro des Verlags, dessen Lieder er verwenden wollte. Ein kleiner Junge mit Hakennase nuckelte an einer Zigarette und spielte den ganzen Tag Klavier. Nichts konnte diesen Jungen ermüden. Er schien ein persönliches Interesse an der Sache zu haben.

Gussie räusperte sich und begann:

Deepo wartet ein großes Tschu-tschu ."

DER CHAPPIE (spielt Akkorde): „Ist das so?" Worauf wartet es?

GUSSIE (ziemlich verunsichert über die Unterbrechung): „Warten auf mich."

DER CHAPPIE (überrascht): Für dich?'

GUSSIE (hängt daran fest): „Warten auf mich-e- ee !"

DER CHAPPIE (skeptisch): „Das sagst du nicht!"

GUSSIE: „Denn ich fahre nach Tennessee."

DER CHAPPIE (gibt einen Punkt zu): „Jetzt wohne ich in Yonkers."

Er tat dies das ganze Lied hindurch. Zuerst bat ihn der arme alte Gussie , aufzuhören, aber der Junge sagte: Nein , das wurde immer gemacht. Es hat geholfen, der Sache Schwung zu verleihen. Er fragte mich, ob das Ding nicht ein bisschen Schwung bräuchte, und ich sagte, es wolle so viel Schwung, wie es nur kriegen könne. Und der Junge sagte zu Gussie : „Da bist du ja!" Also Gussie musste es ertragen.

Das andere Lied, das er singen wollte, war eines dieser Mondlieder. Er erzählte mir mit gedämpfter Stimme, dass er es benutzte, weil es eines der Lieder war, die das Mädchen Ray sang, als sie sie bei Mosenstein und anderswo von ihren Plätzen hoben. Diese Tatsache schien für ihn heilige Assoziationen hervorzurufen.

Sie werden mir kaum glauben, aber das Management erwartete, dass Gussie um ein Uhr nachmittags auftauchen und mit dem Auftritt beginnen würde. Ich sagte ihm, dass das nicht ihr Ernst sein könne, da sie wohl wüssten, dass er um diese Zeit etwas zu Mittag essen würde, aber Gussie meinte, das sei das Übliche bei den Vier am Tag, und das tat er nicht Angenommen, er würde jemals wieder etwas zu Mittag bekommen, bis er den großen Durchbruch schaffte. Ich drückte gerade sein Beileid aus, als ich feststellte, dass er es für selbstverständlich hielt, dass ich auch um ein Uhr da sein würde. Meine Idee war gewesen, dass ich nachts vorbeischauen sollte, wenn er – wenn er überlebte – zum vierten Mal auftauchen würde; Aber ich habe noch nie einen Kumpel in Not im Stich gelassen, also verabschiedete ich mich von dem kleinen Mittagessen, das ich in einer recht anständigen Taverne geplant hatte, die ich in der Fifth Avenue entdeckt hatte, und schlenderte weiter. Sie zeigten Bilder, als ich meinen Platz erreichte. Es war einer dieser Westernfilme, in denen der Cowboy auf sein Pferd springt und mit 150 Meilen pro Stunde durchs Land reitet, um dem Sheriff zu entkommen, ohne es zu wissen, armer Trottel! dass er genauso gut bleiben könnte, wo er ist, da der Sheriff ein eigenes Pferd hat, das dreihundert Meilen in der Stunde schaffen kann, ohne zu husten. Ich wollte gerade meine Augen schließen und versuchen zu vergessen, bis sie Gussies Namen erwähnten, als ich entdeckte, dass ich neben einem unglaublich hübschen Mädchen saß.

Nein, lassen Sie mich ehrlich sein. Als ich hineinging, hatte ich gesehen, dass auf diesem bestimmten Platz ein unglaublich hübsches Mädchen saß, also hatte ich den nächsten Platz genommen. Was nun geschah, war, dass ich begann, sie sozusagen in mich aufzusaugen. Ich wünschte, sie würden das Licht anmachen, damit ich sie besser sehen konnte. Sie war eher klein, hatte große Augen und ein strahlendes Lächeln. Es war eine Schande, das alles sozusagen im Halbdunkel vernichten zu lassen.

Plötzlich gingen die Lichter an und das Orchester begann eine Melodie zu spielen, die mir irgendwie bekannt vorkam, obwohl ich kein großes Ohr für Musik habe. Im nächsten Moment tänzelte der alte Gussie in einem lila Gehrock und einem braunen Zylinder aus den Kulissen, grinste das

Publikum schwach an, stolperte über seine Füße, errötete und begann das Tennessee-Lied zu singen.

Es war faul. Der arme Spinner hatte so starkes Lampenfieber bekommen, dass seine Stimme praktisch nicht mehr zu hören war. Er klang wie ein weit entferntes Echo der Vergangenheit, das durch eine Wolldecke „ jodelte “ .

Zum ersten Mal, seit ich gehört hatte, dass er bald ins Varieté gehen würde, spürte ich, wie eine schwache Hoffnung in mir aufstieg. Natürlich tat mir der arme Kerl leid, aber es ließ sich nicht leugnen, dass die Sache auch ihre positiven Seiten hatte. Kein Management der Welt würde für eine solche Leistung länger 35 Dollar pro Woche zahlen. Dies sollte Gussies erstes und einziges sein. Er müsste den Beruf aufgeben. Der alte Junge würde sagen: „Gib meine Tochter frei.“ Und mit etwas Glück sah ich mich, wie ich Gussie zum nächsten Linienschiff nach England führte und ihn unversehrt an Tante Agatha übergab.

Irgendwie kam er durch das Lied und humpelte unter lautem Gebrüll des Publikums davon. Es gab eine kurze Pause, dann kam er wieder heraus.

Diesmal sang er, als würde ihn niemand lieben. Als Lied war es kein sehr erbärmliches Lied, in dem es um Waschbären geht, die im Juni unter dem Mond löffeln, und so weiter und so fort, aber Gussie ging so traurig und niedergeschlagen damit um, dass in jeder Zeile echte Angst steckte. Als er den Refrain erreichte, war ich fast in Tränen aufgelöst. Es schien so eine verrottete Welt zu sein, in der all diese Dinge vor sich gingen.

Er begann den Refrain, und dann geschah das Schrecklichste. Das Mädchen neben mir stand auf, warf den Kopf zurück und begann ebenfalls zu singen. Ich sage „auch“, aber es war nicht wirklich „zu“, denn ihr erster Ton erwischte Gussie , als wäre er mit der Axt erschlagen worden.

Ich habe mich noch nie in meinem Leben so auffällig gefühlt. Ich kauerte mich auf meinem Sitz zusammen und wünschte, ich könnte meinen Kragen hochschlagen. Alle schienen mich anzusehen.

Mitten in meiner Qual erblickte ich Gussie . Bei dem alten Burschen hatte eine völlige Veränderung stattgefunden. Er sah furchtbar bockig aus. Ich muss sagen, das Mädchen sang ganz furchtbar gut, und es schien auf Gussie wie ein Stärkungsmittel zu wirken. Als sie am Ende des Refrains angelangt war, nahm er ihn auf, und sie sangen ihn gemeinsam, und am Ende vergaß er den Volkshelden. Das Publikum schrie nach mehr und wurde erst beruhigt, als es das Licht ausschaltete und einen Film auflegte.

Als ich mich erholt hatte, schlenderte ich umher, um Gussie zu sehen . Ich fand ihn auf einer Kiste hinter der Bühne sitzend und sah aus wie jemand, der Visionen gesehen hatte.

„Ist sie nicht ein Wunder, Bertie?" sagte er andächtig. „Ich hatte keine Ahnung, dass sie dort sein würde. Sie spielt diese Woche im Auditorium und hatte wahrscheinlich gerade erst Zeit, zu ihrer *Matinee zurückzukehren* . Sie riskierte, zu spät zu kommen, nur um zu kommen und mich durchzubringen. Sie ist mein guter Engel, Bertie. Sie hat mich gerettet. Wenn sie mir nicht geholfen hätte, weiß ich nicht, was passiert wäre. Ich war so nervös, dass ich nicht wusste, was ich tat. Jetzt, wo ich die erste Show hinter mir habe, wird es mir gut gehen.'

Ich war froh, dass ich das Telegramm an seine Mutter geschickt hatte. Ich würde sie brauchen. Das Ding war über mich hinausgegangen.

In der nächsten Woche sah ich viel mit der alten Gussie und wurde dem Mädchen vorgestellt. Ich traf auch ihren Vater, einen beeindruckenden alten Jungen mit schnellen Augenbrauen und einer Art entschlossenem Gesichtsausdruck. Am darauffolgenden Mittwoch traf Tante Julia ein. Frau Mannering-Phipps, meine Tante Julia, ist meiner Meinung nach die würdevollste Person, die ich kenne. Ihr fehlt die Schlagkraft von Tante Agatha, aber auf eine ruhige Art und Weise hat sie es immer geschafft, mir von klein auf das Gefühl zu geben, ich sei ein armer Wurm. Nicht, dass sie mich so quält wie Tante Agatha. Der Unterschied zwischen den beiden besteht darin, dass Tante Agatha den Eindruck vermittelt, dass sie mich persönlich für alle Sünden und Kummer auf der Welt verantwortlich macht, während Tante Julias Verhalten den Eindruck erweckt, dass man mich eher bemitleiden als tadeln muss.

Wenn es sich nicht um eine historische Tatsache handeln würde, wäre ich geneigt zu glauben, dass Tante Julia nie auf der Varieté-Bühne gestanden hat. Sie ist wie eine Bühnenherzogin.

Mir kommt es immer so vor, als wäre sie ständig dabei, den Butler zu bitten, den Oberdiener anzuweisen, das Mittagessen im blauen Raum mit Blick auf die Westterrasse zu servieren. Sie strahlt Würde aus. Doch vor fünfundzwanzig Jahren, so erzählten mir alte Jungs, die damals noch Jungs in der Stadt waren, schlug sie sie im Tivoli in einem Doppelakt namens „Fun in a Tea-Shop" kalt, in dem Sie trug Strumpfhosen und sang ein Lied mit einem Refrain, der mit „ Rumpty – tiddley –umpty-ay" begann.

Es gibt Dinge, die sich der Verstand eines jungen Mannes absolut nicht vorstellen kann, und Tante Julia, die „ Rumpty - tiddley -umpty-ay" singt, ist eines davon.

Sie kam innerhalb von fünf Minuten nach unserem Treffen direkt auf den Punkt.

„Was ist das mit Gussie ?“ Warum hast du für mich telegrafiert, Bertie?'

„Es ist eine ziemlich lange Geschichte“, sagte ich, „und kompliziert.“ Wenn es Ihnen nichts ausmacht, überlasse ich es Ihnen in einer Filmreihe. „Angenommen, wir schauen für ein paar Minuten ins Auditorium.“

Das Mädchen, Ray, war aufgrund des großen Erfolgs ihrer ersten Woche für eine zweite Woche im Auditorium wieder verlobt worden. Ihr Auftritt bestand aus drei Liedern. Sie hat sich in Sachen Kostüm und Bühnenbild gut geschlagen. Sie hatte eine mitreißende Stimme. Sie sah schrecklich hübsch aus; und insgesamt war die Tat im Großen und Ganzen ein Pippin.

Tante Julia sprach erst, als wir auf unseren Plätzen saßen. Dann stieß sie eine Art Seufzer aus.

„Es ist fünfundzwanzig Jahre her, seit ich in einem Varieté war!“

Sie sagte nichts mehr, sondern saß da, den Blick auf die Bühne gerichtet.

Nach etwa einer halben Stunde trugen die Johnnys, die das Karteisystem am Bühnenrand bedienen, den Namen Ray Denison auf, und es gab viel Applaus.

„Schau dir diesen Auftritt an, Tante Julia“, sagte ich.

Sie schien mich nicht zu hören.

„Fünfundzwanzig Jahre! Was hast du gesagt, Bertie?'

„Sehen Sie sich diesen Akt an und sagen Sie mir, was Sie davon halten.“

'Wer ist es? Strahl. Oh!'

„Beweisstück A“, sagte ich. „Das Mädchen , mit dem Gussie verlobt ist.“

Das Mädchen tat, was es tat, und das Haus erhob sich vor ihr. Sie wollten sie nicht gehen lassen. Sie musste immer wieder zurückkommen. Als sie endlich verschwunden war, wandte ich mich an Tante Julia.

'Also?' Ich sagte .

„Ich mag ihre Arbeit.“ Sie ist eine Künstlerin.'

„Wir werden jetzt, wenn es Ihnen nichts ausmacht, ein gutes Stück stadtaufwärts gehen.“

Und wir fuhren mit der U-Bahn dorthin, wo Gussie , der menschliche Film, seine fünfunddreißig Prozent verdiente. Glücklicherweise waren wir noch keine zehn Minuten vor Ort, als er herauskam.

„Beweisstück B“, sagte ich. „ Gussie .“

Ich weiß nicht genau, was ich von ihr erwartet hatte, aber ich hatte schon gar nicht damit gerechnet, dass sie wortlos dasitzen würde. Sie bewegte keinen Muskel, sondern starrte Gussie nur an , während er über den Mond sabberte. Die Frau tat mir leid, denn es muss ein Schock für sie gewesen sein, ihren einzigen Sohn in einem malvenfarbenen Gehrock und einem braunen Zylinder zu sehen, aber ich hielt es für das Beste, ihr die Feinheiten der Sache in den Griff zu bekommen Situation so schnell wie möglich. Wenn ich versucht hätte, die Angelegenheit ohne die Hilfe von Illustrationen zu erklären , hätte ich den ganzen Tag geredet und sie im Unklaren darüber gelassen, wer wen heiraten würde und warum.

Ich war erstaunt über die Verbesserung des guten alten Gussie . Er hatte seine Stimme wiedererlangt und brachte die Sache gut rüber. Es erinnerte mich an den Abend in Oxford, als er, damals gerade einmal achtzehn Jahre alt, nach einem kleinen Abendessen „Let's All Go Down the Strand" sang und dabei bis zu den Knien im College-Brunnen stand. Er steckte jetzt genau den gleichen Reißverschluss in das Ding.

Als er gegangen war, saß Tante Julia noch lange völlig still und drehte sich dann zu mir um. Ihre Augen leuchteten seltsam.

„Was bedeutet das, Bertie?"

Sie sprach ganz leise, aber ihre Stimme zitterte ein wenig.

„ Gussie ist in das Geschäft eingestiegen", sagte ich, „weil der Vater des Mädchens nicht zuließ, dass er sie heiratete, wenn er es nicht tat." Wenn Sie Lust dazu haben, hätten Sie vielleicht nichts dagegen, zur One Hundred and Thirty-Third Street zu schlendern und sich mit ihm zu unterhalten. Er ist ein alter Junge mit Augenbrauen und er ist Beweisstück C auf meiner Liste. „Wenn ich Sie mit ihm in Kontakt gebracht habe, gehe ich davon aus, dass mein Anteil am Geschäft abgeschlossen ist und es an Ihnen liegt."

Die Danbys lebten in einer dieser großen Wohnungen in der Innenstadt, die aussehen, als wären sie die Welt teuer und in Wirklichkeit etwa halb so viel kostete wie ein Flurzimmer in den Vierzigern. Wir wurden ins Wohnzimmer geführt, und bald darauf kam der alte Danby herein.

„Guten Tag, Mr. Danby", begann ich.

Ich war so weit gekommen, als an meinem Ellbogen eine Art keuchender Schrei zu hören war.

„Joe!" rief Tante Julia und taumelte gegen das Sofa.

Der alte Danby starrte sie einen Moment lang an, dann klappte sein Mund auf und seine Augenbrauen schossen wie Raketen in die Höhe.

„Julie!"

Und dann packten sie einander an den Händen und schüttelten sie, bis ich mich wunderte, dass ihre Arme sich nicht lösten.

Ich bin einer solchen kurzfristigen Situation nicht gewachsen. Die Veränderung bei Tante Julia löste bei mir ein ziemliches Schwindelgefühl aus. Sie hatte ihr *Grande -Dame* -Gehabe völlig abgelegt und errötete und lächelte. Ich sage solche Dinge nicht gern von einer meiner Tanten, sonst würde ich noch einen Schritt weiter gehen und zu Protokoll geben, dass sie kichert. Und der alte Danby, der normalerweise wie eine Mischung aus einem römischen Kaiser und dem schlecht gelaunten Napoleon Bonaparte aussah, benahm sich wie ein kleiner Junge.

„Joe!"

„Julie!"

„Lieber alter Joe! Ich freue mich, dich wiederzusehen!'

„Woher kommst du, Julie?"

Nun, ich wusste nicht, worum es ging, aber ich fühlte mich ein wenig außer Fassung. Ich habe mich eingemischt:

„Tante Julia möchte mit Ihnen reden, Mr. Danby."

„Ich habe dich sofort erkannt, Joe!"

„Es ist fünfundzwanzig Jahre her, seit ich dich gesehen habe, Junge, und du siehst keinen Tag älter aus."

„Oh, Joe! Ich bin eine alte Frau!'

„Was machst du hier? „Ich nehme an" – die Fröhlichkeit des alten Danby ließ ein wenig nach – „Ich nehme an, Ihr Mann ist bei Ihnen?"

„Mein Mann ist vor langer, langer Zeit gestorben, Joe."

Der alte Danby schüttelte den Kopf.

„Du hättest nie außerhalb des Berufs heiraten sollen, Julie. Ich sage kein Wort gegen den Verstorbenen – ich kann mich nicht an seinen Namen erinnern; nie gekonnt – aber du hättest es nicht tun sollen, ein Künstler wie du. Werde ich jemals vergessen, wie du sie immer mit „ Rumpty - tiddley - umpty-ay" umgehauen hast?

'Ah! „Wie großartig warst du in dieser Tat, Joe." Tante Julia seufzte. „Erinnerst du dich an den Rückfall, den du die Treppe hinunter gemacht hast? „Ich habe immer gesagt, dass Sie den besten Rückfall in Ihrer Branche geschafft haben."

„Ich konnte es jetzt nicht tun!"

„Erinnerst du dich, wie wir es im Canterbury rübergebracht haben, Joe? Denk daran! „Das Canterbury ist jetzt ein Filmhaus, und der alte Mogul veranstaltet französische Revuen."

„Ich bin froh, dass ich nicht da bin, um sie zu sehen."

„Joe, sag mir, warum hast du England verlassen?"

„Nun, ich – ich wollte eine Veränderung. Nein, ich sage dir die Wahrheit, Junge. Ich wollte dich, Julie. „Du bist losgezogen und hast diesen geheiratet – wie auch immer dieser Johnny von der Bühne hieß – und das hat mich völlig zerrüttet."

Tante Julia starrte ihn an. Man nennt sie eine gut erhaltene Frau. Es ist leicht zu erkennen, dass sie vor 25 Jahren etwas ganz Außergewöhnliches gewesen sein muss. Selbst jetzt ist sie fast schön. Sie hat sehr große braune Augen, eine Fülle weicher grauer Haare und den Teint eines siebzehnjährigen Mädchens.

„Joe, du wirst mir nicht sagen, dass du mich selbst magst!"

„ Natürlich mochte ich dich. " Warum habe ich dir das ganze Fett in „Fun in a Tea-Shop" überlassen? Warum blieb ich auf der Bühne, während du „ Rumpty - tiddley -umpty-ay" gesungen hast? Erinnern Sie sich, dass ich Ihnen eine Tüte Brötchen geschenkt habe, als wir in Bristol unterwegs waren?

'Ja aber-'

„Erinnern Sie sich, dass ich Ihnen in Portsmouth die Schinkensandwiches gegeben habe?"

„Joe!"

„Erinnern Sie sich, dass ich Ihnen in Birmingham einen Samenkuchen geschenkt habe? Was meinst du, was das alles bedeutet, wenn nicht, dass ich dich liebe? Ich war gerade dabei, es dir direkt zu sagen, als du plötzlich loszogst und diesen Rohrstock lutschenden Kerl heiratetest. Deshalb würde ich meiner Tochter nicht erlauben, diesen jungen Kerl, Wilson, zu heiraten, es sei denn, er würde den Beruf ergreifen. Sie ist eine Künstlerin-'

„Das ist sie auf jeden Fall, Joe."

„Du hast sie gesehen? Wo?'

„Gerade im Auditorium." Aber, Joe, du darfst ihr nicht im Weg stehen, den Mann zu heiraten, in den sie verliebt ist. Er ist auch ein Künstler.'

„In der kleinen Zeit."

„Du warst einmal in der kleinen Zeit, Joe. Man darf nicht auf ihn herabschauen, denn er ist ein Anfänger. Ich weiß, dass Sie das Gefühl haben, dass Ihre Tochter unter ihrer Würde heiratet, aber …"

„Woher um alles in der Welt wissen Sie etwas über den jungen Wilson?

„ Er ist mein Sohn."

'Dein Sohn?'

„Ja, Joe. Und ich habe ihm gerade bei der Arbeit zugeschaut. Oh, Joe, du kannst dir nicht vorstellen, wie stolz ich auf ihn war! Er hat es in sich. Es ist Schicksal. Er ist mein Sohn und er ist im Beruf! Joe, du weißt nicht, was ich seinetwegen durchgemacht habe. Sie haben eine Dame aus mir gemacht. Ich habe noch nie in meinem Leben so hart gearbeitet wie damals, um eine echte Dame zu werden. Sie sagten mir immer wieder, ich müsse es rüberbringen, koste es, was es wolle, damit er sich nicht für mich schäme. Das Studium war etwas Schreckliches. Ich musste jahrelang jede Minute auf mich selbst aufpassen und wusste nie, wann ich meine Zeilen durcheinander bringen oder bei einem Geschäft scheitern würde. Aber ich habe es getan, weil ich nicht wollte, dass er sich meiner schämt, obwohl ich mich die ganze Zeit nur danach sehnte, wieder da zu sein, wo ich hingehörte.'

Der alte Danby sprang auf sie zu und packte sie bei den Schultern.

„Komm zurück, wo du hingehörst, Julie!" er weinte. „Ihr Mann ist tot, Ihr Sohn ist ein Profi." Komm zurück! Es ist fünfundzwanzig Jahre her, aber ich habe mich nicht verändert. Ich will dich immer noch. Ich wollte dich schon immer. „Du musst zurückkommen, Junge, dorthin, wo du hingehörst."

Tante Julia schluckte und sah ihn an.

„Joe!" sagte sie mit einer Art Flüstern.

„Du bist hier, Junge", sagte der alte Danby heiser. „Du bist zurückgekommen... Fünfundzwanzig Jahre!... Du bist zurückgekommen und du wirst bleiben!"

Sie warf sich nach vorn in seine Arme und er fing sie auf.

„Oh, Joe! Joe! Joe!' Sie sagte. 'Halt mich. Lass mich nicht gehen. Um mich kümmern.'

Und ich ging zur Tür und schlüpfte aus dem Zimmer. Ich fühlte mich schwach. Die alte Bohne hält eine gewisse Menge aus, aber das war zu viel. Ich tappte auf die Straße und heulte nach einem Taxi.

Gussie besuchte mich an diesem Abend im Hotel. Er betrat den Raum, als hätte er ihn und den Rest der Stadt gekauft.

„Bertie", sagte er, „ich fühle mich, als würde ich träumen."

„Ich wünschte, ich könnte mich so fühlen, Alter", sagte ich und warf einen weiteren Blick auf ein Telegramm, das vor einer halben Stunde von Tante Agatha angekommen war. Seitdem habe ich es mir in regelmäßigen Abständen angeschaut.

„Ray und ich sind heute Abend in ihre Wohnung zurückgekehrt. Wer war Ihrer Meinung nach dort? Die Materie! Sie saß Hand in Hand mit dem alten Danby.'

'Ja?'

„Er saß Hand in Hand mit ihr."

'Wirklich?'

„Sie werden heiraten."

'Genau.'

„Ray und ich werden heiraten."

'Das nehme ich an.'

„Bertie, alter Mann, ich fühle mich riesig. Ich schaue mich um und es scheint, als ob alles völlig verkorkst wäre. Die Veränderung in der Materie ist wunderbar . Sie ist fünfundzwanzig Jahre jünger. Sie und der alte Danby reden darüber, „Fun in a Tea-Shop" wieder aufleben zu lassen und damit auf die Straße zu gehen."

Ich stand auf.

„ Gussie , Alter", sagte ich, „lass mich für eine Weile. Ich wäre allein. Ich glaube, ich habe Gehirnfieber oder so etwas.'

„Tut mir leid, alter Mann; Vielleicht ist New York nicht Ihrer Meinung. Wann werden Sie voraussichtlich nach England zurückkehren?'

Ich schaute noch einmal auf Tante Agathas Telegramm.

„Mit etwas Glück", sagte ich, „in etwa zehn Jahren."

Als er weg war , nahm ich das Telegramm und las es noch einmal.

'Was passiert?' es las. „Soll ich vorbeikommen?"

Ich lutschte eine Weile an einem Bleistift und schrieb dann die Antwort.

Es war kein einfaches Telegramm, aber ich habe es geschafft.

„Nein", schrieb ich, „bleib, wo du bist." Beruf überfüllt.'

Wiltons Urlaub

Als Jack Wilton zum ersten Mal nach Marois Bay kam, träumte keiner von uns, dass er ein Mann mit verborgenem Kummer in seinem Leben war. Irgendetwas an dem Mann machte die Idee absurd oder hätte sie absurd gemacht, wenn er selbst nicht die Autorität für die Geschichte gewesen wäre. Er schien mit dem Leben und mit sich selbst so zufrieden zu sein. Er war einer dieser Männer, die man instinktiv als „stark" bezeichnet. Er war so gesund, so fit und hatte ein so selbstbewusstes, aber dennoch mitfühlendes Aussehen, dass man sofort beim Anblick spürte, dass dies die einzige Person war, die man als Empfänger dieser Geschichte ausgewählt hätte, die vom Pech kam. Man spürte, dass man sich auf seine freundliche Stärke stützen konnte.

Tatsächlich gelangte Spencer Clay durch den Versuch, sich darauf zu stützen, an die Fakten des Falles; und wenn der junge Clay etwas ergatterte, hatte Marois Bay im Allgemeinen es ein paar Stunden später heiß und frisch; Denn Spencer war einer dieser schlaffen Jugendlichen, die von ihrer Verfassung her nicht in der Lage sind, ein Geheimnis zu bewahren.

Innerhalb von zwei Stunden nach Clays Gespräch mit Wilton wusste jeder im Ort, dass, so fröhlich und herzlich der Neuankömmling auch erscheinen mochte, etwas an seinem Herzen nagte, das seine äußere Fröhlichkeit einfach heroisch machte.

Es scheint, dass Clay, der das schlimmste Beispiel an Selbstmitleid ist, nach Wilton gegangen war, in dem er als Neuankömmling natürlich eine schöne neue Quelle für seine Leidensgeschichten sah, und mit einer langen Reihe von Geschichten begonnen hatte das eine oder andere Unglück. Ich habe vergessen, was es war; Es könnte eines von etwa einem Dutzend gewesen sein, die er ständig auf Lager hatte, und es ist unerheblich, um welches es sich handelte. Der Punkt ist, dass Wilton, nachdem er ihm sehr höflich und geduldig zugehört hatte, mit einer Geschichte zu ihm zurückkam, die sogar Clay zum Schweigen brachte. Spencer war den meisten Dingen gewachsen, aber selbst er konnte nicht weiter darüber jammern, wie er sein Putten vermasselt hatte und am Bridge-Tisch beschimpft worden war, oder was auch immer es war, worüber er sich gerade in dem Moment, als ein Mann es ihm erzählte, leid tat die Geschichte eines zerstörten Lebens.

„Er sagte mir, ich solle es nicht weitergehen lassen", sagte Clay zu jedem, den er traf, „aber es spielt natürlich keine Rolle, es dir zu sagen." Es ist etwas, was er nicht gerne gewusst hätte. Er erzählte es mir, weil er sagte, es gäbe etwas an mir, das Vertrauen hervorzurufen schien – eine Art Stärke, sagte er. Man würde es nicht glauben, wenn man ihn ansieht, aber sein Leben ist absolut leer. Absolut ruiniert, nicht wahr? Er erzählte mir das Ganze so einfach und offenherzig, dass es mich völlig aus der Fassung brachte. Es scheint, dass er sich vor ein paar Jahren verlobt hatte, und am Hochzeitsmorgen – definitiv am Hochzeitsmorgen – wurde das Mädchen plötzlich krank und …"

'Und starb?'

'Und starb. In seinen Armen gestorben. Absolut in seinen Armen, alter Junge.'

„Was für eine schreckliche Sache!"

'Absolut. Er ist nie darüber hinweggekommen. Du wirst es doch nicht weitergehen lassen, oder alter Mann?'

Und Spencer machte sich auf den Weg, um die Geschichte jemand anderem zu erzählen.

Wilton tat allen furchtbar leid. Er war so ein guter Kerl, so ein Sportler und vor allem so jung, dass man den Gedanken hasste, dass unter seinem Lachen der Schmerz dieser schrecklichen Erinnerung lag, so sehr er auch lachte. Er schien auch so glücklich zu sein. Nur in Momenten des Vertrauens, in diesen Gesprächen, in denen Männer ihre tieferen Gefühle offenbaren, gab er jemals einen Hinweis darauf, dass mit ihm nicht alles in Ordnung war. Als zum Beispiel Ellerton , der immer in jemanden verliebt ist, ihn eines Abends in die Enge drängte und begann, ihm die Geschichte seiner letzten Affäre zu erzählen, da huschte Wilton, kaum hatte er damit begonnen, zu einem so schmerzerfüllten Gesichtsausdruck er hörte sofort auf. Er sagte später, dass ihn die plötzliche Erkenntnis des schrecklichen Bruchs, den er machte, wie eine Kugel traf, und die Art und Weise, wie er das Gespräch praktisch ohne Pause von der Liebe zu einer Diskussion darüber lenkte, wie man am siebten am besten aus dem Bunker herauskommt Loch war unter diesen Umständen ein Triumph des Taktgefühls.

Marois Bay ein ruhiger Ort, und die Wilton-Tragödie war natürlich Gegenstand vieler Gespräche. Es ist ernüchternd, einen flüchtigen Blick auf die tiefer liegende Traurigkeit eines solchen Lebens zu werfen, und zunächst herrschte seitens der Gemeinde die Neigung, sich in seiner Gegenwart auf eine Weise zu verhalten, die an Sargträger bei einer Beerdigung erinnert. Aber bald passten sich die Dinge an. Er wirkte äußerlich so fröhlich, dass es für den Rest von uns lächerlich erschien, leise zu treten und mit gedämpfter Stimme zu sprechen. Schließlich war die Sache, wenn Sie zur Untersuchung kamen, seine Angelegenheit, und es oblag ihm, die Richtlinien zu diktieren, nach denen sie behandelt werden sollte. Wenn er sich dafür entschied, seinen

Schmerz hinter einem strahlenden Lächeln und einem Lachen wie das einer Hyäne mit einem überdurchschnittlich scharfen Sinn für Humor zu verbergen , sollten wir offensichtlich seinem Beispiel folgen.

Wir haben es getan; und nach und nach wurde die Tatsache, dass sein Leben dauerhaft ruiniert war, fast zu einer Legende. Im Hinterkopf waren wir uns dessen bewusst, aber es drängte sich nicht in die alltäglichen Angelegenheiten ein. Erst als jemand, der wie Ellerton vergaß, versuchte, sein Mitgefühl für ein eigenes Unglück zu gewinnen, erinnerten uns der Ausdruck des Schmerzes in seinen Augen und das plötzliche Zusammenpressen seiner Lippen daran, dass er sich noch erinnerte.

Als Mary Campbell ankam, befanden sich die Dinge bereits seit etwa zwei Wochen in diesem Stadium.

Sexuelle Anziehung ist so eine reine Geschmackssache des Einzelnen, dass der weise Mann nie darüber streitet. Er akzeptiert seine Launen als Teil des menschlichen Mysteriums und belässt es dabei. Für mich hatte Mary Campbell überhaupt keinen Charme. Vielleicht war ich im Moment in Grace Bates, Heloise Miller und Clarice Wembley verliebt – denn in Marois Bay ist ein Mann, der sein Geld wert ist, im Sommer mehr als gleich drei Liebesbeziehungen gleichzeitig – aber trotzdem ließ sie mich kalt. Nicht einen einzigen Nervenkitzel konnte sie in mir wecken. Sie war klein und meiner Meinung nach unbedeutend. Einige Männer sagten, sie hätte schöne Augen. Für mich kamen sie wie gewöhnliche Augen vor. Und ihr Haar war ganz normales Haar. Tatsächlich war „gewöhnlich" das Wort, das sie beschrieb.

Aber von Anfang an war klar, dass sie wunderbar mit Wilton zusammen schien, was umso bemerkenswerter war, als er der einzige Mann von uns allen war, der jedes Mädchen in Marois Bay hätte bekommen können, das er wollte. Wenn ein Mann 1,80 Meter groß ist, eine Kombination aus Herkules und Apollo ist und mit fast übermenschlichem Elan Tennis, Golf und Banjo spielt, ist sein Weg mit den Mädchen eines Sommerbadeortes ziemlich glatt. Aber wenn man zu all diesen Dingen noch eine Tragödie wie die von Wilton hinzufügt, kann man ihn nur als einen Irren bezeichnen.

Mädchen lieben eine Tragödie. Zumindest tun das die meisten Mädchen. Es macht einen Mann für sie interessant. Grace Bates redete immer davon, wie interessant Wilton sei. So auch Heloise Miller. Das Gleiche galt für Clarice Wembley. Aber erst als Mary Campbell kam, zeigte er überhaupt eine echte Begeisterung für das weibliche Element von Marois Bay. Wir führten es auf die Tatsache zurück, dass er es nicht vergessen konnte, aber der wahre Grund, wie ich jetzt weiß, war, dass er Mädchen auf den Golfplätzen und auf dem Tennisplatz als lästig empfand. Ich nehme an, ein Plus-Zwei-Golfer und ein Wilding -Tennisspieler wie Wilton fühlen sich tatsächlich so. Ich persönlich denke, dass Mädchen den Spaß an der Sache erhöhen. Andererseits liegt mein Handicap bei zwölf, und obwohl ich schon seit vielen Jahren Tennis spiele, bezweifle ich, dass ich meinen ersten Aufschlag – den schnellen – mehr als ein halbes Dutzend Mal über das Netz gebracht habe.

Aber Mary Campbell überwand Wiltons Vorurteile innerhalb von vierundzwanzig Stunden. Ohne sie schien er sich auf den Links einsam zu fühlen, und er drängte sie regelrecht dazu, seine Partnerin im Doppel zu sein. Was Maria von ihm hielt, wussten wir nicht. Sie war eines dieser unergründlichen Mädchen.

Und so ging es weiter. Wenn ich Wiltons Geschichte nicht gekannt hätte, hätte ich die Sache als eine dieser sommerlichen Liebesbeziehungen eingestuft, für die die Luft in Marois Bay so besonders förderlich ist. Der einzige Grund, warum jemand einen Sommer in Marois Bay unverlobt hinter sich lässt, liegt darin, dass er sich in so viele Mädchen verliebt, dass sein Urlaub vorbei ist, bevor er sich sozusagen konzentrieren kann.

Aber in Wiltons Fall kam das nicht in Frage. Ein Mann kommt nicht über die Art von Schlag hinweg, den er erlitten hat, jedenfalls nicht seit vielen Jahren; und wir hatten vermutet, dass seine Tragödie vergleichsweise neu war.

Ich bezweifle, dass ich jemals in meinem Leben mehr erstaunt war als in der Nacht, als er sich mir anvertraute. Warum er mich als Vertrauten hätte wählen sollen, kann ich nicht sagen. Ich neige dazu zu glauben, dass ich zufällig in dem psychologischen Moment mit ihm allein war, in dem ein Mann sich jemandem anvertrauen oder zerbrechen muss; und Wilton entschied sich für das kleinere Übel.

Ich schlenderte nach dem Abendessen am Ufer entlang, rauchte eine Zigarre und dachte an Grace Bates, Heloise Miller und Clarice Wembley, als ich zufällig auf ihn traf. Es war eine wunderschöne Nacht, wir setzten uns hin und tranken eine Weile. Den ersten Eindruck, dass mit ihm nicht alles in Ordnung war, bekam ich, als er plötzlich ein hohles Stöhnen ausstieß.

Im nächsten Moment hatte er begonnen, sich anzuvertrauen.

„Ich stecke in der Klemme", sagte er. „Was würden Sie an meiner Stelle tun?"

'Ja?' Ich sagte .

„Ich habe Mary Campbell heute Abend einen Heiratsantrag gemacht."

'Glückwunsch.'

'Danke. Sie hat mich abgelehnt.'

„Habe dich abgelehnt!"

„Ja – wegen Amy."

Es schien mir, dass die Erzählung Fußnoten erforderte.

„Wer ist Amy?" Ich sagte .

„Amy ist das Mädchen –"

'Welches Mädchen?'

„Das Mädchen, das gestorben ist, wissen Sie. Mary hatte die ganze Geschichte verstanden. Tatsächlich war es die enorme Sympathie, die sie zeigte, die mich dazu ermutigte, einen Antrag zu machen. Wenn das nicht gewesen wäre, hätte ich nicht den Mut gehabt. Ich bin nicht in der Lage, ihre Schuhe zu schwärzen.'

Seltsam, die schlechte Meinung, die ein Mann immer – wenn er verliebt ist – von seinen persönlichen Reizen hat. Es gab Zeiten, in denen ich an Grace Bates, Heloise Miller und Clarice Wembley dachte und mich wie eines der Tiere fühlte, die sterben. Aber andererseits bin ich nichts Besonderes, während der kleinste Funke Intelligenz Wilton hätte sagen müssen, dass er eine Art Ouida-Wachmann war.

„Heute Abend habe ich es irgendwie geschafft. Sie war unheimlich nett dazu – sie sagte, sie hätte mich sehr gern und so weiter –, aber wegen Amy kam das überhaupt nicht in Frage.'

„Ich folge dem nicht. Was meinte sie?'

„Das ist völlig klar, wenn man bedenkt, dass Mary das sensibelste, spirituellste und angespannteste Mädchen ist, das jemals Luft geholt hat", sagte Wilton etwas kühl. „Ihre Position ist folgende: Sie hat das Gefühl, dass sie meine Liebe wegen Amy nie vollständig haben kann; Zwischen uns würde immer Amys Erinnerung bleiben. Es wäre dasselbe, als ob sie einen Witwer heiraten würde.'

„Nun ja, Witwer heiraten."

„Sie heiraten keine Mädchen wie Mary."

Ich konnte mich des Gefühls nicht erwehren, dass dies ein Glücksfall für die Witwer war; aber das habe ich nicht gesagt. Man muss immer bedenken, dass die Meinungen über Mädchen unterschiedlich sind. Der Pfirsich des einen ist sozusagen das Gift des anderen. Ich habe Männer getroffen, die Grace Bates nicht mochten, Männer, die, wenn Heloise Miller oder Clarice Wembley ihnen ihre Fotos gegeben hätten, sie zum Ausschneiden der Seiten eines Romans verwendet hätten.

„Amy steht zwischen uns", sagte Wilton.

Ich stieß ein mitfühlendes Schnauben aus. Mir fiel nichts merklich Passendes dazu ein.

„Steht zwischen uns", wiederholte Wilton. „Und das verdammt Dumme an der ganzen Sache ist, dass es keine Amy gibt. Ich habe sie erfunden.'

„Du – was!"

„Hat sie erfunden." Habe sie erfunden. Nein ich bin nicht wütend. Ich hatte einen Grund. Mal sehen, du kommst aus London, nicht wahr?'

'Ja.'

„Dann hast du keine Freunde." Bei mir ist das anders. Ich lebe in einer kleinen Landstadt und jeder ist mein Freund. Ich weiß nicht, was es mit mir auf sich hat, aber aus irgendeinem Grund wurde ich, seit ich denken kann, als der starke Mann meiner Stadt angesehen, als der Mann, dem *alles in Ordnung ist* . Mache ich mich klar?'

'Nicht ganz.'

„Nun, worauf ich hinaus will, ist Folgendes. Entweder, weil ich ein robuster Kerl bin und offensichtlich noch nie in meinem Leben krank war, oder weil ich nicht anders kann, als ziemlich fröhlich auszusehen, scheint ganz Bridley in der Welt das zu glauben Zugegeben, dass ich selbst keine Probleme haben kann und daher ein faires Spiel für jeden bin, der sich Sorgen macht. Ich habe eine sympathische Art und sie kommen zu mir, um sich aufzuheitern. Wenn jemand verliebt ist, kommt er direkt auf mich zu und erzählt mir alles darüber. Wenn jemand einen Trauerfall erlitten hat, bin ich der Fels, auf den er sich stützen kann. Nun, ich bin ein geduldiger Mann, und was Bridley -in-the- Wold betrifft, bin ich bereit, die Rolle zu spielen. Aber ein starker Mann braucht ab und zu Urlaub, und ich habe beschlossen, dass ich ihn mir gönne. Gleich als ich hier ankam, sah ich, dass das gleiche alte Spiel beginnen würde. Spencer Clay stürzte sich sofort auf mich. Ich bin von dem rührseligen Idioten vom Typ Spencer Clay genauso angetan wie Katzenminze von einer Katze. Na ja, zu Hause hätte ich es ausgehalten, aber ich wurde gehängt, wenn mir der Urlaub verdorben werden sollte. Also habe ich Amy erfunden. Verstehst du das ?'

„ Sicher verstehe ich. Und ich erkenne noch etwas anderes, das Sie offenbar übersehen haben. Wenn Amy nicht existiert – oder besser gesagt, nie existiert hat –, kann sie nicht zwischen Ihnen und Miss Campbell stehen. Sag ihr, was du mir gesagt hast, und alles wird gut.'

Er schüttelte den Kopf.

„Du kennst Mary nicht. Sie würde mir nie verzeihen. Du weißt nicht, welches Mitgefühl, welches engelhafte Mitgefühl sie mir gegenüber Amy entgegengebracht hat. Ich kann ihr unmöglich sagen, dass die ganze Sache ein Betrug war. Es würde ihr das Gefühl geben, so dumm zu sein.'

„Du musst es riskieren. Im schlimmsten Fall verlieren Sie nichts.'

Er hellte sich ein wenig auf.

„Nein, das stimmt", sagte er. „Ich habe fast Lust, es zu tun."

„Machen Sie sich einen klaren Kopf", sagte ich, „und Sie gewinnen."

Ich hab mich geirrt. Manchmal bin ich. Das Problem war offenbar, dass ich Mary nicht kannte. Ich bin mir sicher, dass Grace Bates, Heloise Miller oder Clarice Wembley nicht so gehandelt hätten wie sie. Anfangs wären sie vielleicht ein wenig verblüfft gewesen, aber sie wären bald zu sich gekommen, und alle wären vor Freude gewesen. Aber bei Mary nein. Was bei dem Interview passiert ist, weiß ich nicht; Aber Marois Bay erkannte schnell, dass die Wilton-Campbell-Allianz scheiterte. Sie gingen nicht mehr zusammen spazieren, spielten nicht mehr zusammen Golf und spielten Tennis nicht mehr auf derselben Seite des Netzes. Sie sprachen nicht einmal miteinander.

Über den Rest der Geschichte kann ich nur vom Hörensagen sprechen. Wie es öffentliches Eigentum wurde, weiß ich nicht. Aber in Wilton herrschte eine vertrauensvolle Stimmung, und ich kann mir vorstellen, dass er sich jemandem anvertraute, der sich jemand anderem anvertraute. Auf jeden Fall ist es in den ungeschriebenen Archiven von Marois Bay verzeichnet, aus denen ich es jetzt extrahiere.

Einige Tage nach dem Abbruch der diplomatischen Beziehungen schien Wilton zu geschwächt zu sein, um die Offensive fortzusetzen. Er schwelgte allein in den Verbindungen, spielte ein schockierendes Spiel und benahm sich im Allgemeinen wie ein Mann, der mit einer brennenden Kerze nach dem Austritt von Gas sucht. In Liebesaffären verhalten sich die stärksten Männer im Allgemeinen äußerst rückgratlos und unentschlossen. Wilton wog dreizehn Kilo und seine Muskeln waren wie Stahlseile; aber er hätte in dieser Krise seines Lebens nicht weniger Mut zeigen können, wenn er ein pochiertes Ei gewesen wäre. Es war erbärmlich, ihn zu sehen.

Maria konnte in diesen Tagen einfach nicht erkennen, dass er auf der Erde war. Sie schaute um ihn herum, über ihn und durch ihn hindurch, aber nie auf ihn; Das war aus Wiltons Sicht verdorben, denn er hatte eine Art wehmütigen Ausdruck entwickelt – ich bin überzeugt, dass er ihn nach dem

Bad vor dem Spiegel geübt hat –, der Wunder hätte wirken sollen, wenn er ihn nur in die Tat umgesetzt hätte. Aber sie wich seinem Blick aus, als wäre er ein Gläubiger, an dem sie auf der Straße vorbeigleiten wollte.

Sie hat mich irritiert. Es war absurd, die Kluft auf diese Weise vergrößern zu lassen. Als ich ihm das sagte, sagte Wilton, dass dies an ihrer wunderbaren Sensibilität und ihrer hohen Anspannung liege und dass es für ihn nur ein weiterer Beweis für die Erhabenheit ihrer Seele und ihre schrumpfende Abscheu vor jeder Form von Täuschung sei. Tatsächlich vermittelte er mir den Eindruck, dass es ihm, obwohl die Affäre seine Eingeweide zerriss, ein trauriges Vergnügen bereitete, ihre Vollkommenheit zu betrachten.

Eines Nachmittags machte Wilton seinem Elend einen langen Spaziergang entlang der Küste. Er stapfte eine ganze Weile über den Sand und hielt schließlich in einer kleinen Bucht an, die von hohen Klippen gesäumt und mit Steinen übersät war. Die Küste rund um die Marois Bay ist voll davon.

Mittlerweile war die Nachmittagssonne schon zu warm geworden, um sich noch zu trösten, und Wilton wurde klar, dass er sich viel wohler fühlen konnte, wenn er sein verletztes Herz mit dem Rücken an einen der Felsen drückte, als noch weiter über den Sand zu stapfen. Der größte Teil der Landschaft der Marois Bay ist lediglich als Kulisse für die Pflege eines verletzten Herzens geschaffen. Die Klippen sind in einem düsteren Indigo gehalten, unheimlich und abweisend; und selbst an den schönsten Tagen sieht das Meer seltsam düster aus. Sie brauchen sich nur von der Menschenmenge in der Nähe der Bademaschinen zu lösen und eine dieser kleinen Buchten zu erreichen, Ihr Buch an einen Felsen zu lehnen und Ihre Pfeife anzuzünden, und schon können Sie sich einfach im Elend suhlen. Ich habe es selbst gemacht. An dem Tag, als Heloise Miller mit Teddy Bingley Golf spielte, verbrachte ich den ganzen Nachmittag in einem dieser Retreats. Es ist wahr, dass ich nach zwanzig Minuten, in denen ich über die Brecher nachgedacht hatte, einschlief; aber das wird bestimmt passieren.

Es ist Wilton passiert. Etwa eine halbe Stunde lang grübelte er, dann fiel ihm die Pfeife aus dem Mund und er fiel in einen friedlichen Schlaf. Und die Zeit verging.

Es war ein leichter Krampf, der ihn schließlich weckte. Er sprang mit einem Schrei auf und stand da und massierte seine Wade. Und kaum hatte er den Schmerz losgeworden, als ein erschrockener Ausruf die urzeitliche Stille durchbrach; und dort, auf der anderen Seite des Felsens, war Mary Campbell.

Hätte Wilton in seiner Komposition überhaupt eine induktive Begründung gehabt, wäre er ungeheuer begeistert gewesen. Ein Mädchen schleicht sich nicht in eine entfernte Bucht in der Marois Bay, es sei denn, sie ist unglücklich; und wenn Mary Campbell unglücklich war, musste sie unglücklich über ihn sein; und wenn sie unzufrieden mit ihm war, musste er nur ein wenig Entschlossenheit zeigen und die ganze Sache in Ordnung bringen. Aber Wilton, den die Trauer auf das geistige Niveau einer Auster reduziert hatte, konnte sich das nicht erklären; und ihr Anblick beraubte ihn praktisch aller seiner Fähigkeiten, einschließlich der Sprache. Er stand einfach da und jammerte.

„Sind Sie mir hierher gefolgt, Mr. Wilton?" sagte Mary sehr kalt.

Er schüttelte den Kopf. Schließlich gelang es ihm zu sagen, dass er zufällig dorthin gekommen sei und unter dem Felsen eingeschlafen sei. Da Mary genau das getan hatte, konnte sie sich vernünftigerweise nicht beschweren. Damit war das Gespräch vorerst abgeschlossen. Ohne ein weiteres Wort ging sie in Richtung Marois Bay davon, und bald darauf verlor er sie hinter einer Biegung in den Klippen aus den Augen.

Seine Lage war jetzt äußerst unangenehm. Wenn sie eine solche Abneigung gegen seine Anwesenheit empfand, war es aus Gründen des Anstands zwingend erforderlich, dass er ihr einen guten Start auf der Heimreise ermöglichte. Er konnte nicht ein paar Meter weit hinten entlangtrampeln. Also musste er bleiben, wo er war, bis es ihr wieder gut ging. Und da er einen dünnen Flanellanzug trug, die Sonne untergegangen war und eine kühle Brise aufgekommen war, wurden seine geistigen Probleme praktisch von körperlichen Beschwerden überlagert.

Gerade als er beschlossen hatte, dass er jetzt etwas unternehmen konnte, war er überrascht, sie zurückkommen zu sehen.

Wilton war darüber wirklich begeistert. Die Konstruktion, die er darauf baute, war, dass sie nachgegeben hatte und zurückkam, um ihre Arme um seinen Hals zu schlingen. Er bereitete sich gerade auf den Zusammenstoß vor, als er ihren Blick auf sich zog, und es war so kalt und unfreundlich wie das Meer.

„Ich muss in die andere Richtung gehen", sagte sie. „Das Wasser ist auf dieser Seite zu weit gestiegen."

Und sie ging an ihm vorbei zum anderen Ende der Bucht.

Die Aussicht auf ein weiteres Warten ließ Wilton bis ins Mark erschauern. Der Wind war mittlerweile geradezu eiskalt geworden, wehte durch seinen dünnen Anzug und strich über ihn hinweg auf eine Art und Weise, die ihm außerordentliches Unbehagen bereitete. Er begann zu springen, um sich warm zu halten.

Er sprang zum hundertsten Mal in den Himmel, als er zufällig zur Seite blickte und Maria wieder zurückkehren sah. Zu diesem Zeitpunkt hatte sein körperliches Elend die sanfteren Gefühle in seiner Brust so vollständig überwunden, dass er nur noch das Gefühl tiefer Verärgerung hatte. Es sei seiner Meinung nach nicht fair, dass sie sich am Start auf diese Weise herumdrängte und ihn hier herumtreiben und sich erkälten ließ. Er sah sie, als sie in Reichweite kam, ziemlich unheilvoll an.

„Es ist auch unmöglich", sagte sie, „so herumzukommen."

In dieser Welt gewöhnt man sich so sehr daran, dass alles reibungslos verläuft, dass man noch gar nicht auf die Idee einer tatsächlichen Gefahr gekommen ist. Von dort, wo sie mitten in der Bucht stand, schien das Meer so weit entfernt zu sein, dass die Tatsache, dass es die einzigen Auswege versperrte, im Moment nur ärgerlich war. Ihr ging es fast genauso, als wäre sie an einem Bahnhof angekommen, um einen Zug zu nehmen, und man hätte ihr gesagt, dass der Zug nicht fahre.

Sie setzte sich daher auf einen Felsen und betrachtete den Ozean. Wilton ging auf und ab. Keiner von beiden zeigte die Neigung, die Gabe der Sprache auszuüben, die den Menschen in eine eigene Klasse über dem Ochsen, dem Esel, dem Warzenschwein und den übrigen niederen Tieren stellt. Erst als eine Welle über den Fuß ihres Felsens fegte, brach Mary die Stille.

„Die Flut kommt ", stockte sie.

Sie betrachtete das Meer mit so veränderten Gefühlen, dass es ihr wie ein ganz anderes Meer vorkam.

Davon gab es jede Menge zu sehen. Es füllte die gesamte Mündung der kleinen Bucht aus, wirbelte den Sand auf und peitschte zwischen den Felsen auf eine Art und Weise, die einen Gedanken in ihrem Kopf über alle anderen hervorstechen ließ – die Erinnerung, dass sie nicht schwimmen konnte.

„ Herr Wilton!"

Wilton verneigte sich kalt.

„ Herr Wilton, die Flut." Es kommt herein.'

Wilton warf einen hochmütigen Blick auf das Meer.

„Also", sagte er, „ich verstehe."

„Aber was sollen wir tun?"

Wilton zuckte mit den Schultern. Er fühlte sich im Krieg mit der Natur und der Menschheit zugleich. Der Wind hatte sich um ein paar Punkte nach Osten gedreht und untersuchte seine Anatomie mit der Geschicklichkeit eines qualifizierten Chirurgen.

„Wir werden ertrinken", rief Miss Campbell. „Wir werden ertrinken." Wir werden ertrinken. Wir werden ertrinken.'

Aller Groll Wiltons war von ihm verschwunden. Bis er dieses erbärmliche Jammern hörte, waren seine Gedanken nur bei sich selbst gewesen.

'Maria!' sagte er mit einer Fülle von Zärtlichkeit in seiner Stimme.

Sie kam zu ihm wie ein kleines Kind zu seiner Mutter, und er legte seinen Arm um sie.

„Oh, Jack!"

'Mein Liebling!'

'Ich habe Angst!'

'Mein Schatz!'

Es sind Momente der Gefahr, in denen der kühle Atem der Angst unsere Seelen umweht und sie von Kleinlichkeiten befreit, in denen wir uns wiederfinden.

Sie sah sich wild um.

„Könnten wir die Klippen erklimmen?"

'Das bezweifle ich.'

„Wenn wir um Hilfe riefen –"

„Das könnten wir schaffen."

Sie erhoben ihre Stimmen, aber die einzige Antwort war das Rauschen der Wellen und das Geschrei der Seevögel. Das Wasser wirbelte zu ihren Füßen und sie zogen sich in den Schutz der Klippen zurück. Dort standen sie schweigend und schauten zu.

„Mary", sagte Wilton mit leiser Stimme, „erzähl mir eins."

„Ja, Jack?"

„Hast du mir vergeben?"

„Ich habe dir vergeben! Wie kann man in einem solchen Moment fragen? Ich liebe dich von ganzem Herzen und ganzer Seele.'

Er küsste sie und ein seltsamer Ausdruck des Friedens erschien auf seinem Gesicht.

'Ich bin glücklich.'

'Ich auch.'

Ein Schaumfleck berührte ihr Gesicht und sie zitterte.

„Es hat sich gelohnt", sagte er leise. „Wenn alle Missverständnisse ausgeräumt sind und nichts mehr zwischen uns kommen kann, ist das ein geringer Preis – so unangenehm er auch sein wird, wenn er kommt."

„Vielleicht – vielleicht wird es nicht sehr unangenehm sein." „Sie sagen, dass Ertrinken ein leichter Tod ist."

„Ich meinte nicht ertrinken, Liebste. Ich meinte eine Erkältung im Kopf.'

„Eine Erkältung im Kopf!"

Er nickte ernst.

„Ich sehe nicht, wie es vermieden werden kann." Sie wissen, wie kühl es in diesen Spätsommernächten wird. Es wird lange dauern, bis wir entkommen können.'

Sie lachte ein schrilles, unnatürliches Lachen.

„Du redest so, um meinen Mut aufrechtzuerhalten." Du weißt in deinem Herzen, dass es für uns keine Hoffnung gibt. Jetzt kann uns nichts mehr retten. Das Wasser wird kriechend kommen – kriechend –'

„Lass es kriechen! Es kommt dort nicht an diesem Felsen vorbei.'

'Wie meinst du das?'

„Das geht nicht." Die Flut kommt nicht weiter. Ich weiß es, weil ich letzte Woche hier erwischt wurde.'

Einen Moment lang sah sie ihn wortlos an. Dann stieß sie einen Schrei aus, in dem Erleichterung, Überraschung und Empörung so schön vermischt waren, dass man unmöglich hätte sagen können, was überwog.

Mit einem nachsichtigen Lächeln blickte er auf das herannahende Wasser.

„Warum hast du es mir nicht gesagt?" Sie weinte.

„Ich habe es dir gesagt."

'Sie wissen, was ich meine. Warum hast du mich weitergehen lassen, weil ich dachte, wir wären in Gefahr, wenn …"

„Wir *waren* in Gefahr." Wir werden wahrscheinlich eine Lungenentzündung bekommen.'

„ Isch !"

'Dort! Du niest schon.'

„Ich niese nicht. Das war ein Ausruf des Ekels.'

„Es klang wie ein Niesen. Das muss so gewesen sein, denn Sie haben allen Grund zu niesen, aber warum Sie Abscheu ausstoßen sollten, kann ich mir nicht vorstellen.'

„Ich bin angewidert von dir – von deiner Gemeinheit. Du hast mich absichtlich dazu verleitet, zu sagen:"
'Sprichwort-'
Sie schwieg.
„Du hast gesagt, dass du mich von ganzem Herzen und ganzer Seele liebst. Dem kann man nicht entkommen, und es ist gut genug für mich.'
„Nun, das stimmt nicht mehr."
„Ja, das ist es", sagte Wilton entspannt; 'Gott sei Dank.'
'Es ist nicht. Ich gehe jetzt sofort und werde nie wieder mit dir sprechen.'
Sie entfernte sich von ihm und bereitete sich darauf vor, sich zu setzen.
„Genau dort, wo Sie sitzen werden, ist eine Qualle", sagte Wilton.
'Es ist mir egal.'
'Es wird. Ich spreche aus Erfahrung, als einer, auf dem Sie so oft gesessen haben.'
'Ich bin nicht amüsiert.'
'Hab Geduld. Ich kann lustiger sein.'
„Bitte rede nicht mit mir."
'Sehr gut.'
Sie setzte sich mit dem Rücken zu ihm. Die Würde verlangte nach Repressalien, also setzte er sich mit dem Rücken zu ihr nieder; und der nutzlose Ozean tobte auf sie zu, und der Wind wurde von Minute zu Minute kälter.

Zeit verging. Es wurde dunkel. Die kleine Bucht verwandelte sich in eine schwarze Höhle mit hier und da weißen Punkten, in der die Brise über die Wasseroberfläche peitschte.

Wilton seufzte. Es war einsam, dort ganz allein zu sitzen. Wie viel lustiger wäre es gewesen, wenn –

Eine Hand berührte seine Schulter und eine Stimme sprach – sanftmütig.

„Jack, Schatz, es – es ist furchtbar kalt. Glaubst du nicht, wenn wir uns aneinander kuscheln würden?

Er streckte die Hand aus und umarmte sie, was Hackenschmidts berufliche Begeisterung geweckt und Zbyscos kehlige Glückwünsche hervorgerufen hätte . Sie knarrte unter der Belastung, knackte aber nicht.

„Das ist viel schöner", sagte sie leise. „Jack, ich glaube, die Flut hat noch nicht einmal begonnen, und ich denke auch nicht daran, dass sie sinken wird."

„Das hoffe ich nicht", sagte Wilton.

DER MISCHER

I. *Er trifft einen schüchternen Herrn*

Rückblickend denke ich immer, dass meine eigentliche Karriere als Hund erst richtig begonnen hat, als ich vom Schüchternen Mann für eine halbe Krone gekauft wurde. Dieses Ereignis markierte das Ende meiner Welpenzeit. Das Wissen, dass ich für jemanden echtes Geld wert war, erfüllte mich mit einem Gefühl neuer Verantwortung. Es hat mich ernüchtert. Außerdem bin ich erst in die weite Welt hinausgegangen, nachdem diese halbe Krone den Besitzer gewechselt hat; Und so interessant das Leben in einer Gastwirtschaft im East End auch sein mag, erst wenn man in die Welt hinausgeht, erweitert man seinen Geist wirklich und beginnt, Dinge zu sehen.

Innerhalb seiner Grenzen war mein Leben einzigartig erfüllt und lebendig. Ich wurde, wie gesagt, in einem Wirtshaus im East End geboren, und so sehr es einem Wirtshaus auch an Vornehmheit und echter Kultur mangelt, es bietet auf jeden Fall jede Menge Aufregung. Bevor ich sechs Wochen alt war, hatte ich drei Polizisten verärgert, indem ich ihnen zwischen die Beine trat, als sie zur Seitentür kamen, weil ich dachte, sie hätten verdächtige Geräusche gehört; und ich kann mich noch an das interessante Gefühl erinnern, nach einem gut geplanten und völlig erfolgreichen Überfall auf die Speisekammer siebzehnmal mit einem Besenstiel durch den Hof gejagt zu werden. Diese und andere Ereignisse ähnlicher Art beruhigten mich im Moment, konnten aber die Unruhe, die schon immer ein so ausgeprägter Charakterzug meines Charakters war, nicht heilen. Ich war immer unruhig, konnte mich nicht an einem Ort niederlassen und wollte unbedingt mit der nächsten Sache beginnen. Das kann an einem Zigeunerstamm in meiner Abstammung liegen – einer meiner Onkel reiste mit einem Zirkus – oder es könnte an dem künstlerischen Temperament liegen, das ich mir von einem Großvater angeeignet habe, der vor seinem Tod an einem Übermaß an Kleister im Gästezimmer des Bristol starb Coliseum, das er im Rahmen einer professionellen Tournee besuchte, genoss auf der Varietébühne einen etablierten Ruf als einer von Professor Ponds Performing Poodles.

Ich verdanke die Fülle und Vielfalt meines Lebens dieser Rastlosigkeit, denn ich habe wiederholt behagliche Häuser verlassen, um einem völlig Fremden zu folgen, der aussah, als wäre er auf dem Weg zu einem interessanten Ort. Manchmal denke ich, ich muss Katzenblut in mir haben.

Der Schüchterne Mann kam eines Nachmittags im April in unseren Garten, während ich mit meiner Mutter in der Sonne schlief, auf einem alten Pullover, den wir von Fred, einem der Barkeeper, geliehen hatten. Ich hörte Mutter knurren, achtete aber nicht darauf. Mutter ist das, was man einen guten Wachhund nennt, und sie knurrt alle an, außer das Herrchen. Früher, als sie es noch getan hat, bin ich immer aufgestanden und habe gebellt, aber jetzt nicht mehr. Das Leben ist zu kurz, um jeden anzubellen, der in unseren Garten kommt. Es befindet sich hinter dem Wirtshaus, und dort werden leere Flaschen und andere Dinge aufbewahrt, sodass ständig Leute kommen und gehen.

Außerdem war ich müde. Ich hatte einen sehr arbeitsreichen Vormittag hinter mir: Ich half den Männern, viele Kisten Bier hereinzubringen, rannte in den Saloon, um mit Fred zu reden und kümmerte mich allgemein um die Dinge. Ich döste gerade wieder ein, als ich eine Stimme sagen hörte: „Nun, er ist ja hässlich genug! " Dann wusste ich, dass sie über mich redeten.

Ich habe es mir nie verheimlicht, und niemand hat es mir jemals verheimlicht, dass ich kein hübscher Hund bin. Selbst meine Mutter fand mich nie schön. Sie war selbst keine Gladys Cooper, aber sie zögerte nie, mein Aussehen zu kritisieren. Tatsächlich habe ich noch niemanden getroffen, der das getan hätte. Das erste, was Fremde über mich sagen, ist: „Was für ein hässlicher Hund!"

Ich weiß nicht, was ich bin. Ich habe ein Bulldoggengesicht, aber der Rest von mir ist ein Terrier. Ich habe einen langen Schwanz, der gerade in die Luft ragt. Meine Haare sind drahtig. Meine Augen sind braun. Ich bin tiefschwarz und habe eine weiße Brust. Ich hörte einmal, wie Fred sagte, ich sei ein Gorgonzola-Käsehund, und ich fand Fred in seinen Aussagen im Allgemeinen zuverlässig.

Als ich merkte, dass ich im Gespräch war, öffnete ich meine Augen. Der Meister stand da und blickte auf mich herab, und an seiner Seite stand der Mann, der gerade gesagt hatte, ich sei hässlich genug. Der Mann war ein dünner Mann, etwa im Alter eines Barmanns und kleiner als ein Polizist. Er hatte braune Schuhe und schwarze Hosen geflickt.

„Aber er hat ein süßes Wesen", sagte der Meister.

Das stimmte, zum Glück für mich. Mutter sagte immer: „Ein Hund ohne Einfluss oder private Mittel muss entweder gut aussehen oder liebenswürdig sein, wenn er sich in der Welt durchsetzen will." Aber ihrer Meinung nach habe ich es übertrieben. „Ein Hund", pflegte sie zu sagen, „kann ein gutes Herz haben, ohne sich mit jedem Tom, Dick und Harry anzufreunden, den er trifft." Dein Verhalten ist manchmal ziemlich unhundehaft.' Mutter war stolz darauf, ein Ein-Mann-Hund zu sein. Sie blieb für sich und küsste niemanden außer dem Meister – nicht einmal Fred.

Jetzt bin ich ein Mixer. Ich kann nicht anders. Es liegt in meiner Natur. Ich mag Männer. Ich mag den Geschmack ihrer Stiefel, den Geruch ihrer Beine und den Klang ihrer Stimmen. Es mag schwach von mir sein, aber ein

Mann braucht nur mit mir zu sprechen, und eine Art Nervenkitzel läuft mir durch den Rücken und lässt meinen Schwanz wedeln.

Ich wedelte jetzt damit. Der Mann sah mich ziemlich distanziert an. Er hat mich nicht gestreichelt. Ich vermutete – was sich später auch herausstellte –, dass er schüchtern war, also sprang ich zu ihm hoch, um ihn zu beruhigen. Mutter knurrte erneut. Ich hatte das Gefühl, dass sie nicht einverstanden war.

„Na ja, er hat schon ziemlich Gefallen an dir gefunden", sagte der Meister.

Der Mann sagte kein Wort. Er schien über etwas nachzudenken. Er war einer dieser stillen Männer. Er erinnerte mich an Joe, den alten Hund unten beim Lebensmittelhändler, der den ganzen Tag an der Tür liegt, blinzelt und mit niemandem spricht.

Der Meister begann über mich zu sprechen. Es überraschte mich, wie er mich lobte. Ich hatte nicht den Verdacht, dass er mich so sehr bewunderte. Nach dem, was er sagte, hätte man meinen können, ich hätte im Kristallpalast Preise und Auszeichnungen gewonnen. Aber der Mann schien nicht beeindruckt zu sein. Er sagte weiterhin nichts.

Als der Herr ihm erzählt hatte, was für ein wunderbarer Hund ich sei, bis ich rot wurde, sprach der Mann.

„Weniger", sagte er. „Eine halbe Krone ist mein Gebot, und wenn er ein Engel von oben wäre, könntest du keinen weiteren halben Penny aus mir herausholen." Was ist damit?'

Ein Schauer lief mir über den Rücken und aus meinem Schwanz, denn natürlich sah ich jetzt, was geschah. Der Mann wollte mich kaufen und mitnehmen. Ich sah den Meister hoffnungsvoll an.

„Er ist für mich eher ein Sohn als ein Hund", sagte der Herr etwas wehmütig.

„Es ist sein Gesicht, das einem dieses Gefühl gibt", sagte der Mann teilnahmslos. „Wenn du einen Sohn hättest, würde er genau so aussehen." „Eine halbe Krone ist mein Angebot, und ich habe es eilig."

„In Ordnung", sagte der Herr mit einem Seufzer, „obwohl es ihn verrät, so einen wertvollen Hund." Wo ist deine Halbkrone?'

Der Mann nahm ein Stück Seil und band es mir um den Hals.

Ich konnte hören, wie Mutter mir Ratschläge gab und mir sagte, ich solle der Familie zur Ehre gereichen, aber ich war zu aufgeregt, um zuzuhören.

„Auf Wiedersehen, Mutter", sagte ich. „Auf Wiedersehen, Meister. Auf Wiedersehen, Fred. Tschüss allerseits. Ich mache mich auf den Weg, um das

Leben zu sehen. Der schüchterne Mann hat mich für eine halbe Krone gekauft. Wow!'

Ich rannte weiter im Kreis und schrie, bis der Mann mir einen Tritt gab und mir sagte, ich solle damit aufhören.

So tat ich.

Ich weiß nicht, wohin wir gegangen sind, aber es war ein langer Weg. Ich hatte noch nie in meinem Leben unsere Straße verlassen und wusste nicht, dass die ganze Welt nur halb so groß ist. Wir gingen immer weiter und der Mann riss an meinem Seil, wann immer ich anhalten und mir etwas ansehen wollte. Er erlaubte mir nicht einmal, die Zeit des Tages mit Hunden zu verbringen, die wir trafen.

Als wir etwa hundert Meilen zurückgelegt hatten und gerade an einer dunklen Tür abbiegen wollten, hielt plötzlich ein Polizist den Mann an. An der Art und Weise, wie der Mann an meinem Seil zog und sich zu beeilen versuchte, spürte ich, dass er nicht mit dem Polizisten sprechen wollte. Je mehr ich von dem Mann sah, desto mehr wurde mir klar, wie schüchtern er war.

'Hallo!' sagte der Polizist und wir mussten anhalten.

„Ich habe eine Nachricht für dich, alter Kumpel", sagte der Polizist. „Es ist vom Gesundheitsamt." Sie sagten mir, ich solle Ihnen sagen, dass Sie einen Luftwechsel brauchen. Sehen?'

'In Ordnung!' sagte der Mann.

„Und nimm es, sobald du willst." Sonst wirst du feststellen, dass es dir gegeben wird. Sehen?'

Ich sah den Mann mit großem Respekt an. Er war offensichtlich jemand sehr Wichtiges, wenn sie sich solche Sorgen um seine Gesundheit machten.

„Ich fahre heute Abend aufs Land", sagte der Mann.

Der Polizist schien zufrieden zu sein.

„Das ist ein bisschen Glück für das Land", sagte er. „Ändern Sie nicht Ihre Meinung."

Und wir gingen weiter und gingen durch die dunkle Tür hinein, stiegen etwa eine Million Stufen hinauf und gelangten in einen Raum, der nach Ratten roch. Der Mann setzte sich und fluchte ein wenig, und ich setzte mich und sah ihn an.

Im Moment konnte ich es nicht länger darin behalten.

„Wohnen wir hier?" Ich sagte . „Stimmt es, dass wir aufs Land fahren?
War dieser Polizist nicht ein guter Kerl? Magst du keine Polizisten? Ich
kannte viele Polizisten im Wirtshaus. Gibt es hier noch andere Hunde? Was
gibt es zum Abendessen? Was ist in diesem Schrank? Wann gehst du mit mir
noch einmal laufen? Darf ich rausgehen und nachsehen, ob ich eine Katze
finden kann?'

„Hör auf zu jammern", sagte er.

„Wenn wir aufs Land gehen, wo sollen wir leben? Werden Sie Hausmeister
in einem Haus? Freds Vater ist Hausmeister in einem großen Haus in Kent.
Ich habe Fred darüber sprechen hören. Du hast Fred nicht kennengelernt,
als du ins Wirtshaus kamst, oder? Du würdest Fred mögen. Ich mag Fred.
Mutter mag Fred. Wir alle mögen Fred.'

Ich wollte ihm gerade noch viel mehr über Fred erzählen, der immer einer
meiner wärmsten Freunde gewesen war, als er plötzlich einen Stock ergriff
und mich damit schlug.

„Du schweigst, wenn man es dir sagt", sagte er.

Er war wirklich der schüchternste Mann, den ich je getroffen hatte. Es
schien ihm weh zu tun, angesprochen zu werden. Allerdings war er der Boss,
und ich musste ihn bei Laune halten , also sagte ich nichts mehr.

Wir gingen in dieser Nacht aufs Land, genau wie der Mann es dem
Polizisten gesagt hatte. Ich war ganz aufgeregt, denn ich hatte von Fred so
viel über das Land gehört, dass ich schon immer dorthin wollte. Fred fuhr
manchmal mit dem Motorrad los, um die Nacht bei seinem Vater in Kent zu
verbringen, und einmal brachte er ein Eichhörnchen mit, von dem ich
dachte, es sei für mich zum Essen, aber Mutter sagte nein. „Das erste, was
ein Hund lernen muss", sagte Mutter oft, „ist, dass nicht die ganze Welt dafür
geschaffen wurde, dass er frisst."

Es war ziemlich dunkel, als wir auf dem Land ankamen, aber der Mann
schien zu wissen, wohin er gehen sollte. Er zog an meinem Seil und wir
begannen, eine Straße entlang zu gehen, auf der sich überhaupt keine
Menschen befanden. Wir gingen immer weiter, aber für mich war alles so
neu, dass ich vergaß, wie müde ich war. Ich spürte, wie sich mein Geist mit
jedem Schritt, den ich tat, erweiterte.

Hin und wieder kamen wir an einem sehr großen Haus vorbei, das aussah,
als wäre es leer, aber ich wusste, dass sich darin ein Hausmeister befand, weil
Freds Vater es war. Diese großen Häuser gehören sehr reichen Leuten, aber
sie wollen nicht bis zum Sommer darin wohnen, also stellen sie Hausmeister
ein, und die Hausmeister haben einen Hund, um Einbrecher fernzuhalten.
Ich fragte mich, ob ich deshalb hierher gebracht worden war.

„Wirst du Hausmeister werden?" Ich habe den Mann gefragt.

„Halt den Mund", sagte er.

Also hielt ich den Mund.

Nachdem wir eine lange Zeit gelaufen waren, kamen wir zu einer Hütte. Ein Mann kam heraus. Mein Mann schien ihn zu kennen, denn er nannte ihn Bill. Ich war ziemlich überrascht, dass der Mann Bill gegenüber überhaupt nicht schüchtern war. Sie wirkten sehr freundlich.

'Ist er das?' sagte Bill und sah mich an.

„Habe ihn heute Nachmittag gekauft", sagte der Mann.

„Nun", sagte Bill, „er ist hässlich genug." Er sieht wild aus. Wenn Sie einen Hund wollen, dann ist er die Art von Hund, die Sie wollen. Aber wofür willst du einen? Mir kommt es so vor, als wäre es eine Menge Ärger, wenn überhaupt kein Grund dafür besteht. Warum nicht das tun, was ich schon immer tun wollte? Was ist falsch daran, einfach den Hund zu reparieren, wie es immer gemacht wird, und dann hineinzugehen und sich selbst zu helfen?'

„Ich sage dir, was los ist", sagte der Mann. „Zuallererst kann man den Hund nicht erreichen, um ihn zu reparieren, außer tagsüber, wenn sie ihn rauslassen." Nachts ist er im Haus eingesperrt. Und angenommen, Sie reparieren ihn tagsüber, was passiert dann? Entweder bekommt der Kerl noch vor Einbruch der Nacht noch einen, oder er sitzt die ganze Nacht mit einer Waffe auf. Es ist nicht so, als ob diese Kerle gewöhnliche Kerle wären . Sie sind hier unten, um sich um das Haus zu kümmern. Das ist ihre Aufgabe und sie gehen kein Risiko ein."

Es war die längste Rede, die ich je von dem Mann gehört hatte, und sie schien Bill zu beeindrucken. Er war ziemlich bescheiden.

„Daran habe ich nicht gedacht", sagte er. „Am besten fangen wir gleich damit an, diesen Kerl zu trainieren."

Wenn ich davon erzählte, dass ich in die Welt hinausgehen und das Leben sehen wollte, sagte meine Mutter oft: „Wenn du es tust, wirst du es bereuen." „Die Welt besteht nicht nur aus Knochen und Leber." Und ich hatte noch nicht lange mit dem Mann und Bill in ihrem Cottage gelebt, bis ich herausfand, wie recht sie hatte.

Es war die Schüchternheit des Mannes, die den ganzen Ärger verursachte. Es schien, als würde er es hassen, bemerkt zu werden.

Es begann in meiner allerersten Nacht im Cottage. Ich war in der Küche eingeschlafen, müde von all der Aufregung des Tages und den langen

Spaziergängen, die ich gemacht hatte, als mich etwas aufschreckte. Es war jemand, der am Fenster kratzte und versuchte, hineinzukommen.

Nun, ich frage Sie, ich frage jeden Hund, was hätten Sie an meiner Stelle getan? Seitdem ich alt genug war, um zuzuhören, hatte mir meine Mutter immer wieder gesagt, was ich in einem solchen Fall tun muss. Es ist das ABC der Hundeerziehung. „Wenn du in einem Raum bist und hörst, wie jemand versucht hineinzukommen", pflegte Mutter zu sagen, „belle." Es kann sein, dass jemand dort geschäftlich tätig ist, vielleicht aber auch nicht. Erst bellen und dann nachfragen. „Hunde sind dazu da, gehört und nicht gesehen zu werden."

Ich hob meinen Kopf und schrie. Aufgrund einer Jagdhundart in meinem Stammbaum habe ich eine gute, tiefe Stimme, und im Wirtshaus habe ich bei Vollmond oft Leute gesehen, die sich aus den Fenstern gelehnt haben und auf der ganzen Straße Dinge gesagt haben. Ich holte tief Luft und ließ es los.

'Mann!' Ich schrie. 'Rechnung! Mann! Komm schnell! Hier kommt ein Einbrecher herein!'

Dann zündete jemand ein Licht an, und es war der Mann selbst. Er war durch das Fenster hereingekommen.

Er nahm einen Stock und schlug mich nieder. Ich konnte es nicht verstehen. Ich konnte nicht erkennen, wo ich das Falsche getan hatte. Aber er war der Boss, also gab es nichts zu sagen.

Wenn Sie mir glauben, passierte jede Nacht das Gleiche. Jede einzelne Nacht! Und manchmal zwei- oder dreimal vor dem Morgen. Und jedes Mal bellte ich am lautesten und der Mann zündete das Licht an und schlug mich nieder. Die Sache war verblüffend. Ich konnte unmöglich missverstanden haben, was Mutter zu mir gesagt hatte. Dafür hat sie es zu oft gesagt. Bellen! Bellen! Bellen! Es war der Grundpfeiler ihres gesamten Bildungssystems. Und doch war ich hier und wurde jede Nacht dafür verprügelt.

Ich habe darüber nachgedacht, bis mir der Kopf wehgetan hat, und schließlich habe ich es richtig verstanden. Ich begann zu erkennen, dass die Einstellung meiner Mutter eng war. Zweifellos war Bellen in Ordnung, wenn man mit einem Mann wie dem Wirtshausmeister zusammenlebte, einem Mann ohne eine Spur von Schüchternheit. Aber die Umstände verändern die Fälle. Ich gehörte zu einem Mann, der voller Nerven war und der sofort die Nerven verlor, wenn man mit ihm sprach. Was ich tun musste, war, die Schulung, die ich von meiner Mutter erhalten hatte, zu vergessen, obwohl sie zweifellos eine allgemeine Sache war, und mich an die Bedürfnisse des bestimmten Mannes anzupassen, der mich zufällig gekauft hatte. Ich hatte es auf die Art und Weise meiner Mutter versucht, und alles, was es mir gebracht hatte, war, mich zu verprügeln, also würde ich jetzt selbst darüber nachdenken.

Als ich am nächsten Abend hörte, wie das Fenster geöffnet wurde, lag ich wortlos da, obwohl es all meinen besseren Gefühlen widersprach. Ich habe nicht einmal geknurrt. Jemand kam herein und ging mit einer Laterne im Dunkeln umher, aber obwohl ich roch, dass es der Mann war, stellte ich ihm keine einzige Frage. Und plötzlich zündete der Mann ein Licht an, kam zu mir und tätschelte mich, was er noch nie zuvor getan hatte.

'Guter Hund!' er sagte. „Jetzt kannst du das haben."

Und er ließ mich den Topf auslecken, in dem das Abendessen gekocht worden war.

Danach haben wir uns gut verstanden. Immer wenn ich jemanden am Fenster hörte, rollte ich mich einfach zusammen und achtete nicht darauf, und jedes Mal bekam ich einen Knochen oder etwas Gutes. Es war einfach, wenn man erst einmal den Dreh raus hatte.

Ungefähr eine Woche später nahm mich der Mann eines Morgens mit nach draußen, und wir gingen einen langen Weg, bis wir an einigen großen Toren einbogen und eine sehr glatte Straße entlanggingen, bis wir zu einem großen Haus kamen, das ganz allein im Haus stand Mitten in einer ganzen Menge Land. Davor war eine große Rasenfläche, rundherum waren Felder und Bäume und hinten ein großer Wald.

Der Mann klingelte, die Tür öffnete sich und ein alter Mann kam heraus.

'Also?' sagte er, nicht sehr herzlich.

„Ich dachte, Sie möchten vielleicht einen guten Wachhund kaufen", sagte der Mann.

„Nun, das ist seltsam, was Sie sagen", sagte der Hausmeister. „Es ist ein Zufall." Genau das möchte ich kaufen. Ich habe gerade darüber nachgedacht, mitzukommen und zu versuchen, eins zu bekommen. „Mein alter Hund hat heute Morgen etwas aufgehoben, was er nicht haben sollte, und er ist tot, der arme Kerl."

„Armer Kerl", sagte der Mann. „Ich habe einen alten Knochen mit Phosphor darauf gefunden, schätze ich."

„Was willst du dafür?"

„Fünf Schilling."

„Ist er ein guter Wachhund?"

„Er ist ein großartiger Wachhund."

„Er sieht wild genug aus."

'Ah!'

Da gab der Hausmeister dem Mann seine fünf Schilling, und der Mann ging weg und verließ mich.

Die Neuheit von allem und die ungewohnten Gerüche und das Kennenlernen des Hausmeisters, der ein netter alter Mann war, verhinderten zunächst, dass ich den Mann vermisste, aber im Laufe des Tages wurde mir klar, dass er gegangen war und nie wieder zurückkommen würde , ich wurde sehr deprimiert. Ich trampelte im ganzen Haus herum und jammerte. Es war ein äußerst interessantes Haus, größer, als ich gedacht hätte, aber es konnte mich nicht aufmuntern. Vielleicht finden Sie es seltsam, dass ich mich nach diesem Mann sehne, nach all den Schlägen, die er mir zugefügt hat, und es ist seltsam, wenn Sie darüber nachdenken. Aber Hunde sind Hunde, und sie sind so gebaut. Als es Abend wurde, fühlte ich mich völlig elend. Ich fand in einem der Zimmer einen Schuh und eine alte Kleiderbürste, konnte aber nichts essen. Ich saß einfach da und fuhr Moped.

Es ist eine komische Sache, aber es scheint, als wäre es immer passiert, dass gerade dann, wenn man sich am elendsten fühlt, etwas Schönes passiert. Als ich dort saß, hörte ich von draußen das Geräusch eines Motorrads, und jemand schrie.

Es war der liebe alte Fred, mein alter Kumpel Fred, der beste alte Junge, den es je gab. Ich erkannte seine Stimme sofort und kratzte an der Tür, bevor der alte Mann Zeit hatte, von seinem Stuhl aufzustehen.

Gut gut gut! Das war eine angenehme Überraschung! Ich rannte fünfmal um den Rasen herum, ohne anzuhalten, und dann kam ich zurück und sprang auf ihn zu.

„Was machst du hier unten, Fred?" Ich sagte . „Ist dieser Hausmeister Ihr Vater? Hast du die Kaninchen im Wald gesehen? Wie lange wirst du aufhören? Wie geht es Mutter? Ich mag das Land. Bist du den ganzen Weg vom Wirtshaus gekommen? Ich lebe jetzt hier. Dein Vater hat fünf Schilling für mich gegeben. Das ist doppelt so viel wie ich wert war, als ich dich das letzte Mal gesehen habe.'

„Warum, es ist der junge Nigger!" So nannten sie mich im Saloon. 'Was machst du hier? Wo hast du diesen Hund her, Vater?'

„Ein Mann hat ihn heute Morgen an mich verkauft." Der arme alte Bob wurde vergiftet. Dieser sollte ein ebenso guter Wachhund sein. Er bellt laut genug.'

'Er sollte sein. Seine Mutter ist die beste Wachhündin Londons. Dieser Käsehund gehörte früher dem Chef. Komisch, dass er hierherkommt.'

Wir gingen ins Haus und aßen zu Abend. Und nach dem Abendessen saßen wir und redeten. Fred sei nur über Nacht unten gewesen, sagte er, weil der Chef ihn am nächsten Tag zurückhaben wollte.

„Und ich hätte lieber meinen Job als deinen, Papa", sagte er. „Von all den einsamen Orten! Ich wundere mich, dass du keine Angst vor Einbrechern hast.'

„Ich habe meine Schrotflinte und da ist der Hund. Ich hätte vielleicht Angst, wenn er nicht gewesen wäre, aber er gibt mir irgendwie Selbstvertrauen. Dem alten Bob ging es genauso. „Hunde sind ein Trost auf dem Land."

„Gibt es hier viele Landstreicher?"

„Ich habe in zwei Monaten nur einen gesehen, und das ist der Kerl, der mir den Hund hier verkauft hat."

Als sie über den Mann sprachen, fragte ich Fred, ob er ihn kenne. Sie könnten sich im Wirtshaus getroffen haben, als der Mann mich vom Chef kaufte.

„Er würde dir gefallen", sagte ich. „Ich wünschte, du hättest dich treffen können."

Sie sahen mich beide an.

„Worüber knurrt er?" fragte Fred. „Glaubst du, er hat etwas gehört?"

Der alte Mann lachte.

„Er hat nicht geknurrt. Er redete im Schlaf. Du bist nervös, Fred. Es kommt vom Leben in der Stadt."

'Naja, ich bin. Tagsüber mag ich diesen Ort, aber nachts gibt er mir den Höhepunkt. Es ist so leise. Wie man es hier die ganze Zeit aushalten kann, ist für mich unverständlich. Zwei Nächte davon würden mich dazu bringen, Dinge zu sehen.'

Sein Vater lachte.

„Wenn du dich so fühlst, Fred, nimm die Waffe besser mit ins Bett. Ohne werde ich ganz glücklich sein.'

„Das werde ich", sagte Fred. „Ich nehme sechs, wenn du welche hast."

Und danach gingen sie nach oben. Ich hatte einen Korb im Flur, der Bob gehört hatte, dem Hund, der vergiftet worden war. Es war ein bequemer

Korb, aber ich war so aufgeregt, Fred wiederzusehen, dass ich nicht schlafen konnte. Außerdem roch es irgendwo nach Mäusen, und ich musste umhergehen und versuchen, sie zu platzieren.

Ich schnüffelte gerade an einer Stelle in der Wand, als ich ein kratzendes Geräusch hörte. Zuerst dachte ich, es wären die Mäuse, die an einem anderen Ort arbeiteten, aber als ich zuhörte, stellte ich fest , dass das Geräusch vom Fenster kam. Jemand hat von außen etwas daran gemacht.

Wenn es Mutter gewesen wäre, hätte sie sofort das Dach abgehoben, und ich hätte es auch getan, wenn der Mann mich nicht gelehrt hätte. Ich hielt es nicht für möglich, dass dies der zurückgekommene Mann sein könnte, denn er war weggegangen und hatte nichts davon gesagt, mich jemals wiederzusehen. Aber ich habe nicht gebellt. Ich blieb stehen, wo ich war, und lauschte. Und plötzlich öffnete sich das Fenster und jemand begann hineinzuklettern.

Ich schnupperte gründlich und wusste, dass es der Mann war.

Ich war so erfreut, dass ich mich für einen Moment fast vergaß und vor Freude schrie, aber mit der Zeit erinnerte ich mich daran, wie schüchtern er war, und hielt mich zurück. Aber ich lief zu ihm und sprang ganz leise auf, und er sagte mir, ich solle mich hinlegen. Ich war enttäuscht, dass er sich anscheinend nicht mehr freute, mich zu sehen. Ich lege mich hin.

Es war sehr dunkel, aber er hatte eine Laterne mitgebracht, und ich konnte sehen, wie er im Zimmer umherging, Dinge aufhob und sie in eine Tasche steckte, die er mitgebracht hatte. Ab und zu blieb er stehen und lauschte, und dann begann er sich wieder umzudrehen. Er war sehr schnell dabei, aber sehr ruhig. Es war klar, dass er nicht wollte, dass Fred oder sein Vater herunterkamen und ihn fanden.

Während ich ihn beobachtete, dachte ich immer wieder über seine Besonderheit nach. Ich glaube, da ich selbst befreundet bin, fällt es mir schwer zu verstehen, dass nicht alle anderen auf der Welt auch befreundet sind. Natürlich hatte ich durch meine Erfahrung im Wirtshaus gelernt, dass Männer genauso unterschiedlich sind wie Hunde. Wenn ich zum Beispiel den Schuh des Meisters kaute, trat er mich; aber wenn ich Freds kaute, würde Fred mich unter dem Ohr kitzeln. Und ebenso sind einige Männer schüchtern und andere sind Mischlinge. Ich wusste das sehr zu schätzen, aber ich konnte mich des Gefühls nicht erwehren, dass die Schüchternheit des Mannes einen Punkt erreichte, an dem sie krankhaft wurde. Und er gab sich keine Chance, sich davon zu heilen. Das war der Punkt. Stellen Sie sich einen Mann vor, der es so sehr hasst, Menschen zu treffen, dass er ihre Häuser erst mitten in der Nacht besucht, wenn sie im Bett liegen und schlafen. Es war albern. Schüchternheit lag schon immer so außerhalb meiner Natur, dass ich wohl nie in der Lage war, sie wirklich mitfühlend zu betrachten. Ich war immer der Meinung, dass man darüber hinwegkommen kann, wenn man sich anstrengt. Das Problem mit dem Mann war, dass er sich keine Mühe gab. Er gab sich alle Mühe, Menschen nicht zu treffen.

Ich mochte den Mann. Er war jemand, den man nie wirklich gut kennenlernt, aber wir waren schon eine ganze Weile zusammen, und ich wäre kein Hund gewesen, wenn ich mich nicht an ihn gebunden hätte.

Als ich dasaß und zusah, wie er durch das Zimmer schlich, wurde mir plötzlich klar, dass hier eine Chance bestand, ihm trotz seines Willens wirklich Gutes zu tun. Fred war oben und Fred war, wie ich aus Erfahrung wusste, der Mann auf der Welt, mit dem man am einfachsten auskam. Bei Fred konnte niemand schüchtern sein. Ich hatte das Gefühl, wenn ich ihn und den Mann nur zusammenbringen könnte, würden sie großartig miteinander auskommen und es würde den Mann lehren, nicht albern zu sein und Menschen zu meiden. Es würde ihm helfen, das Selbstvertrauen zu gewinnen, das er brauchte. Ich hatte ihn mit Bill gesehen und wusste, dass er vollkommen natürlich und locker sein konnte, wenn er wollte.

Es stimmte, dass der Mann zuerst Einwände erheben würde, aber nach einer Weile würde er erkennen, dass ich nur zu seinem Besten gehandelt hatte, und würde dankbar sein.

Die Schwierigkeit bestand darin, Fred zu Fall zu bringen, ohne den Mann zu erschrecken. Ich wusste, wenn ich schrie, würde er nicht warten, sondern aus dem Fenster verschwinden und weg sein, bevor Fred dort ankommen konnte. Was ich tun musste, war, in Freds Zimmer zu gehen, ihm leise die ganze Situation zu erklären und ihn zu bitten, herunterzukommen und es sich angenehm zu machen.

Der Mann war viel zu beschäftigt, um mir Aufmerksamkeit zu schenken. Er kniete mit dem Rücken zu mir in einer Ecke und steckte etwas in seine Tasche. Ich nutzte die Gelegenheit und schlich mich leise aus dem Zimmer.

Freds Tür war geschlossen und ich konnte ihn schnarchen hören. Ich kratzte mich sanft und dann stärker, bis ich hörte, wie das Schnarchen aufhörte. Er stand auf und öffnete die Tür.

„Mach keinen Lärm", flüsterte ich. „Komm nach unten. Ich möchte, dass du einen Freund von mir triffst.'

Anfangs war er ziemlich verärgert .

„Was soll das für eine Idee", sagte er, „einem Mann den Schönheitsschlaf zu verderben?" Aussteigen.'

Er begann tatsächlich, zurück in den Raum zu gehen.

„Nein, ehrlich, Fred", sagte ich, „ich täusche dich nicht." Unten ist ein Mann. Er stieg durch das Fenster ein. Ich möchte, dass du ihn triffst. Er ist sehr schüchtern und ich denke, es wird ihm gut tun, mit dir zu plaudern.'

„Worüber jammern Sie?" Fred begann, dann brach er plötzlich ab und lauschte. Wir konnten beide die Schritte des Mannes hören, als er umherging.

Fred sprang zurück ins Zimmer. Er kam heraus und trug etwas. Er sagte nichts mehr, sondern ging ganz leise die Treppe hinunter, und ich ging ihm nach.

Da war der Mann, der immer noch Sachen in seine Tasche packte. Ich wollte Fred gerade vorstellen, als Fred, der dumme Arsch, laut aufschrie.

Ich hätte ihn beißen können.

„Warum wolltest du das machen, du Trottel?" Ich sagte: „Ich habe dir doch gesagt, dass er schüchtern ist." Jetzt hast du ihm Angst gemacht.'

Das hatte er auf jeden Fall. Der Mann war schneller aus dem Fenster, als man es für möglich gehalten hätte. Er ist einfach rausgeflogen. Ich rief ihm hinterher, dass nur Fred und ich da wären , aber in diesem Moment ertönte ein Schuss mit einem gewaltigen Knall, sodass er mich nicht gehört haben konnte.

Ich war ziemlich krank deswegen. Die ganze Sache war schiefgegangen. Fred schien völlig den Kopf verloren zu haben. Er benahm sich wie ein Vollidiot. Natürlich hatte der Mann Angst davor, dass er so weitermachte. Ich sprang aus dem Fenster, um zu sehen, ob ich den Mann finden und erklären könnte, aber er war weg. Fred sprang hinter mir her und hätte mich fast zerquetscht.

Es war stockdunkel da draußen. Ich konnte nichts sehen. Aber ich wusste, dass der Mann nicht weit hätte gehen können, sonst hätte ich ihn hören sollen. Ich begann herumzuschnüffeln, ob ich vielleicht seine Spur aufspüren könnte. Es dauerte nicht lange, bis ich zuschlug.

Freds Vater war inzwischen heruntergekommen und sie rannten umher. Der alte Mann hatte Licht. Ich folgte dem Pfad und er endete an einer großen Zeder, nicht weit vom Haus entfernt. Ich stand darunter und schaute nach oben, konnte aber natürlich nichts sehen.

„Bist du da oben?" Ich schrie. „Es gibt nichts, wovor man Angst haben muss." Es war nur Fred. Er ist ein alter Kumpel von mir. Er arbeitet dort, wo Sie mich gekauft haben. Seine Waffe ging versehentlich los. Er wird dir nichts tun.'

Es war kein Ton zu hören. Ich begann zu glauben, ich hätte einen Fehler gemacht.

„Er ist entkommen", hörte ich Fred zu seinem Vater sagen, und gerade als er es sagte , hörte ich ein leises Geräusch von jemandem, der sich in den Ästen über mir bewegte.

„ Nein, hat er nicht!" Ich schrie. „Er ist auf diesem Baum."

„Ich glaube, der Hund hat ihn gefunden, Papa!"

„Ja, er ist hier oben. Kommen Sie vorbei und lernen Sie ihn kennen.'

Fred kam zum Fuß des Baumes.

„Du da oben", sagte er, „komm mit runter."

Kein Geräusch vom Baum.

„Schon gut", erklärte ich, „er *ist* da oben, aber er ist sehr schüchtern." Frag ihn noch einmal.'

„In Ordnung", sagte Fred. „Bleib dort, wenn du willst." Aber ich werde diese Waffe nur zum Spaß in die Zweige schießen.'

Und dann begann der Mann herunterzukommen. Sobald er den Boden berührte, sprang ich zu ihm hoch.

'Das ist in Ordnung!' Ich sagte: „Hier ist mein Freund Fred." Du wirst ihn mögen.'

Aber es war nicht gut. Sie kamen überhaupt nicht miteinander klar. Sie sprachen kaum. Der Mann ging ins Haus und Fred folgte ihm mit seiner Waffe. Und als sie das Haus betraten, war es genauso. Der Mann saß auf einem Stuhl und Fred auf einem anderen, und nach einer langen Zeit kamen einige Männer in einem Auto, und der Mann fuhr mit ihnen weg. Er hat sich nicht von mir verabschiedet.

Als er gegangen war, machten Fred und sein Vater viel Aufhebens um mich. Ich konnte es nicht verstehen. Männer sind so seltsam. Der Mann war kein bisschen erfreut darüber, dass ich ihn und Fred zusammengebracht hatte, aber Fred schien nicht genug für mich tun zu können, weil er ihn dem Mann vorgestellt hatte. Allerdings brachte Freds Vater etwas kalten Schinken – mein Lieblingsgericht – und gab mir ziemlich viel davon, sodass ich mir keine Sorgen mehr darüber machte. Wie meine Mutter immer sagte: „Kümmere dich nicht um Dinge, die dich nichts angehen." Das Einzige, worum sich ein Hund kümmern muss, ist die Rechnung. Iss dein Brötchen und beschäftige dich nicht mit den Angelegenheiten anderer Leute. Mutter vertrat in mancher Hinsicht eine engstirnige Einstellung, verfügte aber über einen großen Fundus an gesundem Menschenverstand.

II. *Er bewegt sich in der Gesellschaft*

Es war eines dieser Dinge, an denen wirklich niemand schuld ist. Es war nicht die Schuld des Chauffeurs und es war nicht meine. Ich hatte ein freundschaftliches Treffen mit einem meiner Freunde auf dem Bürgersteig; er rannte über die Straße; Ich lief ihm nach; Und das Auto kam um die Ecke und überfuhr mich. Es muss ziemlich langsam gelaufen sein, sonst hätte ich getötet werden sollen. So wie es war, raubte es mir einfach den Atem. Sie wissen, wie Sie sich fühlen, wenn der Metzger Sie erwischt, als Sie gerade mit einem Stück Fleisch aus dem Laden rennen. Es war so.

Ich interessierte mich eine Zeit lang nicht besonders für die Dinge , aber als ich es doch tat , stellte ich fest, dass ich der Mittelpunkt einer Dreiergruppe war – der Chauffeur, ein kleiner Junge und die Krankenschwester des kleinen Jungen.

Der kleine Junge war sehr gut gekleidet und sah zart aus. Er weinte.

„Armes Hündchen", sagte er, „armes Hündchen."

„Es war nicht meine Schuld, Master Peter", sagte der Chauffeur respektvoll. „Er rannte auf die Straße, bevor ich ihn sah."

„Das stimmt", warf ich ein, denn ich wollte den Mann nicht in Schwierigkeiten bringen.

„Oh, er ist nicht tot", sagte der kleine Junge. „Er hat gebellt."

„Er knurrte", sagte die Krankenschwester. „Kommen Sie weg, Meister Peter. Er könnte dich beißen.'

Frauen versuchen es manchmal. Es ist fast so, als hätten sie es absichtlich missverstanden.

„Ich werde nicht wegkommen." Ich werde ihn mit nach Hause nehmen und den Arzt holen, damit er ihn besucht. Er wird mein Hund sein.'

Das hörte sich gut an. Gott weiß, ich bin kein Snob und kann es bei Bedarf auch etwas härter angehen, aber ich mag Trost, wenn er mir in den Weg kommt, und es kam mir so vor, als hätte ich ihn hier bekommen. Und ich mochte den Jungen. Er war der Richtige.

Die Krankenschwester, eine sehr unangenehme Frau, musste Einwände erheben.

„Meister Peter! Du kannst ihn nicht mit nach Hause nehmen, einen tollen, rauen, wilden, gewöhnlichen Hund! Was würde deine Mutter sagen?'

„Ich werde ihn mit nach Hause nehmen", wiederholte das Kind mit einer Entschlossenheit, die ich von ganzem Herzen bewunderte, „und er wird mein Hund sein." Ich werde ihn Fido nennen.'

Diese guten Dinge haben immer einen Haken. Fido ist ein Name, den ich besonders verabscheue. Das tun alle Hunde. Es gab einmal einen Hund namens so, den ich kannte, und er wurde furchtbar krank, wenn wir ihn auf der Straße hinterherschrien. Zweifellos gab es angesehene Hunde namens Fido, aber meiner Meinung nach ist es ein Name wie Aubrey oder Clarence. Du kannst vielleicht damit leben, aber du beginnst mit einer Behinderung. Allerdings muss man das Grobe mit dem Glatten verwechseln, und ich war bereit, diesem Punkt nachzugeben.

„Wenn Sie warten, Meister Peter, wird Ihr Vater Ihnen einen wunderschönen, liebenswerten Hund kaufen …"

„Ich möchte keinen schönen, liebenswerten Hund." Ich will diesen Hund.'

Die Beleidigung hat mich nicht verletzt. Ich mache mir keine Illusionen über mein Aussehen. Mein Gesicht ist ehrlich, aber nicht schön.

„Es hat keinen Sinn zu reden", sagte der Chauffeur grinsend. „Er will ihn haben." Schieben Sie ihn rein, und wir kehren zurück, sonst denken sie, sein Nibs sei entführt worden.'

Also wurde ich zum Auto getragen. Ich hätte laufen können, aber mir kam der Gedanke, dass ich es besser nicht tun sollte. Als verkrüppelter Hund hatte ich meinen Erfolg gehabt, und als verkrüppelter Hund wollte ich bleiben, bis sich die Dinge beruhigt hatten.

Der Chauffeur startete das Auto erneut. Angesichts des Schocks, den ich erlitten hatte, und des Luxus, in einem Auto zu fahren, war ich ein wenig verwirrt und konnte nicht sagen, wie weit wir gekommen waren. Aber es müssen Meilen und Meilen gewesen sein, denn es schien lange her zu sein, dass wir bei dem größten Haus anhielten, das ich je gesehen hatte. Es gab glatte Rasenflächen und Blumenbeete und Männer in Overalls sowie Springbrunnen und Bäume und rechts davon Zwinger mit etwa einer Million Hunden, die alle ihre Nasen durch die Gitterstäbe steckten und schrien. Sie alle wollten wissen, wer ich sei und welche Preise ich gewonnen hatte, und dann wurde mir klar, dass ich mich in der High Society bewegte.

Ich ließ mich von dem kleinen Jungen hochheben und ins Haus tragen, aber das war alles, was er tun konnte, der arme Junge, denn ich war ziemlich schwer. Er stolperte die Stufen hinauf und durch einen großen Flur und ließ mich dann auf den Teppich des schönsten Zimmers fallen, das Sie je gesehen haben. Der Teppich war einen Meter dick.

Auf einem Stuhl saß eine Frau, und sobald sie mich sah , schrie sie auf.

„Ich habe Meister Peter gesagt, dass Sie nicht erfreut sein würden, meine Dame ", sagte die Krankenschwester, die offenbar eine klare Abneigung gegen mich empfand, „aber er würde das fiese Tier nach Hause bringen."

„Er ist kein böses Tier, Mutter. Er ist mein Hund und sein Name ist Fido. John überfuhr ihn im Auto und ich brachte ihn nach Hause, um bei uns zu leben. Ich liebe ihn.'

Das schien Eindruck zu machen. Peters Mutter sah aus, als würde sie schwächer werden.

„Aber, Peter, mein Lieber, ich weiß nicht, was dein Vater sagen wird. Er ist so wählerisch, wenn es um Hunde geht. Alle seine Hunde sind preisgekrönte Rassehunde. Das ist so ein Mischling.'

„Ein scheußlicher, rauer, hässlicher, gewöhnlicher Hund, meine Dame ", sagte die Krankenschwester und steckte ihr Ruder auf völlig unangebrachte Weise hinein.

In diesem Moment kam ein Mann ins Zimmer.

'Was in aller Welt?' sagte er und erblickte mich.

„Es ist ein Hund, den Peter nach Hause gebracht hat." Er sagt, er will ihn behalten.'

„Ich werde ihn behalten", korrigierte Peter bestimmt.

Ich mag ein Kind, das seinen eigenen Kopf kennt. Ich mochte Peter von Minute zu Minute mehr. Ich griff nach oben und leckte seine Hand.

'Sehen! Er weiß, dass er mein Hund ist, nicht wahr, Fido? Er hat mich abgeleckt.'

„Aber Peter, er sieht so wild aus." Das ist leider wahr. Ich sehe grimmig aus. Für einen vollkommen friedlichen Hund ist es eher ein Unglück. „Ich bin sicher, es ist nicht sicher, dass du ihn hast."

„Er ist mein Hund und sein Name ist Fido." Ich werde dem Koch sagen, er soll ihm einen Knochen geben.'

Seine Mutter sah seinen Vater an, der ziemlich böse lachte.

„Meine liebe Helen", sagte er, „seit Peter vor zehn Jahren geboren wurde, hat er, soweit ich mich erinnern kann, nicht um eine einzige Sache gebeten, die er nicht bekommen hat." Seien wir konsequent. Ich bin mit dieser Karikatur eines Hundes nicht einverstanden, aber wenn Peter ihn will, muss er ihn wohl haben.'

'Sehr gut. Aber beim ersten Anzeichen von Bösartigkeit, das er zeigt, wird er erschossen. Er macht mich nervös.'

Also beließen sie es dabei und ich ging mit Peter los, um meinen Knochen zu holen.

Nach dem Mittagessen nahm er mich mit in die Zwinger, um mich den anderen Hunden vorzustellen. Ich musste gehen, aber ich wusste, dass es nicht angenehm sein würde, und das war es auch nicht. Jeder Hund wird Ihnen sagen, wie diese Siegerhunde sind. Ihre Köpfe sind so geschwollen, dass sie rückwärts in ihre Zwinger gehen müssen.

Es war genau so, wie ich es erwartet hatte. Es gab Doggen, Terrier, Pudel, Spaniels, Bulldoggen, Schäferhunde und jede andere Hundeart, die man sich vorstellen kann, allesamt Preisträger auf hundert Ausstellungen, und jeder einzelne Hund im Ort warf einfach den Kopf zurück und lachte sich tot. Ich habe mich noch nie in meinem Leben so klein gefühlt und war froh, als es vorbei war und Peter mich in den Stall mitnahm.

Ich hatte gerade das Gefühl, dass ich nie wieder einen Hund in meinem Leben sehen wollte, als ein Terrier schreiend herausrannte. Sobald er mich sah, kam er fragend auf mich zu und ging mit sehr steifen Beinen, wie es Terrier tun, wenn sie einen Fremden sehen.

„Nun", sagte ich, „und was für eine Art Preisträger sind Sie denn? Erzähl mir alles über die Bänder, die sie dir im Kristallpalast gegeben haben, und lass es uns hinter uns bringen.'

Er lachte auf eine Weise, die mir gut tat.

'Rate nochmal!' er sagte. „Hast du mich für eine der Nüsse in den Zwingern gehalten? „Mein Name ist Jack und ich gehöre zu einem der Stallburschen."

'Was!' Ich weinte. „Du bist kein Champion Bowlegs Royal oder so etwas!" Ich freue mich dich zu treffen.'

Also haben wir uns so freundlich die Nase gerieben, wie es Euch beliebt. Es war ein Vergnügen, einen seinesgleichen kennenzulernen. Ich hatte genug von diesen hochtonigen Hunden, die einen anschauen, als wäre man etwas, das der Müllmann vergessen hätte mitzunehmen.

„ Du hast also mit den Wellen gesprochen, oder?" sagte Jack.

„Er würde mich mitnehmen", sagte ich und zeigte auf Peter.

„Oh, du bist sein Neuling, oder? Dann ist alles in Ordnung – solange es anhält.'

„Wie meinst du das, solange es dauert?"

„Nun, ich werde dir erzählen, was mit mir passiert ist. Der junge Peter hatte einmal großes Gefallen an mir gefunden. Konnte eine Zeit lang nicht genug für mich tun. Dann wurde er meiner überdrüssig und ich ging. Das Problem ist, dass er zwar ein vollkommen braves Kind ist, aber seit seiner

Geburt immer alles hatte, was er wollte, und dass ihm die Dinge ziemlich schnell überdrüssig werden. Es war eine Spielzeugeisenbahn, die mich fertig gemacht hat. Als er das bekam, wäre ich vielleicht nicht auf der Welt gewesen. Es war ein Glück für mich, dass Dick, mein jetziger alter Herr, zufällig einen Hund wollte, um die Ratten im Zaum zu halten, oder Gott weiß, was mir nicht passiert wäre. Sie sind hier nicht scharf auf Hunde, es sei denn, sie haben genug blaue Bänder abgerissen, um ein Schiff zu versenken, und Mischlinge wie du und ich – nichts für ungut – halten nicht lange durch. Ich gehe davon aus, dass Ihnen aufgefallen ist, dass die Erwachsenen bei Ihrer Ankunft nicht gerade gejubelt haben?'

„Sie waren nicht befreundet."

„Glauben Sie mir, Ihre einzige Chance besteht darin, sie zu Freunden zu machen. Wenn du etwas tust, um ihnen zu gefallen, lassen sie dich vielleicht bleiben, auch wenn Peter deiner überdrüssig war.'

„Was für ein Ding?"

„Darüber müssen Sie nachdenken. Ich konnte keinen finden. Ich könnte dir sagen, du sollst Peter vor dem Ertrinken retten. Dazu benötigen Sie keinen Stammbaum. Aber man kann das Kind nicht zum See schleppen und hineinstoßen. Das ist das Problem. Ein Hund bekommt so wenig Chancen. Aber glauben Sie mir, wenn Sie nicht innerhalb von zwei Wochen etwas unternehmen, um sich bei den Erwachsenen zu etablieren, können Sie Ihr Testament verfassen. In zwei Wochen wird Peter dich völlig vergessen haben. Es ist nicht seine Schuld. Es ist die Art, wie er erzogen wurde. Sein Vater hat alles Geld der Welt und Peter ist das einzige Kind. Man kann es ihm nicht verübeln. Ich sage nur: Pass auf dich auf. Nun, ich bin froh, Sie kennengelernt zu haben. Kommen Sie wieder vorbei, wenn Sie können. Ich kann Ihnen ein paar gute Ratschläge geben, und ich habe ein oder zwei Knochen beiseite gelegt. So lange.'

Es machte mir große Sorgen, was Jack gesagt hatte. Es ging mir nicht mehr aus dem Kopf. Wenn das nicht gewesen wäre, hätte ich eine tolle Zeit gehabt, denn Peter hat auf jeden Fall viel Aufhebens um mich gemacht. Er behandelte mich, als wäre ich der einzige Freund, den er hatte.

Und in gewisser Weise war ich es auch. Wenn man der einzige Sohn eines Mannes ist, der alles Geld der Welt hat, scheint es einem nicht erlaubt zu sein, wie ein gewöhnliches Kind zu sein. Sie sperren einen ein, als wäre man etwas Kostbares, das durch den Kontakt mit anderen Kindern verunreinigt würde. In der ganzen Zeit, die ich im Haus war, habe ich kein anderes Kind getroffen. Peter hatte alles auf der Welt, außer jemanden in seinem Alter, mit dem er zusammen sein konnte; und das unterschied ihn von allen Kindern, die ich kannte.

Er redete gern mit mir. Ich war der Einzige in der Umgebung, der ihn wirklich verstand. Er redete stundenweise, und ich hörte mit heraushängender Zunge zu und nickte ab und zu.

Es hat sich gelohnt, zuzuhören, was er mir immer erzählt hat. Er erzählte mir die überraschendsten Dinge. Ich wusste zum Beispiel nicht, dass es in England Indianer gab, aber er sagte, es gäbe einen Häuptling namens Big Cloud, der in den Rhododendronbüschen am See lebte. Ich habe ihn nie gefunden, obwohl ich sie eines Tages sorgfältig durchgesehen habe. Er sagte auch, dass es auf der Insel im See Piraten gäbe. Ich habe sie auch nie gesehen.

Am liebsten erzählte er mir von der Stadt aus Gold und Edelsteinen, zu der man gelangte, wenn man weit genug durch den Wald hinter den Ställen ging. Er hatte immer vor, eines Tages dorthin zu gehen, und so wie er es beschrieb, konnte ich es ihm nicht verübeln. Es war auf jeden Fall eine ziemlich gute Stadt. Auch für Hunde sei es genau das Richtige, sagte er, mit Knochen, Leber, süßen Kuchen und allem, was sich ein Hund sonst noch wünschen könne. Mir lief das Wasser im Mund zusammen, wenn ich ihm zuhörte.

Wir waren nie getrennt. Ich war den ganzen Tag bei ihm und habe nachts auf der Matte in seinem Zimmer geschlafen. Aber die ganze Zeit ging mir nicht mehr aus dem Kopf, was Jack gesagt hatte. Einmal hätte ich es fast getan, denn es schien mir, dass ich für Peter so notwendig war, dass nichts uns trennen konnte; Aber gerade als ich mich sicher fühlte, schenkte ihm sein Vater ein Spielzeugflugzeug , das flog, wenn man es aufzog. An dem Tag, als er es bekam, wäre ich vielleicht noch nicht auf der Erde gewesen. Ich folgte ihm, aber er hatte kein Wort zu mir zu sagen.

Flugzeug schief und es wollte nicht fliegen, und dann war ich wieder festgefahren; Aber ich hatte einiges nachgedacht und wusste genau, wo ich stand. Ich war das neueste Spielzeug, das war ich, und jeden Moment könnte etwas Neues hinzukommen, und dann wäre es das Ende für mich. Das Einzige, was mir blieb, war, etwas zu tun, um die Erwachsenen zu beeindrucken, genau wie Jack es gesagt hatte.

Gott weiß, ich habe es versucht. Aber alles, was ich getan habe, erwies sich als falsch. Es schien ein Schicksal zu sein. Eines Morgens zum Beispiel trottete ich früh um das Haus herum und traf einen Kerl, von dem ich hätte schwören können, dass er ein Einbrecher war. Er gehörte nicht zur Familie, und er gehörte nicht zu den Dienern, und er trieb sich auf höchst verdächtige Weise im Haus herum. Ich jagte ihn auf einen Baum, und erst als die Familie zwei Stunden später zum Frühstück herunterkam, stellte ich fest, dass er ein

Gast war, der über Nacht angekommen war und früh herausgekommen war, um die Frische des Morgens zu genießen Die Sonne scheint auf den See, er ist so ein Mann. Das hat mir nicht viel geholfen.

Als nächstes geriet ich mit dem Chef, Peters Vater, in Konflikt. Ich weiß nicht warum. Ich traf ihn draußen im Park mit einem anderen Mann, beide trugen Bündel Stöcke und sahen sehr ernst und ernst aus. Gerade als ich ihn erreichte, hob der Chef einen der Stöcke und schlug damit auf eine kleine weiße Kugel. Er schien noch nie zuvor mit mir spielen zu wollen, und ich empfand das als großes Kompliment. Ich rannte hinter dem Ball her, den er ziemlich weit geschlagen hatte, nahm ihn mit meinem Mund auf und brachte ihn zu ihm zurück. Ich legte es ihm zu Füßen und lächelte ihn an.

„Schlagen Sie noch einmal zu", sagte ich.

Er war überhaupt nicht erfreut. Er sagte alles Mögliche und versuchte, mich zu treten, und als er in dieser Nacht dachte, ich würde nicht zuhören, hörte ich, wie er seiner Frau sagte, ich sei eine Plage und müsse beseitigt werden. Das hat mich zum Nachdenken gebracht.

Und dann habe ich den Deckel draufgesetzt. Mit den besten Absichten der Welt habe ich mich so in einen solchen Schlamassel gestürzt, dass ich dachte, das Ende sei gekommen.

Es geschah eines Nachmittags im Wohnzimmer. An diesem Tag waren Besucher da – Frauen; und Frauen scheinen mir tödlich zu sein. Ich hielt mich im Hintergrund und versuchte, nicht gesehen zu werden, denn obwohl ich von Peter hereingebracht worden war, gefiel es der Familie nicht, dass ich in den Salon kam. Ich hoffte auf ein Stück Kuchen und achtete nicht besonders auf das Gespräch, in dem es um jemanden namens Toto ging, den ich nicht kannte. Peters Mutter sagte, Toto sei ein süßer kleiner Schatz, das war er; und einer der Besucher sagte, Toto sei an diesem Tag überhaupt nicht er selbst gewesen und sie sei ziemlich besorgt. Und noch viel mehr darüber, dass Toto zum Abendessen nur ein wenig weißes Hühnerfleisch, fein gehackt, zu sich nehmen würde. Es war nicht sehr interessant und ich hatte meiner Aufmerksamkeit freien Lauf gelassen.

Und als ich gerade um die Ecke meines Stuhls spähte, um zu sehen, ob es Anzeichen von Kuchen gab, sollte ich nichts anderes sehen als eine große, tierische Ratte. Es stand direkt neben dem Besucher und trank Milch aus einer Untertasse, bitte!

Ich habe vielleicht meine Fehler, aber das Aufschieben in der Gegenwart von Ratten gehört nicht dazu. Ich habe keine Sekunde gezögert. Hier war meine Chance. Wenn es eine Sache gibt, die Frauen hassen, dann ist es eine Ratte. Mutter sagte immer: „Wenn du im Leben erfolgreich sein willst, dann mach den Frauen Freude." Sie sind die wahren Bosse. Die Männer zählen nicht.' Durch die Eliminierung dieses Nagetiers würde ich mir die Dankbarkeit und Wertschätzung von Peters Mutter verdienen, und wenn ich das täte, spielte es keine Rolle, was Peters Vater über mich dachte.

Ich bin gesprungen.

Die Ratte hatte keine Chance zu entkommen. Ich war direkt bei ihm. Ich packte ihn am Hals, schüttelte ihn ein paar Mal und schleuderte ihn durch den Raum. Dann rannte ich hinüber, um ihn zu erledigen.

Gerade als ich ihn erreichte, setzte er sich auf und bellte mich an. Ich war noch nie in meinem Leben so überrascht. Ich blieb stehen und starrte ihn an.

„Ich bitte um Verzeihung, Sir", sagte ich entschuldigend. „Ich dachte, du wärst eine Ratte."

Und dann brach alles los. Jemand packte mich am Kragen, jemand anderes schlug mir mit einem Sonnenschirm auf den Kopf und jemand anderes trat mir in die Rippen. Alle redeten und schrien gleichzeitig.

„Armer Liebling Toto!" rief der Besucher und schnappte sich das kleine Tier. „Hat der große Wilde versucht, dich zu ermorden!"

„So absolut unprovoziert!"

„Er ist einfach auf das arme kleine Ding losgeflogen!"

Es hatte keinen Sinn, dass ich es erklären wollte. Jeder Hund an meiner Stelle hätte den gleichen Fehler gemacht. Das Geschöpf war ein Spielzeughund einer dieser außergewöhnlichen Rassen – ein Preisträger und Champion und so weiter, natürlich, und sein Gewicht in Gold wert. Ich hätte besser daran getan, den Besucher zu beißen als Toto. Das entnahm ich dem allgemeinen Verlauf des Gesprächs, und nachdem ich festgestellt hatte, dass die Tür geschlossen war, schlüpfte ich unter das Sofa. Es war mir peinlich.

„Das ist die Sache!" sagte Peters Mutter. „Der Hund ist nicht sicher." Er muss erschossen werden.'

Peter stieß daraufhin einen Schrei aus, aber ausnahmsweise änderte er die Abstimmung keinen Zentimeter.

„Sei still, Peter", sagte seine Mutter. „Es ist nicht sicher für dich, einen solchen Hund zu haben." Er könnte verrückt sein.'

Frauen sind sehr unvernünftig.

Toto wollte natürlich kein Wort sagen, um zu erklären, wie es zu dem Fehler kam. Er saß auf dem Schoß des Besuchers und schrie darüber, was er mir angetan hätte, wenn sie uns nicht getrennt hätten.

Jemand tastete vorsichtig unter dem Sofa herum. Ich erkannte die Schuhe von Weeks, dem Butler. Ich nehme an, sie hatten geläutet, er solle kommen und mich abholen, und ich konnte sehen, dass es ihm nicht im Geringsten gefiel. Es tat mir leid für Weeks, der ein Freund von mir war, also leckte ich ihm die Hand, und das schien ihn sehr aufzuheitern.

„Jetzt habe ich ihn, Madam", hörte ich ihn sagen.

„Bring ihn in die Ställe und fessele ihn, Weeks, und sag einem der Männer, er soll seine Waffe bringen und ihn erschießen." Er ist nicht sicher.'

Ein paar Minuten später stand ich in einem leeren Stall, angebunden an die Futterkrippe.

Es war alles vorbei. Es war angenehm gewesen, solange es dauerte, aber jetzt war ich am Ende meiner Kräfte angelangt. Ich glaube nicht, dass ich Angst hatte, aber ein Gefühl des Pathos überkam mich. Ich hatte es so gut gemeint. Es schien, als wären gute Absichten auf dieser Welt umsonst. Ich hatte mich so sehr bemüht, es allen recht zu machen, und das war das Ergebnis: eingesperrt in einem dunklen Stall, auf das Ende wartend.

Die Schatten im Stallhof wurden länger, und noch immer kam niemand. Ich begann mich zu fragen, ob sie mich vergessen hatten, und plötzlich keimte gegen meinen Willen eine leise Hoffnung in mir auf, dass dies bedeuten könnte, dass man mich doch nicht erschießen würde. Vielleicht hatte Toto in der elften Stunde alles erklärt.

Und dann waren draußen Schritte zu hören und die Hoffnung schwand. Ich schließe meine Augen.

Jemand legte seine Arme um meinen Hals und meine Nase berührte eine warme Wange. Ich öffnete meine Augen. Es war nicht der Mann mit der Waffe, der kam, um auf mich zu schießen. Es war Peter. Er atmete sehr schwer und hatte geweint.

'Ruhig!' er flüsterte.

Er begann, das Seil zu lösen.

„Du musst ganz ruhig bleiben, sonst hören sie uns, und dann werden wir aufgehalten." Ich werde dich in den Wald mitnehmen, und wir werden laufen und laufen, bis wir in der Stadt ankommen , von der ich dir erzählt habe, die nur aus Gold und Diamanten besteht, und wir werden dort für den Rest unseres Lebens leben, und niemand wird uns verletzen können. Aber du musst sehr ruhig bleiben.'

Er ging zum Stalltor und schaute hinaus. Dann gab er mir einen kleinen Pfiff, um ihm nachzulaufen. Und wir machten uns auf die Suche nach der Stadt.

Der Wald war weit entfernt, einen Hügel mit hohem Gras hinunter und auf der anderen Seite eines Baches; und wir gingen sehr vorsichtig, hielten uns im Schatten und rannten über die offenen Flächen. Und hin und wieder blieben wir stehen und blickten zurück, aber es war niemand zu sehen. Die Sonne ging unter und alles war sehr kühl und ruhig.

Bald kamen wir an den Bach und überquerten ihn auf einer kleinen Holzbrücke, und dann waren wir im Wald, wo uns niemand sehen konnte.

Ich war noch nie im Wald gewesen und alles war für mich sehr neu und aufregend. Es gab Eichhörnchen, Kaninchen und Vögel, mehr als ich jemals in meinem Leben gesehen hatte, und kleine Dinge, die summten und flogen und meine Ohren kitzelten. Ich wollte umherrennen und mir alles ansehen, aber Peter rief mich an und ich kam beiseite. Er wusste, wohin wir wollten, ich jedoch nicht, also ließ ich ihn führen.

Wir gingen sehr langsam. Das Holz wurde immer dicker, je weiter wir hineinkamen. Es gab Büsche, durch die man sich nur schwer hindurchzwängen konnte, und lange, mit Dornen bedeckte Äste, die sich nach einem ausstreckten und an einem rissen, wenn man versuchte zu fliehen. Und bald war es ganz dunkel, so dunkel, dass ich nichts sehen konnte, nicht einmal Peter, obwohl er so nah war. Wir fuhren immer langsamer und die Dunkelheit war voller seltsamer Geräusche. Von Zeit zu Zeit blieb Peter stehen und ich rannte zu ihm und legte meine Nase in seine Hand. Zuerst tätschelte er mich, aber nach einer Weile tätschelte er mich nicht mehr , sondern reichte mir nur noch seine Hand zum Lecken, als wäre es zu viel für ihn, sie anzuheben. Ich glaube, er wurde sehr müde. Er war ein ziemlich kleiner Junge und nicht stark, und wir hatten einen langen Weg zurückgelegt.

Es schien immer dunkler zu werden. Ich konnte das Geräusch von Peters Schritten hören, und sie schienen sich zu schleppen, als er sich seinen Weg durch die Büsche bahnte. Und dann, ganz plötzlich, setzte er sich ohne Vorwarnung hin, und als ich hinauflief, hörte ich ihn weinen.

Ich nehme an, dass es viele Hunde gibt, die genau das Richtige gewusst hätten, aber mir fiel nichts ein, außer meine Nase an seine Wange zu legen und zu winseln. Er legte seinen Arm um meinen Hals, und wir verharrten lange Zeit so und sagten nichts. Es schien ihn zu trösten, denn nach einer Weile hörte er auf zu weinen.

Ich störte ihn nicht, indem ich ihn nach der wunderbaren Stadt fragte, wohin wir wollten, denn er war so müde. Aber ich fragte mich, ob wir in der Nähe waren. Von einer Stadt war nichts zu sehen, nichts als Dunkelheit und seltsame Geräusche und der Wind, der in den Bäumen sang. Neugierige kleine Tiere, wie ich sie noch nie zuvor gerochen hatte, kroch aus den

Büschen, um uns anzusehen. Ich hätte sie gejagt, aber Peters Arm lag um meinen Hals und ich konnte ihn nicht verlassen. Aber als etwas, das wie ein Kaninchen roch, so nahe kam, dass ich es mit der Pfote hätte berühren können, drehte ich meinen Kopf und schnappte; und dann huschten sie alle zurück in die Büsche und es gab keinen Lärm mehr.

Es herrschte langes Schweigen. Dann trank Peter einen großen Schluck.

„Ich habe keine Angst", sagte er. 'Ich bin nicht!'

Ich drückte meinen Kopf näher an seine Brust. Wieder herrschte lange Stille.

„Ich werde so tun, als wären wir von Räubern gefangen genommen worden", sagte Peter schließlich. 'Hörst du? Sie waren zu dritt, große, bärtige Männer, und sie schlichen sich hinter mich, packten mich und brachten mich hierher in ihr Versteck. Das ist ihr Versteck. Einer hieß Dick, die anderen hießen Ted und Alfred. Sie packten mich und trugen mich den ganzen Weg durch den Wald, bis wir hier ankamen, und dann machten sie sich auf den Weg, mit der Absicht, bald wiederzukommen. Und während sie weg waren, hast du mich vermisst und mich durch den Wald verfolgt, bis du mich hier gefunden hast. Und dann kamen die Räuber zurück, und sie wussten nicht, dass du hier warst, und du bliebst ganz ruhig, bis Dick ganz in der Nähe war, und dann bist du herausgesprungen und hast ihn gebissen, und er ist weggelaufen. Und dann hast du Ted gebissen und du hast Alfred gebissen, und sie sind auch weggelaufen. Und so blieben wir ganz allein, und ich war ziemlich sicher, weil du hier warst, um auf mich aufzupassen. Und dann – Und dann –'

Seine Stimme verstummte, und der Arm, der um meinen Hals lag, wurde schlaff, und ich konnte an seinem Atem hören, dass er schlief. Sein Kopf ruhte auf meinem Rücken, aber ich bewegte mich nicht. Ich rutschte ein wenig näher an ihn heran, um es ihm so bequem wie möglich zu machen, und schlief dann selbst ein.

Ich habe nicht sehr gut geschlafen. Ich hatte die ganze Zeit komische Träume und dachte, diese kleinen Tiere würden nah genug aus den Büschen herankriechen, dass ich einen Schnappschuss davon machen konnte, ohne Peter zu stören.

Wenn ich einmal aufwachte, wachte ich ein Dutzend Mal auf, aber da war nie etwas. Der Wind sang in den Bäumen und die Büsche raschelten, und in der Ferne riefen die Frösche.

Und dann erwachte ich erneut mit dem Gefühl, dass dieses Mal wirklich etwas durch die Büsche kam. Ich hob meinen Kopf so weit ich konnte und lauschte. Eine Weile passierte nichts, und dann sah ich direkt vor mir Lichter. Und im Unterholz war ein Trampeln zu hören.

Es war keine Zeit, daran zu denken, Peter nicht zu wecken. Das war etwas Bestimmtes, etwas, das schnell erledigt werden musste. Ich sprang auf und schrie. Peter rollte sich von meinem Rücken herunter und wachte auf, und er saß da und lauschte, während ich mit meinen Vorderpfoten auf ihm stand und die Männer anschrie. Ich sträubte mich am ganzen Körper. Ich wusste nicht, wer sie waren oder was sie wollten, aber meiner Meinung nach konnte zu dieser Nachtzeit in diesen Wäldern alles passieren, und wenn jemand vorbeikam, um etwas zu beginnen, musste er damit rechnen mit mir.

Jemand rief: „Peter! Bist du da, Peter?'

Es krachte im Gebüsch, die Lichter kamen immer näher und dann sagte jemand: „Hier ist er!" und es wurde viel geschrien. Ich blieb stehen, wo ich war, bereit zu springen , wenn es nötig war, denn ich wollte kein Risiko eingehen.

'Wer bist du?' Ich schrie. 'Was willst du?' Ein Licht blitzte in meinen Augen auf.

„Warum, es ist dieser Hund!"

Jemand kam ans Licht und ich sah, dass es der Boss war. Er sah sehr besorgt und verängstigt aus, hob Peter vom Boden hoch und drückte ihn fest.

Peter war nur halb wach. Er sah schläfrig zum Chef auf und begann über Räuber und Dick und Ted und Alfred zu sprechen, genau wie er es mir gesagt hatte. Es gab kein Geräusch, bis er fertig war. Dann sprach der Chef.

„Entführer! Das dachte ich mir auch. Und der Hund hat sie vertrieben!'

Zum ersten Mal in unserer Bekanntschaft tätschelte er mich tatsächlich.

„Guter alter Mann!" er sagte.

„Er ist mein Hund", sagte Peter schläfrig, „und er darf nicht erschossen werden."

„Das ist er bestimmt nicht, mein Junge", sagte der Chef. „Von jetzt an ist er der Ehrengast . Er soll einen goldenen Kragen tragen und bestellen, was er zum Abendessen möchte. Und jetzt machen wir uns auf den Heimweg. Es ist Zeit, dass du im Bett bist.'

Mutter sagte immer: „Wenn du ein guter Hund bist, wirst du glücklich sein." „Wenn du es nicht bist, wirst du es nicht tun", aber mir scheint, dass in dieser Welt alles eine Frage des Glücks ist. Als ich alles tat , was ich konnte, um den Leuten zu gefallen, wollten sie mich erschießen; und als ich nichts anderes tat, als wegzulaufen, holten sie mich zurück und behandelten mich besser als den wertvollsten Preisträger im Zwinger. Zuerst war es rätselhaft, aber eines Tages hörte ich, wie der Chef mit einem Freund sprach, der aus der Stadt gekommen war.

Der Freund sah mich an und sagte: „Was für ein hässlicher Mischling!" Warum zum Teufel hast du ihn bei dir? Ich dachte, du wärst so wählerisch, was deine Hunde angeht?'

Und der Chef antwortete: „Er mag ein Mischling sein, aber er kann in diesem Haus alles haben, was er will." Hast du nicht gehört, wie er Peter vor der Entführung gerettet hat?'

Und es kam alles über die Räuber heraus.

„Der Junge hat sie Räuber genannt", sagte der Chef. „Ich nehme an, so würde es einem Kind in diesem Alter auffallen. Aber er erwähnte immer wieder den Namen Dick, und das brachte die Polizei auf die Spur. Es scheint, dass es einen Entführer gibt, der der Polizei im ganzen Land als Dick the Snatcher bekannt ist. Es waren mit ziemlicher Sicherheit dieser Schurke und seine Bande. Gott weiß, wie sie das Kind weggezaubert haben, aber sie haben es geschafft, und der Hund hat sie aufgespürt und verscheucht. Wir fanden ihn und Peter zusammen im Wald. Es war eine knappe Flucht, und das haben wir diesem Tier hier zu verdanken."

Was könnte ich sagen? Es hatte keinen größeren Sinn, sie wieder in Ordnung zu bringen, als damals, als ich Toto irrtümlich für eine Ratte gehalten hatte. Peter war in dieser Nacht eingeschlafen und hatte so getan, als ob es die Räuber gewesen wären, um sich die Zeit zu vertreiben, und als er aufwachte , glaubte er immer noch an sie. Er war so ein Kind. Ich konnte nichts dagegen tun.

Als der Chef um die Ecke sprach, sah ich den Zwinger mit einem Teller in der Hand kommen. Es roch gut und er war direkt auf dem Weg zu mir.

Er stellte den Teller vor mir ab. Es war Leber, die ich liebe.

„Ja", fuhr der Chef fort, „wenn er nicht gewesen wäre, wäre Peter entführt und fast zu Tode erschreckt worden, und ich wäre vermutlich ärmer um das, wofür die Schurken mich aufgehalten hatten." .'

Ich bin ein ehrlicher Hund und hasse es, unter falschen Vorwänden Kredit zu erlangen , aber — Leber ist Leber. Ich habe es dabei belassen.

Gekrönte Köpfe

Noch nie in ihrem Leben war Katie so überrascht gewesen, wie der ernste junge Mann mit den braunen Augen und dem Profil von Charles Dana Gibson, der sie von seinem Freund und Genevieve weglockte. Bis zu diesem Moment hatte sie sich selbst als eine Art „Dorfbewohnerin und Dienerin" des Helden des braunäugigen jungen Mannes und der Heldin von Genevieve betrachtet. Sie wusste, dass sie nicht hübsch war, obwohl jemand (unbekannter) einmal gesagt hatte, dass sie schöne Augen hätte; wohingegen Genevieve bekanntermaßen eine Schönheit war und Berichten zufolge ständig von Musical-Comedy-Managern bedrängt wurde, auf die Bühne zu gehen.

Genevieve war groß und blond, eine Zerstörerin des männlichen Seelenfriedens. Sie sagte „ harf " und „ rahther " und hätte leicht für eine englische Herzogin statt für ein Umhangmodell bei Macey's gehalten werden können. Kurz gesagt, Sie hätten gesagt, dass Genevieve in Sachen sympathischer junger Männer die Nase vorn hätte. Doch dieser hier wählte sie, Katie, bewusst als seine Begleiterin aus. Es war fast ein Wunder.

Er hatte es mit größter Geschicklichkeit am Karussell geschafft. Mit gewinnender Höflichkeit hatte er Genevieve auf ihrem Holzross geholfen und dann, als die Maschine zu arbeiten begann, Katies Arm gepackt und sie in schnellem Schritt hinaus ins Sonnenlicht geführt. Katies letzter Blick auf Genevieve war der Anblick ihres erstaunten und beleidigten Gesichts gewesen, als sie um die Ecke sauste, während das Dampfmelodeon die Proteste mit einem beherzten Sprung in „Alexander's Ragtime Band" übertönte.

Katie war schüchtern. Dieser junge Mann war ein vollkommen Fremder. Es stimmte, dass sie ihn offiziell vorgestellt hatte, aber nur von Genevieve, die ihn genau zwei Minuten zuvor kennengelernt hatte. Es war auf der Fähre auf dem Weg nach Palisades Park passiert. Genevieves strahlendes Auge, das durch die Menschenmenge auf dem Unterdeck streifte, hatte diesen jungen Mann und seinen Begleiter als geeignete Kavaliere für die Expedition ausgemacht. Der junge Mann gefiel ihr, und sein Freund mit der gebrochenen Nase und dem Gesicht einer gutmütigen Bulldogge passte offensichtlich zu Katie.

Die Etikette ist auf New Yorker Fähren nicht streng. Ohne viel Aufhebens oder Verzögerung lernte sie sie kennen – zu Katies Besorgnis, denn sie konnte sich nie an Genevieves kurze Art mit Fremden gewöhnen. Das ruhige Leben, das sie geführt hatte, hatte sie fast prüde gemacht, und es gab Zeiten, in denen Genevieves Verhalten sie schockierte. Natürlich wusste sie, dass

Genevieve nichts Böses anrichtete. Wie Letztere es selbst einmal ausgedrückt hatte: „Der Kerl, der versucht, mit mir schwul zu werden, wird einen Anruf bekommen, der ihn dazu bringen wird, nach seinem Wintermantel zu schreien." Aber trotzdem konnte sie es nicht gutheißen. Und das Endergebnis ihrer Missbilligung war, dass sie schüchtern und still wurde, als sie an der Seite dieses jungen Mannes ging.

Der junge Mann schien ihre Gedanken zu erraten.

„Sagen Sie, ich bin auf der gleichen Ebene", bemerkte er. „Das willst du bekommen." Direkt am Platz. Sehen?'

„Oh ja", sagte Katie erleichtert, aber dennoch verlegen. Es war unangenehm, seine Gedanken so lesen zu sehen.

„Du bist nicht wie dein Freund." Ich glaube nicht, dass ich das nicht sehe.'

„Genevieve ist ein süßes Mädchen", sagte Katie loyal.

„Ein verdammter Anblick, zu süß." Jemand sollte es ihrer Mutter sagen.'

„Warum hast du mit ihr gesprochen, wenn du sie nicht mochtest?"

„Wollte dich kennenlernen", sagte der junge Mann schlicht.

Sie gingen schweigend weiter. Katies Herz schlug so schnell, dass es unmöglich war, etwas zu sagen. So etwas wie dieser sehr direkte junge Mann war ihr noch nie passiert. Sie hatte sich so daran gewöhnt, sich selbst als etwas zu Unbedeutendes und Unattraktives zu betrachten, als dass der herrschaftliche Mann sie bemerken könnte, dass sie überwältigt war. Sie hatte das vage Gefühl, dass irgendwo ein Fehler vorlag. Es konnte sicherlich nicht sie sein, die sich für diesen Feenprinzen als so verlockend erwies. Die Neuartigkeit der Situation machte ihr Angst.

„Kommen Sie oft hierher?" fragte ihre Begleiterin.

„Ich war noch nie hier."

„Oft nach Coney gehen?"

'Ich war niemals.'

Er betrachtete sie mit Erstaunen.

„Du warst noch nie auf Coney Island!" Was so etwas ist, wissen Sie erst, wenn Sie Coney kennengelernt haben. Dieser Ort ist mit Coney nicht auf der Karte. Wollen Sie damit sagen, dass Sie Luna Park, Dreamland, Steeplechase oder die Diving Ducks noch nie gesehen haben? Hast du dir die Mardi Gras-Stunts nicht angeschaut? Coney während des Karnevals ist das Größte auf der Welt. Es ist ein Knockout. Fast eine Million Jungen und Mädchen hatten die beste Zeit, die es je gab. Sag mal, ich schätze, du gehst nicht viel aus, oder?'

'Nicht viel.'

„Wenn es keine unhöfliche Frage ist, was machen Sie dann? Ich habe die ganze Zeit versucht, dich einzuordnen. Ich schätze, deine Freundin arbeitet doch in einem Laden, nicht wahr?'

'Ja. Sie ist ein Tarnmodell. Sie hat eine schöne Figur, nicht wahr?'

„Hab es nicht bemerkt. Ich denke schon, wenn sie das ist, was Sie sagen. Dafür wird sie bezahlt, nicht wahr? Arbeiten Sie auch in einem Geschäft?

'Nicht genau. „Ich habe einen kleinen Laden.“

'Allein?'

„Ich mache jetzt die ganze Arbeit.“ Es war der Laden meines Vaters, aber er ist tot. Es begann damit, dass es meinem Großvater gehörte. Er hat damit angefangen. Aber er ist jetzt so alt, dass er natürlich nicht mehr arbeiten kann, also kümmere ich mich um alles.'

„Sagen Sie, Sie sind ein Wunder! Was für ein Laden?'

„Es ist nur ein kleiner Antiquariat.“ Es gibt wirklich nicht viel zu tun.'

'Wo ist es?'

„Sixth Avenue.“ In der Nähe des Washington Square.'

'Welcher Name?'

„Bennett.“

„Das ist also dein Name?“

'Ja.'

„Irgendwas außer Bennett?“

„Mein Name ist Kate.“

Der junge Mann nickte.

„Ich würde einen ziemlich guten Bezirksstaatsanwalt abgeben“, sagte er und entschärfte mögliche Unmut über dieses Kreuzverhör. „Ich schätze, Sie fragen sich, ob ich jemals aufhören werde, Ihnen Fragen zu stellen.“ Na, was würdest du gerne machen?'

„Meinst du nicht, wir sollten zurückgehen und deinen Freund und Genevieve suchen? Sie werden sich fragen, wo wir sind.'

„Lassen Sie sie ", sagte der junge Mann kurz. „Ich habe von Jenny alles bekommen, was ich wollte."

„Ich kann nicht verstehen, warum du sie nicht magst."

'Ich mag dich. Sollen wir ein Eis essen oder möchtest du lieber mit der Scenic Railway fahren?'

Katie entschied sich für das friedlichere Vergnügen. Sie setzten ihren Spaziergang fort und leckten gesellig zwei Zapfen. Aus den Augenwinkeln warf Katie einen schnellen Blick auf das Gesicht ihrer Freundin. Er war ein sehr ernster junger Mann. Er hatte etwas Wichtiges und Schönes an sich. Als sie einmal durch die Menge gingen, sah sie, wie ein paar Jungen ihn fast ehrfurchtsvoll ansahen. Sie fragte sich, wer er sein könnte, war aber zu schüchtern, um nachzufragen. Sie hatte ihre Nervosität weitgehend überwunden, aber es gab immer noch Grenzen für das, was sie sagen konnte. Es kam ihr nicht in den Sinn, dass es nur fair war, dass sie als Gegenleistung für die, die er gestellt hatte, ein paar Fragen stellte. Sie hatte sich immer unterdrückt, und das tat sie auch jetzt. Sie war damit zufrieden, mit ihm zusammen zu sein, ohne seinen Namen und seine Geschichte herauszufinden.

Ersteres lieferte er, kurz bevor er schließlich zustimmte, sie gehen zu lassen.

Sie standen da und schauten über den Fluss. Die Sonne hatte ihre Kraft verbraucht und es war kühl und angenehm in der Brise, die den Hudson heraufkam. Katie war sich eines vagen, fast melancholischen Gefühls bewusst. Es war ein wunderschöner Nachmittag gewesen und es tat ihr leid, dass er vorbei war.

Der junge Mann scharrte mit den Füßen über die losen Steine.

„Ich bin sehr froh, dich kennengelernt zu haben", sagte er. „Sag mal, ich komme dich besuchen." Auf der Sixth Avenue. Es macht Ihnen doch nichts aus, oder?'

Er wartete nicht auf eine Antwort.

„Brady ist mein Name." „Ted Brady, Glencoe Athletic Club", er hielt inne. „Ich bin auf der Höhe", fügte er hinzu und hielt erneut inne. „Ich mag dich sehr." Da ist deine Freundin, Genevieve. Gehen Sie ihr besser nach, nicht wahr? Auf Wiedersehen.' Und er war weg und ging schnell durch die Menge um den Musikpavillon.

Katie ging zurück zu Genevieve und Genevieve war einfach schrecklich. Kalt und hochmütig, ein wunderschöner Eisberg aus Verzweiflung, weigerte sie sich, während der ganzen langen Reise zurück zur Sixth Avenue ein

einziges Wort zu sagen. Und Katie, deren zartes Herz zu anderen Zeiten von
dieser Feindseligkeit gequält worden wäre, lehnte sich in ihrem Sitz zurück
und war glücklich. Ihre Gedanken waren weit weg von Genevieves
gefrorener Düsternis und durchlebten noch einmal die wunderbaren
Ereignisse des Nachmittags.

Ja, es war ein wundervoller Nachmittag gewesen, aber in der Sixth Avenue
erwartete sie Ärger. In Katies selbstlosem Leben blieben die Probleme nie
lange aus. Als sie in der kleinen Buchhandlung ankam, traf sie Herrn
Murdoch, den Glaser, der sich auf die Abreise vorbereitete. Mr. Murdoch
kam montags, mittwochs und freitags vorbei, um mit ihrem Großvater Draft
zu spielen, der von der Hüfte her gelähmt war und das Haus nur dann
verlassen konnte, wenn Katie ihn jeden Morgen in seinem Badesessel zu
seinem Ausflug auf den Washington Square mitnahm.

Herr Murdoch begrüßte Katie mit Freude.

„Ich habe mich gefragt, wann du zurückkommen würdest, Katie. Ich
fürchte, der alte Mann ist ein wenig verärgert.'

„Nicht krank?“

„Nicht krank. Verärgern. Und es war auch meine Schuld. Da ich dachte,
er wäre interessiert, las ich ihm einen Artikel aus der Zeitung vor, in der ich
etwas über diese englischen Suffragetten gesehen hatte , und er schwebte
einfach in der Luft. Ich schätze, es wird ihm wieder gut gehen, wenn du
zurückgekommen bist. Ich glaube, ich war ein Narr, als ich es gelesen habe.
„Ich habe es für den Moment irgendwie vergessen.“

„Bitte machen Sie sich darüber keine Sorgen, Mr. Murdoch. Es wird ihm
bald wieder gut gehen. Ich werde zu ihm gehen.'

Im inneren Raum saß der alte Mann. Sein Gesicht war gerötet und er
gestikulierte von Zeit zu Zeit.

„Ich werde es nicht haben“, rief er, als Katie eintrat. „Ich sage dir, ich
werde es nicht haben.“ Wenn das Parlament nichts tun kann, schicke ich es
zu seinen Angelegenheiten.'

„Hier bin ich, Opa“, sagte Katie schnell. „Ich hatte die tollste Zeit. Es war
herrlich da oben. ICH-'

„Ich sage dir, es muss aufhören.“ Ich habe schon einmal darüber
gesprochen. Ich werde es nicht haben.'

„Ich gehe davon aus, dass sie ihr Bestes geben. Es ist die große
Entfernung, die es ihnen schwer macht. Aber ich denke, Sie könnten ihnen
einen sehr scharfen Brief schreiben.'

'Ich werde. Ich werde. Hol die Zeitung raus. Sind Sie bereit?' Er blieb stehen und sah Katie mitleiderregend an. „Ich weiß nicht, was ich sagen soll. Ich weiß nicht, wie ich anfangen soll.'

Katie kritzelte ein paar Zeilen.

„Wie würde das funktionieren? „Seine Majestät teilt seiner Regierung mit , dass er sehr überrascht und empört darüber ist, dass von seinen früheren Mitteilungen keine Notiz genommen wurde. Wenn das so weitergeht, wird er widerwillig gezwungen sein, die Angelegenheit in andere Hände zu legen."

Sie las es flüchtig, so wie sie es geschrieben hatte. Die Formel war eine Lieblingsformel ihres verstorbenen Vaters gewesen, als er sie dazu brachte, auf beleidigende Kunden der Buchhandlung hereinzufallen.

Der alte Mann strahlte. Sein Groll war verschwunden. Er war beruhigt und glücklich.

„Das wird sie aufwecken", sagte er. „Ich werde so etwas nicht zulassen, solange ich König bin, und wenn es ihnen nicht gefällt, wissen sie, was zu tun ist." „Du bist ein gutes Mädchen, Katie."

Er gluckste.

„Ich habe Lord Murdoch fünf Spiele zu null geschlagen", sagte er.

Es waren nun fast zwei Jahre seit dem Morgen vergangen, als der alte Matthew Bennett einem Publikum bestehend aus Katie und einer rauchblauen Katze, die vom Washington Square hergekommen war, um Potluck zu nehmen, verkündete, dass er der König von England sei.

Es dauerte lange, bis die Wahnvorstellungen des alten Mannes anhielten. Normalerweise kamen und gingen sie so schnell, dass es Katie trotz ihres Taktgefühls schwer fiel, mit ihnen Schritt zu halten. Sie würde wahrscheinlich nicht die Zeit vergessen, als Präsident Roosevelt zu Bett ging und den Propheten Elias weckte. Es war die einzige Gelegenheit in all den Jahren, die sie zusammen verbracht hatten, bei der sie das Gefühl hatte, nachzugeben und sich dem hysterischen Anfall hinzugeben, den die meisten Mädchen in ihrem Alter ganz selbstverständlich gehabt hätten.

Sie hatte diese Krise gemeistert, und sie bewältigte die jetzige mit gleicher Geschmeidigkeit. Als ihr Großvater seine Ankündigung machte, die er eher als eine allgemein anerkannte Tatsache tat, als als ob die Information in irgendeiner Weise sensationell wäre, schrie sie weder, noch fiel sie in Ohnmacht, noch eilte sie zu den Nachbarn um Rat. Sie gab dem alten Mann lediglich sein Frühstück, vergaß nicht, eine passende Portion für die rauchige Katze beiseite zu legen, und ging dann herum, um Herrn Murdoch zu benachrichtigen, was passiert war.

Mr. Murdoch, ein ausgezeichneter Mann, nahm die Nachricht ohne Aufregung oder Aufregung auf und versprach, bei Schwartz vorbeizuschauen, dem beleibten Saloonwirt, der dienstags, donnerstags und samstags Mr. Bennetts Begleiter und Gegenspieler beim Draften war, und wie er es ausdrückte, sagte er, er sei weise.

Das Leben verlief bequem im neuen Rhythmus. Der alte Mr. Bennett spielte weiterhin Drafts und brütete über seinen gebrauchten Klassikern. Jeden Morgen unternahm er seinen Ausflug auf dem Washington Square, wo er von seinem Invalidenstuhl aus mit seiner alten Miene freundlicher Zustimmung schläfrige Italiener und Rollschuh fahrende Kinder musterte. Katie, die die Umstände gelehrt hatten, für kleine Gnaden dankbar zu sein, war im Schatten des Throns vollkommen glücklich. Sie mochte ihre Arbeit; sie kümmerte sich gern um ihren Großvater; Und jetzt, da Ted Brady in ihr Leben getreten war, begann sie sich wirklich als ein außergewöhnlich glückliches Mädchen zu betrachten, als eine verwöhnte Liebling des Schicksals.

Denn Ted Brady hatte, wie er es versprochen hatte, die Ziele seiner Besuche angerufen und von Anfang an in seinem Grab deutlich gemacht. Es gab keine Subtilität an Ted, keine Finesse. Er war so offenherzig wie ein Liebeslied im Varieté.

Bei seinem ersten Besuch hatte er Katie mit der Gleichgültigkeit eines Botenjungen, der ein Paket überreicht, einen großen Strauß Rosen überreicht und ihr dann, um seine *Glaubwürdigkeit zu beweisen* , alles über sich erzählt. Er lieferte die Fakten in keiner festgelegten Reihenfolge, so wie sie ihm in dem langen Schweigen, mit dem seine Rede unterbrochen wurde, zufällig einfielen. Kleine Fakten drängten auf große Fakten. Er sprach in einem Atemzug von seinen Moralvorstellungen und seinem Foxterrier.

„Ich bin auf dem Niveau." Fragen Sie jeden, der mich kennt. Das werden sie dir sagen. Sag mal, ich habe den süßesten kleinen Hund, den du je gesehen hast. Mögen Sie Hunde? Ich war noch nie jemand, der sich mit Mädchen eingelassen hat. Ich mag sie grundsätzlich nicht . Ein Spieler hat zu viel zu tun, um im Training zu bleiben, wenn sein Verein von ihm etwas erwartet. Ich gehöre zum Glencoe Athletic. Ich bin in der letzten Sportart, die es gab, den Hundert-Meter-Lauf gelaufen. Sie erwarten von mir, dass ich es im Glencoe mache, deshalb habe ich mich nie mit Mädchen eingelassen. Bis ich dich an diesem Nachmittag sah, hatte ich, ehrlich gesagt, kaum ein Mädchen angeschaut. Sie schienen bei mir überhaupt keinen Anklang zu finden. Und dann sah ich dich und sagte mir: „Das ist es." Es überkam mich wie ein Blitz. Ich habe mich sofort in dich verliebt, als ich dich sah. Und ich bin auf dem Niveau. Vergiss das nicht.'

Und noch mehr in der gleichen Art, wie er sich auf die Theke lehnte und Katie mit einer Hingabe in die Augen blickte, die seiner gemäßigten Rede noch mehr Nachdruck verlieh.

Am nächsten Tag kam er wieder und küsste sie respektvoll, aber fest, wobei er eine Art schlurfenden Schritts über die Theke machte. Er löste sich, kramte in seiner Tasche und holte einen Ring hervor, den er ihr mit der ernsten Miene, die all seine Handlungen begleitete, an den Finger steckte.

„Das sieht für mich ziemlich gut aus", sagte er, während er einen Schritt zurücktrat und es beäugte.

Als er gegangen war, fiel Katie auf, wie unterschiedlich verschiedene Männer die Dinge machten. Genevieve hatte oft Geschichten von Männern erzählt, die ihr einen Heiratsantrag gemacht hatten, und laut Genevieve waren sie immer aufgeregt und emotional und weinten manchmal. Ted Brady hatte ihr den Ring eher wie ein Handschuhmachergehilfe als alles andere angelegt, und er hatte von Anfang bis Ende kaum ein Wort gesprochen. Es schien, als hätte er ihre Zustimmung für selbstverständlich gehalten. Und doch war das Verfahren weder flach noch enttäuschend gewesen. Sie war durchweg begeistert gewesen. Es ist davon auszugehen, dass Herr Brady über eine Charakterstärke verfügte, die nicht der Hilfe der Sprache bedarf.

Erst als sie die Nachricht von ihrer Verlobung mit dem alten Mr. Bennett überbrachte, wurde Katie klar, dass das Schicksal nicht die Absicht hatte, ihr gegenüber so gütig zu sein, wie sie vermutete.

Dass ihr Großvater Widerstand leisten könnte, war ihr nicht in den Sinn gekommen. Sie hielt seine Zustimmung für selbstverständlich. Solange sie sich erinnern konnte, war er nie etwas anderes als freundlich zu ihr gewesen. Und die einzig möglichen Einwände gegen die Ehe aus der Sicht eines Großvaters – schlechter Charakter, unzureichende Mittel oder minderwertige soziale Stellung – fehlten in diesem Fall glorreich.

Sie konnte sich nicht vorstellen, wie irgendjemand, so überkritisch er auch sein mochte, einen Fehler in Ted finden konnte. Sein Charakter war makellos. Es ging ihm gut. Und weit davon entfernt, sozial in irgendeiner Weise minderwertig zu sein, war er es, der sich herablassend zeigte. Denn Ted war, wie sie aus einem Gespräch mit Mr. Murdoch, dem Glaser, herausgefunden hatte , kein gewöhnlicher junger Mann. Er war eine Berühmtheit. So sehr, dass Mr. Murdoch, als ihm die Nachricht von der Verlobung mitgeteilt wurde, von seinem gewohnten Taktgefühl erschrocken war und sich für einen Moment völlig überrascht zeigte, dass der große Ted Brady nicht höher hätte zielen sollen.

„Bist du sicher, dass du den Namen richtig hast, Katie?" er hatte gesagt. „Es ist wirklich Ted Brady?" Kein Fehler beim Vornamen? Gut gebauter, gutaussehender junger Kerl mit braunen Augen? Nun, das übertrifft mich. „Nicht", fuhr er hastig fort, „dass irgendein junger Kerl sich nicht glücklich schätzen könnte, eine Frau wie dich zu bekommen, Katie, aber Ted Brady!" Nun, es gibt kein Mädchen in diesem Teil der Stadt, auch nicht in Harlem oder der Bronx, das nicht ihre Augen dafür hergeben würde, an deiner Stelle zu sein. Ted Brady ist der große Lärm. Er ist der Star von Glencoe.'

„Er erzählte mir, dass er zum Glencoe Athletic gehöre."

„Glauben Sie es nicht?" Es gehört ihm. Die Art und Weise, wie dieser Junge rennt und springt, ist die eigentliche Grenze. Es gibt nur Billy Burton, einen Irisch-Amerikaner, der ihn erreichen kann. „Du hast auf jeden Fall die beste Wahl, Katie."

Er starrte sie bewundernd an, als würde er zum ersten Mal ihren wahren Wert erkennen. Denn Herr Murdoch war ein großer Förderer des Sports.

Mit diesen Fakten war Katie mit großer Zuversicht an das Gespräch mit ihrem Großvater herangegangen.

Schweigend hörte der alte Mann ihrer Darlegung der Qualitäten von Mr. Brady zu. Dann schüttelte er den Kopf.

„Das kann nicht sein, Katie. Ich konnte es nicht haben.'

„Opa!"

„Du vergisst es, meine Liebe."

„Vergessen?"

„Wer hat jemals von so etwas gehört? Die Enkelin des Königs von England heiratet einen Bürgerlichen! Das würde überhaupt nicht gehen.'

Bestürzung, Überraschung und Elend hielten Katie stumm. Sie hatte in einer harten Schule gelernt, auf plötzliche Schicksalsschläge vorbereitet zu sein, aber dieser war so völlig unvorhergesehen, dass er sie unvorbereitet traf und sie niederschmetterte. Sie kannte die Hartnäckigkeit ihres Großvaters zu gut, um gegen die Entscheidung zu argumentieren.

„Oh nein, überhaupt nicht", wiederholte er. „Oh nein, das würde nicht gehen."

Katie sagte nichts; Sie war nicht in Worte zu fassen. Sie stand mit großen Augen und schweigend zwischen den Ruinen ihrer kleinen Luftburg. Der alte Mann tätschelte liebevoll ihre Hand. Er war erfreut über ihre Fügsamkeit. Es war die richtige Einstellung, in einen ihrer hohen Ränge zu gelangen .

„Es tut mir sehr leid, meine Liebe, aber – oh nein! Ach nein! Oh nein …" Seine Stimme verlor sich in einem unverständlichen Murmeln. Er war ein sehr alter Mann und konnte seine Gedanken nicht immer über längere Zeit auf ein Thema konzentrieren.

Ted Brady war sich der wahren Komplexität der Situation zunächst so wenig bewusst, dass er, als er von den Nachrichten hörte, geneigt war, die Krise auf die flotte, schneidige Art und Weise zu behandeln, in der er aus Liebe über den Schlosser lacht und bei jungen Männern so beliebt ist Geist, wenn ihre Liebe durch die Einmischung von Eltern und Erziehungsberechtigten vereitelt wird.

Katie brauchte einige Zeit, um ihn davon zu überzeugen, dass er sie, nur weil er den Führerschein in der Tasche hatte, nicht an seinem Sattel packen und zum nächsten Geistlichen tragen konnte, wie es der junge Lochinvar tat.

Im ersten Anflug seiner Abneigung gegen die Zurückhaltung sah er keinen Grund, warum er zwischen dem alten Mr. Bennett und dem konventionellen Bann-verbietenden Vater der Novellen unterscheiden sollte, mit denen er seine Stunden des Nichtstuns zu versüßen pflegte. Bis Katie ihm die Feinheiten der Situation erklärte, war Mr. Bennett für ihn einfach der stolze Millionär, der nichts davon hören wollte, dass seine Tochter den Künstler heiratete.

„Aber Ted, mein Lieber, du verstehst es nicht", sagte Katie. „Das konnten wir einfach nicht machen." Es gibt niemanden außer mir, der sich um ihn kümmert, der arme alte Mann. Wie könnte ich so weglaufen und heiraten? Was würde aus ihm werden?'

„Sie würden nicht lange wegbleiben", drängte Mr. Brady, ein Mann mit vielen Facetten, aber kein schneller Denker. „Der Minister würde uns innerhalb einer halben Stunde fertig machen." Dann schauten wir bei Mouquin's vorbei , um ein Steak und Frittiertes zu essen, nur um eine Art Hochzeitsfrühstück zuzubereiten. Und dann kamen wir Hand in Hand zurück und sagten: „Nun, hier sind wir. Was nun?"

„Er würde mir nie verzeihen."

„Das", sagte Ted richterlich, „wäre seine Sache."

„Es würde ihn töten." Verstehen Sie nicht, wir wissen, dass das alles Unsinn ist, diese Idee von ihm; Aber er glaubt wirklich, dass er der König ist, und er ist so alt, dass der Schock über meinen Ungehorsam zu groß wäre. „Ehrlich, Ted, Schatz, ich konnte nicht."

Unaussprechliche Düsternis verdunkelte Ted Bradys stets ernstes Gesicht. Die Schwierigkeiten der Situation wurden ihm langsam bewusst.

„Vielleicht, wenn ich hingehen und ihn sehen würde ...", schlug er schließlich vor.

„ *Das könntest du* ", sagte Katie zweifelnd.

Ted schnallte entschlossen seinen Gürtel enger und biss entschlossen auf den Kaugummi, der sein unzertrennlicher Begleiter war.

„Das werde ich", sagte er.

„Bist du nett zu ihm, Ted?"

Er nickte. Er war der Mann der Tat, nicht der Worte.

Es dauerte vielleicht zehn Minuten, bis er den inneren Raum verließ, in dem Mr. Bennett seine Tage verbrachte. Als er es tat, war auf seinem Gesicht kein Anflug von Jubel zu erkennen. Seine Stirn war dunkler als je zuvor.

Katie sah ihn besorgt an. Er erwiderte den Blick mit einem düsteren Kopfschütteln.

„Nichts zu tun", sagte er knapp. Er stoppte. „Es sei denn", fügte er hinzu, „es zählt, dass er mich zum Earl gemacht hat."

In den nächsten zwei Wochen beschäftigten sich mehrere Köpfe mit der Situation. Genevieve, die sich nach einer anständigen Zeit verletzter Würde mit Katie versöhnt hatte, sagte, sie gehe davon aus, dass es einen Ausweg gäbe, wenn man nur daran denken könnte, aber er ging mit Sicherheit an ihr vorbei. Der einzige Ansatz für einen Aktionsplan wurde von der Person mit gebrochener Nase vorgeschlagen, die an diesem Tag Teds Begleiter im Palisades Park gewesen war, ein Gentleman von einiger Bedeutung in der Welt des Boxens, der sich über den Namen der Tennessee Bear-Cat freute.

Was sie nach Meinung der Bärenkatze tun sollten, war, den alten Mann eines Morgens auf den Washington Square zu bringen. Dann stürmte er aus Tennessee sprunghaft nach oben und schaffte einen Durchbruch. Ted, der in der Nähe wartete, würde seine Unverschämtheit übel nehmen. Es würde Worte geben, gefolgt von Schlägen.

'Verstehst du, was ich meine?' verfolgte die Bärenkatze. „Da sind du und ich, wir mischen es." Ich werde den Polizisten rechtzeitig bitten, uns in Ruhe zu lassen; er ist ein Freund von mir. Ziemlich bald landest du mir einen auf dem Plexus, und ich zähle . Dann zerren Sie mich am Kragen zum alten Herrn, und ich sage, ich gebe auf und entschuldige mich. Verstehst du, was ich meine?'

Das Ganze wird vermutlich mit herzlichen Dankes- und Hochachtungsbekundungen von Herrn Bennett und einem sofortigen Widerruf des Vetos abgeschlossen.

Ted selbst stimmte dem Plan zu. Er sagte, es sei ein Knaller, und fragte sich, wie der eine, der so berüchtigt für seinen Elfenbeinschädel war, auf eine solche Idee kommen konnte. Der Bärenkater sagte bescheiden, dass er sie manchmal habe. Und es wäre wahrscheinlich alles gut gegangen, wenn es nicht nötig gewesen wäre, Katie von dem Plan zu erzählen, die schon bei dem Gedanken entsetzt war, herzlich von der Gefahr für das Nervensystem ihres Großvaters sprach und sagte, sie glaube nicht an den Bären -Cat könnte ein netter Freund für Ted sein. Und die Dinge verfielen wieder in ihren alten Zustand der Hoffnungslosigkeit.

Und dann, eines Tages, zwang sich Katie dazu, Ted zu sagen, dass es ihrer Meinung nach besser wäre, wenn sie sich eine Zeit lang nicht sehen würden. Sie sagte, dass diese Treffen für beide nur eine Quelle des Schmerzes seien. Es wäre wirklich besser, wenn er für – nun ja, eine ganze Weile nicht vorbeikäme.

Es war ihr nicht leicht gefallen, es auszusprechen. Die Entscheidung war das Ergebnis vieler wacher Nächte. Sie hatte sich die Frage gestellt, ob es fair für sie wäre, Ted auf diese hoffnungslose Weise an sich zu ketten, wenn er, sich selbst überlassen und von ihr getrennt, so leicht ein anderes Mädchen finden könnte, das ihn glücklich macht.

Also ging Ted widerwillig, und der kleine Laden in der Sixth Avenue kannte ihn nicht mehr. Und Katie verbrachte ihre Zeit damit, sich um den alten Mr. Bennett zu kümmern (der die Affäre inzwischen völlig vergessen hatte und sich manchmal fragte, warum Katie nicht mehr so fröhlich war wie früher) und – denn sie war zwar selbstlos, aber menschlich – diese unbekannten Mädchen zu hassen Sie konnte sehen, wie sie sich vor ihrem geistigen Auge um Ted scharte, ihn anlächelte, viel aus ihm machte und die bloße Erinnerung an sie aus seinem Kopf vertrieb.

Der Sommer verging. Der Juli kam und ging und verwandelte New York in einen Ofen. Es folgte August, und man fragte sich, warum man sich über die lauen Fortschritte im Juli beschwert hatte.

Es war am Abend des elften Septembers, als Katie, nachdem sie den kleinen Laden geschlossen hatte, in der Dämmerung auf den Stufen saß, wie es viele tausende ihrer Mitbürger taten, und ihr Gesicht der ersten Brise zuwandte, die New York wehte seit zwei Monaten bekannt. Die Hitzewelle war an diesem Nachmittag abrupt gebrochen, und die Stadt saugte die Kühle auf, wie eine Blume Wasser trinkt.

Von der Ecke, wo das gelbe Kreuz des Judson Hotels auf den Washington Square herabstrahlte, erklangen die Schreie von Kindern und die durch die Entfernung gedämpften Klänge der unermüdlichen Drehorgel, die seither am selben Ort dieselben Melodien gespielt hatte der Frühling.

Katie schloss die Augen und lauschte. An diesem Abend war es sehr friedlich, so friedlich, dass sie für einen Moment vergaß, auch nur an Ted zu denken. Und genau in diesem Moment hörte sie seine Stimme.

„Das bist du, Junge?"

Er stand vor ihr, die Hände in den Taschen, einen Fuß auf dem Bürgersteig, den anderen auf der Straße; und wenn er aufgeregt war, merkte man es seiner Stimme nicht an.

„Ted!"

'Das bin ich. Kann ich den alten Mann kurz sehen, Katie?'

Dieses Mal kam es ihr so vor, als ob sie einen leichten Anflug von Erregung wahrnehmen könnte.

„Es hat keinen Zweck, Ted. Ehrlich.'

„Es schadet doch nicht, hineinzugehen und sich den Tag zu vertreiben, oder?" „Ich möchte ihm etwas sagen."

'Was?'

„ Erzähl es dir vielleicht später." Ist er in seinem Zimmer?'

Er ging an ihr vorbei und ging hinein. Als er ging, packte er ihren Arm und drückte ihn, aber er blieb nicht stehen. Sie sah ihn in den Innenraum gehen und hörte durch die Tür, als er sie hinter sich schloss, Stimmengemurmel. Und fast sofort, so kam es ihr vor, wurde ihr Name aufgerufen. Es war die Stimme ihres Großvaters, die hoch und aufgeregt rief. Die Tür öffnete sich und Ted erschien.

„Komm mal kurz her, Katie, ja?" er sagte. „Du wirst gesucht."

Der alte Mann beugte sich in seinem Stuhl nach vorne. Er war in einem Zustand außerordentlicher Aufregung. Er zitterte und zuckte zusammen. Ted, der an der Wand stand, sah so gelassen aus wie immer; aber seine Augen glitzerten.

„Katie", rief der alte Mann, „das ist eine höchst bemerkenswerte Neuigkeit." Dieser Herr hat es mir gerade erzählt – außergewöhnlich. Er-'

Er brach ab und sah Ted an, so wie er Katie angeschaut hatte, als er versucht hatte, den Brief an das englische Parlament zu schreiben.

Teds Blick war fast trotzig, als er den von Katie traf.

„Ich möchte dich heiraten", sagte er.

„Ja, ja", unterbrach Mr. Bennett ungeduldig, „aber –"

„Und ich bin ein König."

„Ja, ja, das ist es, das ist es, Katie. Dieser Herr ist ein König.'

Noch einmal begegnete Teds Blick dem von Katie, und dieses Mal lag ein flehender Blick darin.

„Das stimmt", sagte er langsam. „Ich habe deinem Großvater gerade erzählt, dass ich der König von Coney Island bin."

'Das ist es. Von Coney Island.'

„ Es gibt also keine Einwände dagegen, dass wir heiraten, Junge – Eure Königliche Hoheit. Es ist eine königliche Allianz, verstehen Sie?'

„Eine königliche Allianz", wiederholte Mr. Bennett.

Draußen auf der Straße hielt Ted Katies Hand und grinste ein wenig verlegen.

„Du bist wirklich ruhig, Junge", sagte er. „Es sieht so aus, als würde die Vorstellung, mit mir verheiratet zu sein, bei dir keinen großen Anklang finden."

„Oh, Ted! Aber-'

Er drückte ihre Hand.

'Ich weiß was du denkst. Ich schätze, es war harte Arbeit, dem alten Mann eine solche Geschichte zu erzählen. Ich habe es gehasst, es zu tun, aber meine Güte! Wenn ein Kerl wie ich damit zu kämpfen hat, neigt er dazu, fast jede Chance zu ergreifen, die sich ihm bietet. Sag mal, Junge, für mich kam es irgendwie so vor, als ob es so *gemeint wäre* . Es kam gerade jetzt, so wie es kam, genau dann, wenn es gewollt war und gerade dann, als es nicht möglich schien, es konnte passieren. Vor einer Woche lag ich mit fast zweihundert Stimmen hinter Billy Burton. Der Irisch-Amerikaner nahm ihn auf, und alle dachten, er würde König beim Mardi Gras sein. Und dann stürmten sie plötzlich auf mich zu, bis ich am Ende Billy hatte, der aussah wie ein normaler Ex-Mann.

„Es ist lustig, wie die Abstimmungsergebnisse bei dieser Coney-Wahl jedes Jahr schwanken." Es war nur eine Vorsehung, und es schien nicht richtig, es unberücksichtigt zu lassen. Also ging ich zu dem alten Mann und sagte es ihm. Ich sage Ihnen, ich habe gerade geschwitzt, als ich mich bereit machte, es ihm zu geben. Es war eine Chance, dass er sich daran erinnerte, was das Mardi Gras in Coney war und was es bedeutete, dort ein König zu sein. Dann fiel mir ein, dass du mir erzählt hast, dass du noch nie in Coney gewesen bist, also habe ich angenommen, dass dein Großvater in seinen

Informationen darüber nicht das ist, was du als das bezeichnen würdest, also habe ich das Risiko genutzt.

„Ich habe ihn zuerst ausprobiert. Ich habe es mit Brooklyn versucht. So wie er es auffasste, hatte er zum Beispiel entweder noch nie von dem Ort gehört, oder er hatte vergessen, was es war. Ich schätze, er kann sich nicht mehr an viel erinnern, der arme alte Kerl. Dann erwähnte ich Yonkers. Er fragte mich, was Yonkers seien. Dann hielt ich es für sicher, Coney zu verpflichten, und er fiel sofort darauf herein. Ich kam mir gemein vor, aber es musste getan werden.'

Er holte sie auf und schwang sie mit vollkommen teilnahmslosem Gesicht in die Luft. Dann, nachdem er sie geküsst hatte, ließ er sie sanft wieder auf den Boden sinken. Die Aktion schien seine Gefühle erleichtert zu haben, denn als er wieder sprach, war klar, dass ihn sein Gewissen nicht mehr beunruhigte.

„Und sagen Sie mal", sagte er, „wenn ich darüber nachdenke, sehe ich keinen Grund, warum ich mich gemein fühlen sollte." Ich bin nicht weit davon entfernt, ein normaler König zu sein. Coney ist genauso groß wie einige dieser Königreiche, von denen Sie auf der anderen Seite gelesen haben; Und nach dem, was man in den Zeitungen über die Vorgänge dort lesen kann, kommt es mir so vor, als ob eine ganze Woche auf dem Thron, wie ich sie haben werde, einem ziemlich festen Job für Könige gleichkommt.'

BEI GEISENHEIMER

Geisenheimer ging, fühlte ich mich deprimiert und unruhig, müde von New York, müde vom Tanzen, müde von allem. Der Broadway war voller Menschen, die zu den Theatern eilten. Autos ratterten vorbei. Auf dem Great White Way brannten alle elektrischen Lichter der Welt. Und es kam mir alles abgestanden und trostlos vor.

Das Geisenheimer's war wie immer voll. Alle Tische waren besetzt und auf der Tanzfläche in der Mitte befanden sich bereits mehrere Paare . Die Band spielte „Michigan":

> *Ich möchte zurück, ich möchte zurück*
>
> *An den Ort, an dem ich geboren wurde.*
>
> *Weit entfernt von Schaden*
>
> *Mit einem Milcheimer am Arm.*

Ich nehme an, der Typ, der das geschrieben hat, hätte die Polizei gerufen, wenn jemals jemand wirklich versucht hätte, ihn auf eine Farm zu bringen, aber er hat sicherlich etwas in die Melodie eingefügt, das einen glauben lässt, dass er meinte, was er sagte. Das ist eine Melodie mit Heimweh.

Ich schaute mich gerade nach einem leeren Tisch um, als ein Mann aufsprang und auf mich zukam und seine Freude registrierte, als wäre ich seine lange verlorene Schwester.

Er kam vom Land. Das konnte ich sehen. Es stand überall auf ihm geschrieben, vom Gesicht bis zu den Schuhen.

Er kam mit ausgestreckter Hand hoch und strahlte.

„Warum, Miss Roxborough!"

'Warum nicht?' Ich sagte .

„Erinnerst du dich nicht an mich?"

Ich habe es nicht getan.

„Mein Name ist Ferris."

„Es ist ein schöner Name, aber er bedeutet in meinem jungen Leben nichts."

„Ich wurde Ihnen das letzte Mal vorgestellt, als ich hierher kam. „Wir haben zusammen getanzt."

Dies schien den Stempel der Wahrheit zu tragen. Wenn er mir vorgestellt wurde, hat er wahrscheinlich mit mir getanzt. Dafür bin ich bei Geisenheimer

.

'Wann war es?'

Vor einem Jahr letzten April."

Diese ländlichen Charmeure sind unschlagbar. Sie glauben, dass New York beim Verlassen zusammengefaltet und in Kampfer gelegt wird und erst bei ihrem nächsten Besuch wieder herausgeholt wird. Der Gedanke, dass irgendetwas passiert sein könnte, seit er das letzte Mal in unserer Mitte war, um die Erinnerung an diesen glücklichen Abend zu verwischen, war Mr Ferris nicht in den Sinn gekommen. Ich nehme an, er war es aus der Zeit, als ich noch in New York war, so daran gewöhnt, mit Dingen auszugehen, dass er dachte, alle anderen müssten das Gleiche tun.

„Na klar, ich erinnere mich an dich", sagte ich. „Algernon Clarence, nicht wahr?"

„Nicht Algernon Clarence." „Mein Name ist Charlie."

'Mein Fehler. Und was ist der großartige Plan, Mr. Ferris? Willst du wieder mit mir tanzen?'

Er hat. Also fingen wir an. Mein Ziel ist es nicht, darüber nachzudenken, warum, sondern zu tun und zu sterben, wie es im Gedicht heißt. Wenn ein Elefant zu Geisenheimer gekommen wäre und mich zum Tanzen aufgefordert hätte, hätte ich es tun müssen. Und ich sage nicht, dass Mr. Ferris nicht der Nächste gewesen wäre. Er war einer dieser ernsthaften, ausdauernden Tänzer – von der Sorte, die zwölf Fernstunden genommen haben.

Ich schätze, an diesem Abend war es an der Zeit, jemanden aus dem Land zu treffen. Es gibt immer noch Tage im Frühling, an denen das Land mich im Würgegriff zu haben scheint und zu ziehen beginnt. Dieser besondere Tag war einer davon gewesen. Als ich morgens aufstand und aus dem Fenster schaute, umarmte mich die Brise und fing an, über Schweine und Hühner zu flüstern. Und als ich auf die Fifth Avenue ging, schien es überall Blumen zu geben. Ich machte mich auf den Weg zum Park , und da war das Gras ganz grün, und die Bäume ragten hervor, und etwas lag in der Luft – warum, sagen wir mal, wenn da nicht ein großer Polizist gewesen wäre, der ein Auge auf mich geworfen hätte, ich Ich hätte mich hingeworfen und Stücke aus dem Rasen gebissen.

Und sobald ich bei Geisenheimer ankam , spielten sie dieses „Michigan"-Ding.

Charlie aus Squeedunks „Auftritt" hätte nicht besser aufgeregt sein können, wenn er ein Star in einer Broadway-Show gewesen wäre. Die Bühne wartete nur auf ihn.

Aber irgendjemand nimmt dem Leben immer die Freude. Ich hätte daran denken sollen, dass das Großstädtischste in der Stadt ein Landarbeiter ist, der dort eine Woche verbringt. Wir dachten nicht im selben Flugzeug, Charlie und ich. So wie ich mich den ganzen Tag gefühlt hatte, wollte ich über die Ernte der letzten Saison sprechen. Das Thema, das er sich vorstellte, waren die Chorsängerinnen dieser Saison. Unsere Seelen haben sich anderthalb Meilen lang nicht berührt.

'Das ist das Leben!' er sagte.

Es gibt immer einen Punkt, an dem so ein Mann das sagt.

„Ich nehme an, du kommst ziemlich oft hierher?" er sagte.

'Sehr oft.'

Ich habe ihm nicht gesagt, dass ich jeden Abend dorthin komme und dass ich gekommen bin, weil ich dafür bezahlt wurde. Wenn Sie ein professioneller Tänzer bei Geisenheimer sind , sollten Sie dies nicht öffentlich machen. Das Management meint, wenn Sie es täten, könnte es dazu führen, dass die Öffentlichkeit zu sehr nachdenkt, wenn sie sieht, dass Sie den Großen Wettbewerb um den Love-r-ly Silver Cup gewonnen haben, den sie später am Abend ausschreiben. Sag mal, dieser Love-r- ly Cup ist ein Witz. Ich gewinne es montags, mittwochs und freitags und Mabel Francis gewinnt es dienstags, donnerstags und samstags. Es ist natürlich alles vollkommen fair und fair. Es ist eine reine Leistungssache, wer den Love-r- ly Cup gewinnt. Jeder könnte es gewinnen. Nur irgendwie nicht. Und der Zufall, dass Mabel und ich das immer tun, geht dem Management irgendwie auf die Nerven, und sie wollen nicht, dass wir den Leuten erzählen, dass wir dort angestellt sind. Sie bevorzugen es, wenn wir ungesehen erröten.

„Es ist ein großartiger Ort", sagte Herr Ferris, „und New York ist ein großartiger Ort." Ich würde gerne in New York leben.'

„Der Verlust liegt bei uns." Warum gehst du nicht?'

„Irgendeine Stadt! Aber Papa ist jetzt tot, und ich habe die Drogerie, wissen Sie?

Er sprach, als ob ich mich daran erinnern müsste, in der Zeitung darüber gelesen zu haben.

„Und ich komme damit gut zurecht." Ich habe Anstoß und Ideen. Sag mal, ich habe geheiratet, seit ich dich das letzte Mal gesehen habe.'

„Das hast du doch, oder?" Ich sagte . „Was machst du dann, wenn ich fragen darf, dass du am Broadway tanzt wie ein schwuler Junggeselle?" Ich nehme an, Sie haben Ihre Frau in Hicks' Corners zurückgelassen und gesungen: „Where is my wandering boy tonight?"

„Nicht Hicks"-Ecken. Ashley, Maine. Dort lebe ich. Meine Frau kommt aus Rodney... Verzeihung, ich fürchte, ich bin Ihnen auf den Fuß getreten.'

„Meine Schuld", sagte ich; „Ich habe den Schritt verloren. Nun, ich frage mich, dass Sie sich nicht schämen, auch nur an Ihre Frau zu denken, wenn Sie sie dort draußen ganz allein gelassen haben, während Sie in New York herumtollen. Hast du kein Gewissen?'

„Aber ich habe sie nicht verlassen. Sie ist da.'

„In New York?"

„In diesem Restaurant. Das ist sie da oben.'

Ich blickte zum Balkon hinauf. Über der roten Plüschschiene hing ein Gesicht. Für mich sah es so aus, als ob darin eine verborgene Trauer steckte. Ich hatte es schon einmal bemerkt, als wir herumtanzten, und ich hatte mich gefragt, was das Problem sein könnte. Jetzt begann ich zu sehen.

„Warum tanzt du dann nicht mit ihr und gibst ihr eine gute Zeit?" Ich sagte .

„Oh, sie hat eine gute Zeit."

„Sie sieht nicht danach aus. Sie sieht aus, als würde sie am liebsten hier unten sein und Maßstäbe setzen.'

„Sie tanzt nicht viel."

„Gibt es bei Ashley keine Tanzveranstaltungen?"

„Zu Hause ist es anders." Sie tanzt gut genug für Ashley, aber – nun ja, das ist nicht Ashley."

'Ich verstehe. Aber du bist nicht so?'

Er grinste irgendwie.

„Oh, ich war schon einmal in New York."

Ich hätte ihn beißen können, den abgesägten kleinen Kerl! Es hat mich wütend gemacht. Er schämte sich, mit seiner Frau in der Öffentlichkeit zu tanzen – er hielt sie nicht für gut genug für ihn. Also hatte er sie auf einen Stuhl gesetzt, ihr eine Limonade gegeben und ihr gesagt, sie solle brav sein, und dann war er losgegangen, um eine schöne Zeit zu haben. Sie hätten mich für das, was ich gerade dachte, verhaften lassen können.

Die Band begann etwas anderes zu spielen.

'Das ist das Leben!' sagte Herr Ferris. 'Lass uns das nochmal machen.'

„Lass es jemand anders machen", sagte ich. 'Ich bin müde. Ich stelle dir einige meiner Freunde vor.'

Also zog ich ihn aus und brachte ihn zu einigen Mädchen, die ich kannte, an einem der Tische.

„Gib meinem Freund Mr. Ferris die Hand", sagte ich. „Er möchte dir die neuesten Schritte zeigen." Die meisten davon erledigt er an deinen Füßen.'

Ich hätte auf Charlie wetten können, den Debonair Pride of Ashley. Ratet mal, was er gesagt hat? Er sagte: „Das ist das Leben!"

Und ich verließ ihn und ging auf den Balkon.

Sie stützte sich mit den Ellbogen auf den roten Plüsch und blickte auf die Tanzfläche. Sie hatten gerade mit einem anderen Lied angefangen und mein Mann bewegte sich mit einem der Mädchen, die ich ihm vorgestellt hatte. Sie musste mir nicht beweisen, dass sie vom Land kam. Ich wusste es. Sie war ein kleines Ding, sah altmodisch aus. Sie war in Grau gekleidet, mit weißem Musselinkragen und Manschetten, und ihre Frisur war schlicht. Sie hatte einen schwarzen Hut.

Ich schwebte eine Weile herum . Es ist nicht das Beste, was ich tue, schüchtern zu sein; Im Großen und Ganzen bin ich mit den Nerven mehr oder weniger da; aber irgendwie habe ich irgendwie gezögert, anzugreifen.

Dann richtete ich mich auf und machte mich auf den Weg zum freien Stuhl.

„Wenn es Ihnen nichts ausmacht, sitze ich hier", sagte ich.

Sie drehte sich erschrocken um. Ich konnte sehen, dass sie sich fragte, wer ich war und welches Recht ich dort hatte, war mir aber nicht sicher, ob es nicht vielleicht zur städtischen Etikette gehörte, dass Fremde kamen, sich hinlegten und anfingen zu plaudern. „Ich habe gerade mit Ihrem Mann getanzt", sagte ich, um die Sache zu erleichtern.

'Ich sah dich.'

Sie fixierte mich mit ihren großen braunen Augen. Ich warf einen Blick darauf, und dann musste ich mir sagen, dass es vielleicht angenehm und eine Erleichterung für meine Gefühle wäre, etwas Festes und Schweres zu nehmen und es über die Reling auf meinen Mann fallen zu lassen, aber das Management würde es nicht mögen Es. So empfand ich damals auch für ihn. Der arme Junge machte mit diesen Augen alles, außer zu weinen. Sie sah aus wie ein Hund, der getreten wurde.

Sie schaute weg und spielte an der Schnur des elektrischen Lichts herum. Auf dem Tisch lag eine Hutnadel. Sie hob es auf und begann, in dem roten Plüsch herumzuwühlen.

„Ah, komm schon, Schwester", sagte ich; 'Erzähl mir alles darüber.'

„Ich weiß nicht, was du meinst."

„Du kannst mich nicht täuschen. Erzähl mir von deinen Problemen.'

„Ich kenne dich nicht."

„Man muss niemanden kennen, um ihr von seinen Problemen zu erzählen. Manchmal erzähle ich meins der Katze, die an der Wand gegenüber meinem Zimmer campiert. Warum wollten Sie das Land verlassen, wenn der Sommer naht?

Sie antwortete nicht, aber ich konnte es kommen sehen, also saß ich still und wartete. Und plötzlich schien sie zu dem Entschluss gekommen zu sein, dass es eine Erleichterung wäre, darüber zu sprechen, auch wenn es mich nichts angehen würde.

„Wir sind auf Hochzeitsreise." Charlie wollte nach New York kommen. Ich wollte nicht, aber er war darauf fixiert. Er war schon einmal hier.'

„ Das hat er mir erzählt."

„Er ist verrückt nach New York."

'Aber du bist nicht.'

'Ich hasse es.'

'Warum?'

Sie grub mit der Hutnadel am roten Plüsch herum, suchte kleine Stücke heraus und ließ sie über den Rand fallen. Ich konnte sehen, dass sie sich darauf vorbereitete, mich über die ganzen Schwierigkeiten aufzuklären. Irgendwann kommt die Zeit, in der die Dinge nicht richtig laufen, man hat alles, was man ertragen kann, und man muss jemandem davon erzählen, egal wer es ist.

„Ich hasse New York", sagte sie und brachte es schließlich hastig heraus. „Ich habe Angst davor. Es ist nicht fair, dass Charlie mich hierher bringt. Ich wollte nicht kommen. Ich wusste, was passieren würde. Ich habe es die ganze Zeit gespürt.'

„Was glaubst du, wird dann passieren?"

Sie musste mindestens einen Zentimeter des roten Plüschs weggepflückt haben, bevor sie antwortete. Es ist ein Glück, dass Jimmy, der Kellner auf

dem Balkon, sie nicht gesehen hat; es hätte ihm das Herz gebrochen; Er ist
so stolz auf den roten Plüsch, als hätte er ihn selbst bezahlt.

„Als ich vor zwei Jahren zum ersten Mal nach Rodney zog – wir zogen
aus Illinois dorthin – lebte dort ein Mann namens Tyson – Jack Tyson." Er
lebte ganz allein und schien niemanden kennen zu wollen. Ich konnte es nicht
verstehen, bis mir jemand alles über ihn erzählte. Ich kann es jetzt verstehen.
Jack Tyson heiratete ein Rodney-Mädchen und sie kamen genau wie wir für
ihre Flitterwochen nach New York. Und als sie dort ankamen , begann sie
wohl, ihn mit den Kerlen zu vergleichen, die sie sah, und die Stadt mit
Rodney zu vergleichen, und als sie nach Hause kam, konnte sie sich einfach
nicht beruhigen.'

'Also?'

„Nachdem sie eine Weile wieder in Rodney gewesen waren, rannte sie
weg. Zurück in die Stadt, schätze ich.'

„Ich nehme an, er hat sich scheiden lassen?"

„Nein, das hat er nicht. Er glaubt immer noch, dass sie zu ihm
zurückkommen könnte.'

„Er glaubt immer noch, dass sie zurückkommen wird?" Ich sagte .
„Nachdem sie drei Jahre weg war!"

'Ja. Er bewahrt ihre Sachen genauso auf, wie sie sie zurückgelassen hat, als
sie weggegangen ist, alles ist genau so, wie es war.'

„Aber ist er nicht wütend auf sie wegen dem, was sie getan hat? Wenn ich
ein Mann wäre und ein Mädchen mich so behandeln würde, wäre ich geneigt,
sie zu ermorden, wenn sie erneut versuchen würde, aufzutauchen.'

„Das würde er nicht. Ich würde es auch nicht tun, wenn mir so etwas
passieren würde; Ich würde warten und warten und die ganze Zeit weiter
hoffen. Und ich ging jeden Nachmittag zum Bahnhof, um den Zug
abzuholen, genau wie Jack Tyson.'

Etwas spritzte auf die Tischdecke. Es hat mich erschrecken lassen.

„Um Himmels willen", sagte ich, „was ist dein Problem?" Mach dich
bereit. Ich weiß, es ist eine traurige Geschichte, aber es ist nicht deine
Beerdigung."

'Es ist. Es ist. Das Gleiche wird mir passieren.'

„Nimm dich in den Griff. Weine nicht so.'

„Ich kann nicht anders. Oh! Ich wusste, dass es passieren würde. Es
passiert gerade. Schau – sieh ihn dir an.'

Ich warf einen Blick über die Reling und erkannte, was sie meinte. Da war ihr Charlie, der über den Boden tanzte, als hätte er gerade erst entdeckt, dass er bis dahin nicht gelebt hatte. Ich sah, wie er etwas zu dem Mädchen sagte, mit dem er tanzte. Ich war nicht nahe genug, um es zu hören, aber ich wette, es war „Das ist das Leben!" Wenn ich seine Frau gewesen wäre und mich in der gleichen Lage wie dieses Kind befunden hätte, hätte ich mich wahrscheinlich genauso schlecht gefühlt wie sie, denn wenn jemals ein Mann alle Symptome einer unheilbaren New Yorkitis zeigte , dann war es dieser Charlie Ferris.

„Ich bin nicht wie diese New Yorker Mädchen", würgte sie. „Ich kann nicht schlau sein." Das möchte ich nicht sein. Ich möchte einfach nur zu Hause leben und glücklich sein. Ich wusste, dass es passieren würde, wenn wir in die Stadt kämen. Er glaubt, dass ich nicht gut genug für ihn bin. Er schaut auf mich herab.'

'Reiß dich zusammen.'

„Und ich liebe ihn so sehr!"

Gott weiß, was ich hätte sagen sollen, wenn mir etwas eingefallen wäre, was ich sagen könnte. Doch in diesem Moment hörte die Musik auf und jemand im Stockwerk darunter begann zu sprechen.

„ Ladeez 'n' gemmen ", sagte er, „dort wird jetzt unser großer Numbah-Wettbewerb stattfinden ." Dieser echte Sportwettkampf – "

Es war Izzy Baermann, der seine abendliche Rede hielt und den Love-r-ly Cup vorstellte; und es bedeutete für mich, dass die Pflicht rief. Von meinem Platz aus konnte ich sehen, wie Izzy sich im Raum umsah, und ich wusste, dass er nach mir suchte. Es ist der Albtraum des Managements, dass Mabel oder ich eines Abends nicht auftauchen und jemand anderes mit dem Love-r- ly- Cup davonkommt .

„Tut mir leid, dass ich gehen muss", sagte ich. „Ich muss dabei sein."

Und dann hatte ich plötzlich die tolle Idee. Es kam mir wie ein Blitz in den Sinn, ich sah sie weinend an, und ich schaute über die Reling zu Charlie, dem Wunderkind, und ich wusste, dass ich hier meinen Platz in der Hall of Fame fest im Griff hatte, zusammen mit die großen Denker unserer Zeit.

„Komm schon", sagte ich. 'Mitkommen. Hören Sie auf zu weinen, pudern Sie sich die Nase und machen Sie weiter. Das wirst du tanzen.'

„Aber Charlie will nicht mit mir tanzen."

„Es mag Ihnen entgangen sein", sagte ich, „aber Ihr Charlie ist nicht der einzige Mann in New York oder sogar in diesem Restaurant." Ich werde selbst mit Charlie tanzen und Ihnen jemanden vorstellen, der die Bewegungen beherrschen kann. Hören!'

„Die Dame jedes Paares" – das war Izzy, der es aus seinem Zwerchfell nahm – „erhält ein Ticket mit einem Num-Bah." Dann wird der Tanz fortgesetzt und die Numbahs werden einer nach dem anderen eliminiert, wobei diejenigen, die vom Richter herausgerufen wurden, freundlicherweise zu ihren Plätzen zurückkehren, wie ihre Numbah aufgerufen wird. Das letztendlich verbleibende Num-Bah ist das Gewinner-Num-Bah. Der Wettbewerb ist ein echter Sportwettkampf, der allein durch die Fähigkeiten der Inhaber der verschiedenen Numbahs entschieden wird . " (Izzy hörte im Alter von sechs Jahren auf zu erröten.) „Werden die Damen jetzt freundlicherweise vortreten und ihre Numbahs entgegennehmen ? " Der Gewinner, der Inhaber der Num-Bah, die auf dem Boden liegen gelassen wurde, als die anderen Num- Bahs eliminiert wurden' (ich konnte sehen, wie Izzy immer unruhiger wurde und sich fragte, wo um alles in der Welt ich geblieben war), ,wird das erhalten Love-r- ly Silver Cup, überreicht von der Geschäftsführung. Die Damen werden nun freundlicherweise vortreten und ihre Numbahs entgegennehmen . '

Ich wandte mich an Frau Charlie. „So", sagte ich, „wollen Sie nicht einen Love-r -ly Silver Cup gewinnen ?"

„Aber ich konnte nicht."

„Man weiß nie, wie viel Glück man hat."

„Aber es ist kein Glück. Hast du ihn nicht sagen hören, dass es ein Wettbewerb ist, bei dem es nur ums Können geht?'

„Dann probieren Sie doch mal Ihr Können aus." Es kam mir vor, als hätte ich sie schütteln können. „Um Himmels willen", sagte ich, „zeigen Sie ein wenig Mut." Wirst du nicht einen Finger rühren, um deinen Charlie zu behalten? Angenommen, Sie gewinnen, denken Sie darüber nach, was das bedeuten wird. Er wird für den Rest deines Lebens zu dir aufschauen. Wenn er anfängt, über New York zu sprechen, müssen Sie nur sagen: „New York? Ach ja, das war die Stadt, in der ich den Love-rly Silver Cup gewonnen habe , nicht wahr?" und er wird umfallen, als hätte man ihm einen Sandsack hinters Ohr geschlagen. Reiß dich zusammen und versuche es.'

ihre braunen Augen aufblitzten, und sie sagte: „Ich werde es versuchen."

„Gut für dich", sagte ich. „Jetzt trocknest du die Tränen und machst dich fertig, dann gehe ich runter und hole die Tickets."

Izzy war mächtig erleichtert, als ich mich auf ihn einließ.

„Mensch!“ Er sagte: „Ich dachte, du wärst weggelaufen oder wärst krank oder so etwas.“ Hier ist Ihr Ticket.'

„Ich will zwei, Izzy. Einer ist für einen Freund von mir. Und ich sage, Izzy, ich fände es als einen persönlichen Gefallen , wenn du sie als eines der letzten beiden Paare auf dem Boden stehen lassen würdest. Es gibt einen Grund. Sie ist ein Kind vom Land und will einen Hit machen.'

„Klar, das wird schon gehen. Hier sind die Tickets. Deiner ist sechsunddreißig, ihrer ist zehn.' Er senkte seine Stimme. „Mischen Sie sie nicht.“

Ich ging zurück zum Balkon. Unterwegs erwischte ich Charlie.

„Wir tanzen das zusammen“, sagte ich.

Er grinste über sein ganzes Gesicht.

Ich fand, dass Frau Charlie aussah, als hätte sie noch nie in ihrem Leben eine Träne vergossen. Sie hatte auf jeden Fall Mut, dieses Kind.

„Komm schon“, sagte ich. „Halten Sie sich wie Wachs an Ihr Ticket und achten Sie auf Ihren Schritt.“

Ich schätze, Sie haben diese sportlichen Wettkämpfe bei Geisenheimer gesehen . Oder wenn Sie sie nicht bei Geisenheimer gesehen haben , haben Sie sie woanders gesehen. Sie sind alle gleich.

Als wir anfingen, war der Boden so überfüllt, dass wir kaum Bewegungsfreiheit hatten. Sagen Sie mir nicht, dass es heutzutage keine Optimisten mehr gibt. Alle sahen aus, als würden sie sich fragen, ob sie den Love-rly-Cup im Wohnzimmer oder im Schlafzimmer aufstellen sollten . Du hast noch nie in deinem Leben eine so hoffnungsvolle Bande gesehen.

Jetzt gab Izzy den Ton an. Das Management erwartet von ihm, dass er bei diesen Gelegenheiten humorvoll ist, also gab er sein Bestes.

„ Numbahs , sieben, elf und einundzwanzig werden freundlicherweise zu ihren traurigen Freunden zurückkehren.“

Das verschaffte uns etwas mehr Spielraum und die Band fing von neuem an.

Ein paar Minuten später sagte Izzy noch einmal: „Numbahs dreizehn , sechzehn und siebzehn – auf Wiedersehen.“

Los ging es wieder.

„Num-bah zwölf, wir trennen uns nur ungern von dir, aber – zurück an deinen Tisch!“

Ein rundliches Mädchen mit rotem Hut, das mit einem freundlichen Lächeln getanzt hatte, als ob es dies tun würde, um die Kinder zu unterhalten, verließ die Tanzfläche.

„ Numbas sechs, fünfzehn und zwanzig, Daumen runter!“

Und schon bald waren nur noch Charlie und ich übrig, Mrs. Charlie und der Kerl, den ich ihr vorgestellt hatte, sowie ein kahlköpfiger Mann und ein Mädchen mit weißem Hut. Er war einer Ihrer hartnäckigen Darsteller. Er hatte den ganzen Abend getanzt. Ich hatte ihn vom Balkon aus bemerkt. Von dort oben sah er aus wie ein hartgekochtes Ei.

Er war wirklich ein Trier, dieser Kerl, und wenn die Dinge sozusagen anders gewesen wären, hätte ich mich gefreut, ihn gewinnen zu sehen. Aber es sollte nicht sein. Ah nein!

„Num-bah neunzehn, du wirst ganz rot.“ Nimm den Rest.'

also , ein echter Wettbewerb zwischen mir und Charlie und Mrs. Charlie und ihrem Mann. Jeder Nerv in meinem Körper kribbelte vor Spannung und Aufregung, nicht wahr? Es war nicht.

Charlie war, wie ich bereits angedeutet habe, kein Tänzer, der während der Aktion viel Aufmerksamkeit von seinen Füßen nahm. Er war hier, um sein Bestes zu geben , und nicht, um am Wegesrand Sehenswürdigkeiten zu inspizieren. Das Fernstudium, das er besucht hat, garantiert nicht, dass man einem beibringt, zwei Dinge gleichzeitig zu tun. Es verpflichtet Sie nicht dazu, Ihnen beizubringen, sich beim Tanzen im Raum umzusehen. Charlie hatte also nicht die geringste Ahnung vom Stand des Dramas. Er atmete schwer und entschlossen meinen Hals hinunter, sein Blick klebte am Boden. Er wusste nur, dass die Konkurrenz etwas kleiner geworden war und die Ehre von Ashley, Maine, in seinen Händen lag.

Sie wissen, wie das Publikum aufhorcht, wenn diese Tanzwettbewerbe auf zwei Paare beschränkt werden. Es gibt Abende, an denen ich mich ganz vergesse, wenn ich einer der letzten bin, die noch da sind, und ganz aufgeregt bin. Es liegt eine Art Summen in der Luft, und während man durch den Raum geht, beginnen die Leute an den Tischen zu applaudieren. Wenn Sie nichts über das Innenleben der Sache wüssten, wären Sie ein echter Twitterer.

geübtes Ohr brauchte nicht lange, um zu entdecken, dass es nicht Charlie und ich waren, denen das große Publikum zujubelte. Wir gingen umher, ohne Hilfe zu bekommen, und jedes Mal, wenn Mrs. Charlie und ihr Mann in eine Ecke kamen, gab es einen Lärm wie in einer Wahlnacht. Sie hatte auf jeden Fall einen Treffer erzielt.

Ich warf einen Blick auf sie über den Boden und wunderte mich nicht. Sie war ein anderes Kind als das, was sie oben gewesen war. Ich habe noch nie jemanden gesehen, der so glücklich und zufrieden mit sich selbst aussah. Ihre Augen waren wie Lampen und ihre Wangen waren ganz rosa, und sie tat es wie eine Meisterin. Ich wusste, was bei den Leuten Anklang gefunden hatte. Es war ihr Aussehen. Sie ließ einen an frische Milch, frisch gelegte Eier und singende Vögel denken. Sie zu sehen war wie eine Reise aufs Land im August. Es ist lustig über die Leute, die in der Stadt leben. Sie werfen ihre Brust raus und reden davon, dass das kleine alte New York gut genug für sie sei, und dass es eine Straße im Himmel gibt, die sie Broadway nennen, und alles andere davon; Aber es scheint mir, dass das, wofür sie wirklich leben, die drei Wochen im Sommer sind, in denen sie aufs Land fahren. Ich wusste genau, warum sie Mrs. Charlie so sehr anfeuerten . Sie erinnerte sie an die bevorstehenden Feiertage, in denen sie auf dem Bauernhof einkehrten, aus dem alten Eicheneimer tranken und die Kühe beim Vornamen riefen.

Mensch! Mir selbst ging es genauso. Den ganzen Tag hatte das Land an mir gezerrt, und jetzt zerrte es noch schlimmer als je zuvor.

Ich hätte das frisch gemähte Heu riechen können, wenn man bei Geisenheimer's nicht den Geruch von Geisenheimer's riechen müsste , weil es der Konkurrenz keine Chance lässt.

„Arbeiten Sie weiter“, sagte ich zu Charlie. „Für mich sieht es so aus, als würden wir wieder in die Wette einsteigen.“

„Äh, huh!“ sagt er, zu beschäftigt, um zu blinzeln.

„Machen Sie einige Ihrer ausgefallenen Schritte.“ Wir brauchen sie in unserem Geschäft.'

Und die Art und Weise, wie dieser Junge arbeitete – es war erstaunlich!

Aus dem Augenwinkel konnte ich Izzy Baermann sehen, und er sah nicht glücklich aus. Er bereitete sich auf eine dieser schnellen Schiedsrichterentscheidungen vor – die Art, wie man sie trifft, sich dann unter den Seilen duckt und fünf Meilen rennt, um der wütenden Bevölkerung auszuweichen. Es waren solche Dinge, die hin und wieder passierten, die verhinderten, dass seine Arbeit perfekt war. Mabel Francis erzählte mir, dass, als Izzy sie eines Abends zur Siegerin des großen Sportwettbewerbs erklärte, das eine so harte Arbeit gewesen sei, dass sie dachte, es hätte einen Aufruhr gegeben. Es sah ziemlich so aus, als hätte er Angst, dass jetzt dasselbe passieren würde. Es bestand kein Zweifel, welches von uns beiden Paaren dasjenige war , von dem die Kunden wollten, dass es den Love-rly Silver Cup gewinnt. Für Frau Charlie war es ein Spaziergang , und Charlie und ich waren einfach unter den Anwesenden.

Aber Izzy hatte seine Pflicht zu tun und bekam dafür ein Gehalt, also befeuchtete er seine Lippen, schaute sich um, um zu sehen, dass seine strategischen Eisenbahnen nicht blockiert waren, schluckte zweimal und sagte mit heiserer Stimme:

„Num-bah zehn, bitte re- tiah !"

Ich habe sofort aufgehört.

„Komm mit", sagte ich zu Charlie. „Das ist unser Ausstiegssignal."

Und wir verließen unter Applaus die Bühne.

„Nun", sagt Charlie, holt sein Taschentuch heraus und streichelt seine Stirn, die wie die des Dorfschmieds aussieht, „wir haben es nicht so schlecht gemacht, oder?" Wir haben es nicht so schlecht gemacht, schätze ich! Wir-'

Und er schaute zum Balkon hinauf und erwartete, die liebe kleine Frau zu sehen, die über dem Geländer drapiert war und ihn anbetete; Als sein Blick sich gerade nach oben bewegt, wird er von ihrem Anblick eingefangen, der einen ganzen Haufen tiefer liegt, als er erwartet hatte – tatsächlich auf dem Boden.

Sie war in diesem Moment nicht viel in der Andachtslinie tätig. Sie war zu beschäftigt.

Für das Kind war es ein regelrechter Siegeszug. Sie und ihr Partner drehten jetzt zu Ausstellungszwecken ein oder zwei Runden, wie es das Gewinnerpaar bei Geisenheimer immer macht , und der Raum stieg ziemlich in die Höhe. Aufgrund der Art, wie sie klatschten, hätte man meinen können, sie hätten ihr ganzes übriges Geld auf sie gesetzt.

Charlie schafft es, sie gut zu fokussieren , dann lässt er die Kinnlade herunterklappen, bis er fast gegen den Boden stößt.

„Aber – aber – aber –", beginnt er.

„Ich weiß", sagte ich. „Es sieht so aus, als könnte sie doch gut genug für die Stadt tanzen." Es sieht so aus, als hätte sie jemandem etwas vorgemacht, nicht wahr? Es sieht so aus, als wäre es schade, dass du nicht selbst daran gedacht hast, mit ihr zu tanzen."

„Ich – ich – ich –"

„Kommen Sie vorbei und trinken Sie ein schönes kaltes Getränk", sagte ich, „und Sie werden bald weitermachen."

Er trottete hinter mir zu einem Tisch her und sah aus, als wäre er von einer Straßenbahn angefahren worden. Er hatte seins bekommen.

Ich war so damit beschäftigt, mich um Charlie zu kümmern, mit dem Handtuch zu wedeln und ihn mit Sauerstoff zu versorgen, dass ich, wenn Sie mir glauben, nicht lange daran dachte, mich umzuschauen, um zu sehen, wie das Ding Izzy getroffen hatte Bärmann.

Wenn Sie sich einen liebevollen Vater vorstellen, dessen einziger Sohn ihn mit einem Ziegelstein geschlagen hat, auf den Bauch gesprungen ist und dann mit seinem ganzen Geld davongeflogen ist, haben Sie eine ziemlich gute Vorstellung davon, wie der arme alte Izzy aussah. Er starrte mich quer durch den Raum an, redete mit sich selbst und bewegte seine Hände hin und her. Ob er glaubte, mit mir zu reden, oder ob er die Szene einstudierte, in der er dem Chef mitteilte, dass ein bloßer Fremder mit seinem Love- rly Silver Cup davongekommen war , weiß ich nicht. Was auch immer es war, er war sehr eloquent.

Ich nickte ihm zu, als wollte ich damit sagen, dass in Zukunft alles gut werden würde, und wandte mich dann wieder an Charlie. Er fing an, sich zu erholen.

„Sie hat den Pokal gewonnen!" sagte er mit benommener Stimme und sah mich an, als ob ich etwas dagegen tun könnte.

„Darauf kannst du wetten!"

„Aber – nun, was wissen Sie darüber?"

Ich sah, dass der Moment gekommen war, es ihm direkt zu sagen. „Ich sage dir, was ich darüber weiß", sagte ich. „Wenn du meinen Rat befolgst, schaffst du das Kind direkt zurück zu Ashley – oder dorthin, wo du gesagt hast, dass du die Eingeborenen vergiftest, indem du die falschen Rezepte erfindest –, bevor sie New York in ihren Bann zieht. Als ich oben mit ihr sprach, erzählte sie mir von einem Kerl in ihrem Dorf, der genauso einen Schlag in den Hals bekommen hatte, wie es bei Ihnen oft der Fall ist.'

Er begann. „Sie hat dir von Jack Tyson erzählt?"

„Das war sein Name – Jack Tyson." Er verlor seine Frau, weil er ihr zu viel New York überließ. Findest du es nicht lustig, dass sie ihn hätte erwähnen sollen, wenn sie nicht geahnt hätte, dass sie sich genauso verhalten könnte wie seine Frau?'

Er wurde ganz grün.

„Glauben Sie nicht, dass sie das tun würde?"

„Nun, wenn Sie sie gehört hätten – sie könnte über nichts anderes reden als über diesen Tyson und darüber, was seine Frau ihm angetan hat. Sie sprach irgendwie traurig darüber, irgendwie bedauernd, als ob es ihr leidtäte, aber das Gefühl hatte, dass es so sein musste. Ich konnte sehen, dass sie eine ganze Weile darüber nachgedacht hatte.'

Charlie versteifte sich auf seinem Sitz und begann dann vor purer Angst zu schmelzen. Mit zitternder Hand nahm er sein leeres Glas und trank einen Longdrink daraus. Es bedurfte keiner großen Beobachtung, um zu erkennen, dass er den nötigen Schwung bekommen hatte, den er sich gewünscht hatte, und dass er von nun an ein ganzes Stück weniger unbeschwert und großstädtisch sein würde. So wie er aussah, würde ich sogar sagen, dass er für den Rest seines Lebens mit großstädtischer Unbeschwertheit aufgehört hatte.

„Ich bringe sie morgen nach Hause", sagte er. „Aber – wird sie kommen?"

'Das liegt an dir. Wenn Sie sie überzeugen können – hier ist sie jetzt. „Ich sollte sofort anfangen."

Frau Charlie kam mit der Tasse an den Tisch. Ich fragte mich, was sie als Erstes sagen würde. Wenn es Charlie gewesen wäre, hätte er natürlich gesagt: „Das ist das Leben!" aber ich suchte nach etwas flotterem von ihr. Wenn ich an ihrer Stelle gewesen wäre, wären mir mindestens zehn Dinge eingefallen, die ich hätte sagen können, jedes noch schlimmer als das andere.

Sie setzte sich und stellte die Tasse auf den Tisch. Dann warf sie einen langen Blick auf die Tasse. Dann holte sie tief Luft. Dann sah sie Charlie an.

„Oh, Charlie, mein Lieber", sagte sie, „ich wünschte, ich hätte mit dir getanzt!"

Nun, ich bin mir nicht sicher, ob das nicht genauso gut war wie alles, was ich gesagt hätte. Charlie hat es auf den Punkt gebracht. Nach dem, was ich ihm gesagt hatte, verschwendete er keine Zeit.

„Liebling", sagte er demütig, „du bist ein Wunder!" Was werden sie zu Hause dazu sagen?' Er hielt hier einen Moment inne, denn es erforderte Mut, es auszusprechen; aber dann ging er einfach weiter. „Mary, wie wäre es, wenn wir sofort nach Hause gehen würden – morgen erster Zug – und es ihnen zeigen würden?"

„Oh, Charlie!" Sie sagte.

Sein Gesicht leuchtete auf, als hätte jemand einen Schalter betätigt.

'Du wirst? Du willst nicht weitermachen? Du bist nicht begeistert von New York?'

„Wenn es einen Zug gäbe", sagte sie, „würde ich heute Abend losfahren." Aber ich dachte, du liebst die Stadt so sehr, Charlie?'

Er bekam eine Art Schauder. „Ich möchte es nie wieder in meinem Leben sehen!" er sagte.

„Entschuldigen Sie mich", sagte ich und stand auf, „ich glaube, ein Freund von mir möchte mit mir sprechen."

Und ich ging hinüber zu Izzy, der die letzten fünf Minuten gestanden hatte und mir mit seinen Augenbrauen Zeichen gab.

Als kohärent hätte man Izzy zunächst nicht bezeichnen können. Er hatte sicherlich Probleme mit seinen Stimmbändern , der arme Kerl. Da war einer dieser afrikanischen Entdecker, die oft zu Geisenheimer kamen , wenn er von einer Reise durch die weglose Wüste nach Hause kam, und er erzählte mir von Stämmen, die er getroffen hatte und die überhaupt keine richtigen Worte benutzten, sondern mit ihnen redeten ein anderer in Klicks und Gurgeln. Eines Abends ahmte er einiges von ihrem Geschwätz nach, um mich zu unterhalten, und glauben Sie mir, Izzy Baermann fing jetzt an, dieselbe Sprache zu sprechen. Nur hat er es nicht getan, um mich zu amüsieren.

Er war wie eine dieser Schallplatten, wenn sie richtig in Fahrt kommt.

„Sei ruhig, Isadore", sagte ich. „Irgendetwas beunruhigt dich." Erzähl mir alles darüber.'

Er klickte noch ein wenig, dann holte er es heraus.

„Sag mal, bist du verrückt? Warum hast du es getan? Habe ich es dir nicht so deutlich gesagt, wie ich konnte? Habe ich nicht zwanzig Mal gesagt, als Sie die Karten abgeholt haben, dass Ihre Tickets sechsunddreißig waren?

„Hast du nicht gesagt, dass die meines Freundes sechsunddreißig war?"

'Bist du taub? Ich sagte, ihrs sei zehn.'

„Dann", sagte ich gutmütig, „sag nichts mehr." Der Fehler lag bei mir. Es sieht so aus, als hätte ich sie gemischt."

Er machte ein paar Schwedischübungen.

'Sag nichts mehr? Das ist gut! Das ist großartig! Du hast Nerven. Das werde ich sagen.'

„Es war ein glücklicher Fehler, Izzy. Es hat dir das Leben gerettet. Die Leute hätten dich gelyncht, wenn du mir den Kelch gegeben hättest. Sie waren solide für sie.'

„Was wird der Chef sagen, wenn ich es ihm sage?"

„Egal, was der Chef sagen wird. Hast du keine Romantik in deinem System, Izzy? Schauen Sie sich die beiden an, die dort mit zusammengesteckten Köpfen sitzen. Ist es nicht einen silbernen Kelch wert, sie ein Leben lang glücklich zu machen? Sie sind auf Hochzeitsreise, Isadore. Erzählen Sie dem Chef genau, wie es passiert ist, und sagen Sie, dass ich dachte, es sei an Geisenheimer, ihnen ein Hochzeitsgeschenk zu machen.

Er klickte für einen Zauberspruch.

'Ah!' er sagte. 'Ah! Jetzt hast du es geschafft! Jetzt hast du dich verraten! Das hast du mit Absicht getan. Sie haben diese Tickets absichtlich gemischt. Das dachte ich mir auch. Sag mal, für wen glaubst du, dass du so etwas tust? Wussten Sie nicht, dass professionelle Tänzer drei für zehn Cent bekommen? Ich könnte sofort rausgehen und pfeifen und ein Dutzend Mädchen für deinen Job gewinnen. Der Chef wird Sie entlassen, nur eine Minute nachdem ich es ihm gesagt habe.'

„Nein, das wird er nicht, Izzy, denn ich werde zurücktreten.“

„Das solltest du besser!“

'Das ist was ich denke. Ich habe diesen Ort satt, Izzy. Ich habe das Tanzen satt. Ich habe New York satt. Ich habe alles satt. Ich gehe zurück aufs Land. Ich dachte, ich hätte die Schweine und Hühner aus meinem Körper verbannt, aber das war nicht der Fall. Ich habe es schon lange vermutet, und heute Nacht weiß ich es. Sagen Sie dem Chef in aller Liebe, dass es mir leidtut, aber es musste getan werden. Und wenn er etwas erwidern will, muss er es per Brief tun: Mrs. John Tyson, Rodney, Maine, ist die Adresse.“

DIE HERSTELLUNG VON MAC'S

Mac's Restaurant – niemand nennt es MacFarland's – ist ein Rätsel. Es liegt abseits der ausgetretenen Pfade. Es ist nicht klug. Es wird keine Werbung gemacht. Es kommt einem Orchester nicht näher als ein einzelnes Klavier, und dennoch ist es mit all diesen Gegenstücken ein Erfolg. Vor allem in Theaterkreisen nimmt es eine Position ein, die die weißen Lichter mancher Abendmahlspaläste vor Neid erblassen lassen könnte.

Das ist mysteriös. Sie erwarten nicht, dass Soho auf diese Weise mit Piccadilly konkurriert und es sogar in den Schatten stellt. Und wenn Soho an einem Wettbewerb teilnimmt, herrscht im Hintergrund meist irgendeine Art von Romantik.

Jemand erwähnte mir gegenüber zufällig, dass Henry, der alte Kellner, seit der Gründung von Mac's gewesen sei.

'Mich?' sagte Henry, während einer Flaute am Nachmittag befragt. 'Eher!'

„Können Sie mir dann sagen, was dem Ort den Aufschwung gab, der ihn auf den Weg nach oben brachte? Welche Ursachen waren Ihrer Meinung nach für seinen phänomenalen Wohlstand verantwortlich? Was-'

„Was hat ihm den Aufschwung gegeben? Ist es das, was Sie erreichen wollen?'

'Genau. Was gab ihm den Aufschwung? Können Sie mir sagen?'

'Mich?' sagte Henry. 'Eher!'

Und er erzählte mir dieses Kapitel aus der ungeschriebenen Geschichte Londons, dessen Tag beginnt, wenn die Natur endet.

---

alte Herr MacFarland (*sagte Henry*) gründete das Lokal vor fünfzehn Jahren. Er war Witwer und hatte einen Sohn und eine halbe Tochter. Das heißt, er hatte sie adoptiert. Ihr Name war Katie, und sie war das Kind eines verstorbenen Freundes von ihm. Der Name des Sohnes war Andy. Als ich ihn zum ersten Mal kannte, war er ein kleiner, sommersprossiger Kerl – eines dieser schweigsamen Kinder, die nicht viel sagen und so viel Eigensinn in sich haben, als wären sie Maultiere. Damals habe ich ihm oft einen Schlag auf den Kopf gegeben und ihm gesagt, er solle etwas tun; Und er rannte nicht brüllend zu seinem Vater, wie es die meisten Kinder getan hätten, sondern sagte einfach nichts und tat weiterhin nicht das, was ich ihm gesagt hatte. Das war die Art von Veranlagung, die Andy hatte, und sie gefiel ihm. Als er vom Oxford College zurückkam, als der alte Mann ihn rufen ließ – worüber ich Ihnen gleich erzählen werde –, hatte er einen Kiefer an sich wie der Widder eines Schlachtschiffs. Katie war das Kind für mein Geld. Ich mochte Katie. Wir alle mochten Katie.

Der alte MacFarland hatte zu Beginn zwei große Vorteile. Der eine war Jules und der andere ich. Jules kam aus Paris und war der größte Koch, den man je gesehen hat. Und ich – nun ja, ich war gerade zehn Jahre lang Kellner im Guelph, und ich werde Ihnen nicht verheimlichen, dass ich dem Lokal einen Ton gegeben habe. Glauben Sie mir, ich habe Soho etwas zum Nachdenken gegeben. Nach dem Guelph war es für mich vielleicht ein Abstieg in die Welt, aber ich sagte mir: Wenn man in Soho ein Trinkgeld bekommt, ist es vielleicht nur ein Tuppence , aber man behält es; während im Guelph etwa neunundneunzig Hundertstel davon dazu dienen, einen blühenden Oberkellner in dem Stil zu unterhalten, den er gewohnt ist. Dadurch, dass ich auf dieser Tatsache herumharrte, trennten ich und der Welfe uns. Der Oberkellner beschwerte sich an dem Tag bei der Geschäftsleitung, als ich ihn einen dickköpfigen Vampir nannte.

Nun, was mit mir und was mit Jules, MacFarlands – damals war es noch nicht Macs – kam in Bewegung. Der alte MacFarland, der einen guten Mann erkannte, wenn er einen sah, und der mich immer mehr wie einen Bruder als alles andere behandelte, pflegte zu mir zu sagen: „Henry, wenn das so weitergeht, kann ich den Jungen auf das Oxford College schicken." '; bis er es eines Tages in „Henry, ich werde den Jungen auf das Oxford College schicken" änderte; Und nächstes Jahr ging es tatsächlich los.

Katie war damals sechzehn und hatte gerade als Belohnung den Job als Kassiererin bekommen. Sie wollte etwas tun, um dem alten Mann zu helfen, also setzte er sie auf einen Hochstuhl hinter einen Drahtkäfig mit einem Loch darin, und sie gab den Kunden ihr Wechselgeld. Und lassen Sie mich Ihnen sagen, Herr, dass ein Mann, der nicht zufrieden war, nachdem ich ihm ein von Jules zubereitetes Abendessen serviert hatte und sich dann durch den Drahtkäfig mit Katie unterhalten hatte, über Paradise geschimpft hätte. Denn sie war hübsch, Katie, und sie wurde von Tag zu Tag hübscher. Ich habe mit dem Chef darüber gesprochen. Ich sagte, es würde das Mädchen in Versuchung führen, es sozusagen direkt in die Öffentlichkeit zu bringen. Und er sagte mir, ich solle darauf hoffen. Also habe ich es gehofft.

Katie liebte das Tanzen. Erst später wusste es niemand, aber wie sich herausstellte, besuchte sie die ganze Zeit über eine dieser Schulen. Dorthin ging sie nachmittags, wenn wir alle dachten, sie würde Freundinnen besuchen . Danach kam alles heraus, aber sie hat uns dann getäuscht. Mädchen sind wie Affen, wenn es um Kunst geht. Sie nannte mich Onkel Bill, weil sie sagte, der Name Henry erinnere sie immer an kaltes Hammelfleisch. Wenn es der junge Andy gewesen wäre, der es gesagt hätte , hätte ich ihm eins verpasst;

aber so etwas hat er nie gesagt. Wenn ich darüber nachdenke, hat er nie viel gesagt. Er dachte nur einen Haufen nach, ohne sein Gesicht zu öffnen.

Also ging der junge Andy aufs College, und ich sagte zu ihm: „Nun, du junger Teufel, sei uns eine Ehre, oder ich hole dir einen Clip, wenn du nach Hause kommst." Und Katie sagte: „Oh Andy, ich *werde* dich vermissen." Und Andy sagte nichts zu mir, und er sagte nichts zu Katie, aber er warf ihr einen Blick zu, und später am Tag fand ich sie weinend, und sie sagte, sie hätte Zahnschmerzen, und ich ging hin um die Ecke zur Apotheke und brachte ihr etwas dafür mit.

Mitten in Andys zweitem Studienjahr erlitt der alte Mann den Schlaganfall, der ihn aus dem Geschäft trieb. Er ging darunter zu Boden, als wäre er mit einer Axt geschlagen worden, und der Arzt sagt ihm, dass er sein Bett nie wieder verlassen könne.

Also schickten sie nach Andy, der sein Studium abbrach und nach London zurückkehrte, um sich um das Restaurant zu kümmern.

Das Kind tat mir leid. Ich sagte es ihm auf väterliche Art. Und er sah mich nur an und sagte: „Vielen Dank, Henry."

„Was sein muss, muss sein", sage ich . „Vielleicht ist alles zum Besten." Vielleicht ist es besser, dass du hier bist, als zwischen all diesen jungen Teufeln in deiner Oxford-Schule, die dich in die Irre führen könnten.'

„Wenn Sie weniger an mich und mehr an Ihre Arbeit denken würden, Henry", sagt er, „muss der Herr da drüben vielleicht nicht sechzehnmal nach dem Kellner rufen."

Als ich mir das genauer ansah, stellte ich fest, dass es der Fall war, und er ging weg, ohne mir auch nur ein Trinkgeld zu geben, was zeigt, was man in einer harten Welt verliert, wenn man mitfühlend ist.

Ich muss sagen, dass der junge Andy uns allen sehr schnell gezeigt hat, dass er nicht nur nach Hause gekommen ist, um den Ort zu schmücken. Es gab genau einen Chef im Restaurant, und das war er. Am Anfang fällt es einem etwas schwer, respektvoll gegenüber einem Kind sein zu müssen, dessen Kopf man in der Vergangenheit viele glückliche Stunden damit verbracht hat, zu seinem eigenen Wohl herumzusitzen; Aber er zeigte mir ziemlich bald, dass ich es schaffen könnte, wenn ich es versuchte, und ich habe es geschafft. Was Jules und die beiden jungen Kerle betraf, die man wegen der Ausweitung des Geschäfts eingestellt hatte, um mir zu helfen, würden sie durch Reifen springen und sich umdrehen, wenn er sie nur ansah. Er war ein Junge, der seinen eigenen Weg mochte, er war Andy, und glauben Sie mir, im MacFarland's Restaurant hat er ihn verstanden.

Und als es dann wieder ruhiger lief, nahm Katie das Gebiss in die Zähne.

Sie tat es ganz still und unerwartet eines Nachmittags, als nur ich, sie und Andy im Ort waren. Und ich glaube, keiner von ihnen wusste, dass ich da war, denn ich saß ganz hinten auf einem Stuhl und las eine Abendzeitung.

Sie sagte ziemlich leise: „Oh, Andy.“

„Ja, Liebling“, sagte er.

Und das war das erste Mal, dass ich wusste, dass etwas zwischen ihnen war.

„Andy, ich muss dir etwas sagen.“

'Was ist es?'

Sie zögerte irgendwie.

„Andy, mein Lieber, ich werde im Restaurant nicht mehr helfen können.“

Er sah sie irgendwie überrascht an.

'Wie meinst du das?'

„Ich – ich gehe auf die Bühne.“

Ich legte meine Arbeit nieder. Wie meinst du das? Habe ich zugehört? Natürlich habe ich zugehört. Für wen hältst du mich?

Von meinem Platz aus konnte ich das Gesicht des jungen Andy sehen, und ich brauchte nicht mehr, um mir zu sagen, dass es Ärger geben würde. Sein Kiefer war völlig ausgestreckt. Ich habe vergessen, Ihnen zu sagen, dass der alte Mann, der arme alte Kerl, vielleicht sechs Monate zuvor gestorben war, sodass Andy jetzt der wahre Boss war und nicht nur der amtierende Boss; Und außerdem war er in der Natur der Sache sozusagen Katies Vormund, der die Macht hatte, ihr zu sagen, was sie tun konnte und was nicht. Und ich hatte das Gefühl, dass Katie mit diesem Bühnengeschäft, das sie ihm auftrug, keinen reibungslosen Ablauf haben würde. Andy hielt es nicht mit der Bühne – jedenfalls nicht mit irgendeinem Mädchen, mit dem er gern auf der Bühne stand. Und wenn Andy etwas nicht gefiel, sagte er es.

Er sagte es jetzt.

„So etwas wirst du nicht tun.“

„Sei nicht so schrecklich, Andy, mein Lieber. Ich habe eine große Chance. Warum solltest du darüber schrecklich sein?'

„Ich werde nicht darüber streiten. Du gehst nicht.'

„Aber es ist so eine große Chance.“ Und ich arbeite seit Jahren dafür.“

„Wie meinst du es, dafür zu arbeiten?“

Und dann kam heraus, dass es diese Tanzschule gab, die sie regelmäßig besuchte.

Als sie damit fertig war, ihm davon zu erzählen, schob er seinen Kiefer nur noch einen Zentimeter vor.

„Du gehst nicht auf die Bühne."

„Aber es ist so eine Chance." „Ich habe Herrn Mandelbaum gestern gesehen, und er hat mich tanzen sehen, und er war sehr zufrieden und sagte, er würde mir einen Solotanz für dieses neue Stück geben, das er aufführt."

„Du gehst nicht auf die Bühne."

Ich sage immer: Taktgefühl ist unschlagbar. Wenn Sie geschmeidig und taktvoll sind, können Sie die Leute dazu bringen, alles zu tun, was Sie wollen; Aber wenn du ihnen einfach nur die Kinnlade entgegenschiebst und sie herumkommandierst, dann werden sie dir den Rücken stärken und dich verarschen. Ich kannte Katie gut genug, um zu wissen, dass sie alles für Andy tun würde, wenn er sie richtig darum bitten würde; aber so etwas würde sie nicht ertragen. Aber einem Kerl wie dem jungen Andy könnte man das nicht mit einem Dampfhammer in den Kopf treiben.

Sie brauste schnell auf, als könnte sie sich nicht länger zurückhalten.

„Das bin ich auf jeden Fall", sagte sie.

'Du weißt was das bedeutet?'

'Was bedeutet das?'

„Das Ende von – allem."

Sie blinzelte, als hätte er sie geschlagen, dann reckte sie den Kopf.

„Sehr gut", sagt sie. 'Auf Wiedersehen.'

„Auf Wiedersehen", sagt Andy, das dickköpfige junge Maultier; und sie geht in eine Richtung hinaus und er geht in eine andere Richtung hinaus.

Im Allgemeinen verfolge ich das Drama nicht besonders, aber da es nun sozusagen in der Familie lag, habe ich nach den Zeitungsnotizen über „The Rose Girl", wie es hieß, Ausschau gehalten das Stück, in dem Herr Mandelbaum Katie einen Solotanz aufführen ließ; und während einige von ihnen heftig über das Stück fluchten, gaben alle Katie ein nettes Wort. Ein Kerl sagte, sie sei am Morgen danach wie kaltes Wasser gewesen, was von einem Zeitungsmann ein großes Lob ist.

Daran gab es keinen Zweifel. Sie war ein Erfolg. Sie sehen, sie war etwas Neues, und London bleibt immer wach und nimmt es zur Kenntnis, wenn man es so ansieht.

Es gab Bilder von ihr in den Zeitungen, und eines Abends veröffentlichte die Zeitung einen von ihr signierten Artikel über „Wie ich meine Jugend bewahre". Ich habe es ausgeschnitten und Andy gezeigt.

Er warf einen Blick darauf. Dann warf er mir einen Blick zu und sein Blick gefiel mir nicht.

'Also?' er sagt.

„Verzeihung", sage ich .

'Was ist damit?' er sagt.

„Ich weiß es nicht", sage ich.

„Mach dich wieder an die Arbeit", sagt er.

Also bin ich zurückgekommen.

Es war dieselbe Nacht, in der das seltsame Ding passierte.

Wir waren damals bei MacFarland's in der Regel nicht in der Schlange zum Abendessen, aber wir blieben natürlich offen, für den Fall, dass Soho auf die Idee kommen sollte, sich vor dem Schlafengehen ein Welsh- Kaninchen zu gönnen; So waren alle Mann an Deck, bereit für den Anruf, falls er kommen sollte, um halb elf an diesem Abend; aber wir waren nicht das, was man als zuversichtlich bezeichnen würde.

Nun, genau zur halben Stunde fährt ein Taxi vor und eine Gruppe von vier Personen kommt herein. Da war eine Verrückte, noch eine Verrückte, ein Mädchen und noch ein Mädchen. Und das zweite Mädchen war Katie.

„Hallo, Onkel Bill!" Sie sagt.

„Guten Abend, meine Dame", sage ich würdevoll, da ich im Dienst bin.

„Oh, hör auf, Onkel Bill", sagt sie. 'Sag Hallo!" zu einem Freund und lächle hübsch, oder ich erzähle ihnen von der Zeit, als du in der Weißen Stadt warst.

Nun, es gibt ein paar vergangene Dinge, die man am besten hinter sich lassen sollte, und die Nacht in der Weißen Stadt, auf die sie anspielte, war eine davon. Ich behaupte immer noch, und ich werde immer behaupten, dass der Polizist kein Recht dazu hatte – aber es ist eine Geschichte, die Sie nicht interessieren würde. Und außerdem war ich froh, Katie wiederzusehen, also lächle ich sie an.

„Nicht so viel davon", sage ich . „Nicht so viel davon." „Ich freue mich, dich zu sehen, Katie."

'Drei mal hurra! Jimmy, ich möchte dir meinen Freund vorstellen, Onkel Bill. Ted, das ist Onkel Bill. Violet, das ist Onkel Bill.'

Es war nicht meine Aufgabe, ihr eins auf die Seite des Kopfes zu holen, aber ich hätte es gerne getan; denn sie benahm sich, als hätte sie sich noch nie so verhalten, als ich sie kannte – ganz zäh und mutig. Dann wurde mir klar, dass sie nervös war. Und natürlich könnte es jeden Moment passieren, dass der junge Andy auftaucht.

Und tatsächlich tauchte er in diesem Moment aus dem Hinterzimmer auf. Katie sah ihn an, und er sah Katie an, und ich sah, wie sein Gesicht irgendwie hart wurde; aber er sagte kein Wort. Und bald darauf ging er wieder hinaus.

Ich hörte, wie Katie tief atmete.

„Er sieht gut aus, Onkel Bill, nicht wahr ?" sagt sie zu mir, ganz leise.

„Ganz schön", sage ich . „Nun, Junge, ich habe die Artikel in der Zeitung gelesen. Du hast sie umgehauen .

„Ah, nicht wahr, Bill", sagt sie, als würde ich ihr wehtun. Und ich wollte nur das Zivile sagen. Mädchen sind Rum.

Als die Gruppe ihre Rechnung bezahlt und mir ein Trinkgeld gegeben hatte, das mich denken ließ, ich wäre wieder im Guelph – nur dass kein Dick Turpin von einem Oberkellner für seinen Anteil bereitstand –, haben sie es gelassen. Aber Katie hielt sich zurück und redete mit mir.

„Er *sah* gut aus, nicht wahr, Onkel Bill?"

'Eher!'

„Spricht – spricht er jemals von mir?"

„Ich habe ihn nicht gehört."

„Ich nehme an, er ist immer noch ziemlich wütend auf mich, nicht wahr, Onkel Bill?" Sind Sie sicher, dass Sie ihn noch nie von mir sprechen gehört haben?'

Um sie aufzumuntern, erzähle ich ihr von dem Artikel in der Zeitung, den ich ihm gezeigt habe; aber es schien sie nicht aufzumuntern. Und sie geht raus.

Gleich am nächsten Abend kam sie wieder zum Abendessen, aber mit anderen Nüssen und anderen Mädchen. Diesmal waren es sechs, wenn man sie mitzählte. Und kaum hatten sie sich an ihren Tisch gesetzt, als die Kerle, die sie Jimmy und Ted genannt hatte, mit zwei Mädchen hereinkamen. Und sie saßen da, aßen ihr Abendessen und hätschelten einander über den Boden, alle so freundlich und gesellig, wie Sie wollten.

„Ich sage, Katie", hörte ich einen der Verrückten sagen, „du hattest Recht." Er ist den Eintrittspreis wert.'

Ich weiß nicht, wen sie meinten, aber sie lachten alle. Und hin und wieder hörte ich, wie sie das Essen lobten, was mich nicht wunderte, denn Jules hatte sich auf jeden Fall stolz gemacht. Diese Franzosen sind voller künstlerischem Temperament. In dem Moment, als ich ihm sagte, dass wir sozusagen Gesellschaft hatten, blühte er auf wie eine Blume, wenn man sie ins Wasser stellt.

„Ah, sehen Sie, endlich!" sagt er und versucht mich zu packen und zu küssen. „Unser Ruhm ist in die Welt hinausgegangen, was ihn amüsiert, nicht wahr?" Für ein gutes Abendessen habe ich immer gebetet, und er ist angekommen.'

Nun, es sah tatsächlich so aus, als hätte er recht. Zehn hochkarätige Abendessengäste an einem Abend waren für MacFarland's eine ziemlich heiße Sache. Ich muss sagen, dass ich selbst aufgeregt war. Ich kann nicht leugnen, dass ich den Guelph manchmal vermisst habe.

Am fünften Abend, als der Laden ziemlich voll war und nach Oddy's oder Romano's aussah, und ich und die beiden jungen Kerle, die mir halfen, im Doppelpack arbeiteten, wurde mir plötzlich klar, und ich ging zu Katie und beugte mich vor Während sie sehr respektvoll mit einer Flasche umgeht, flüstere ich: „Heißes Zeug, Junge." „Das ist ein toller Boom, den Sie für den alten Ort machen." Und als sie mich anlächelte, sah ich, dass ich richtig geraten hatte.

Andy hing herum und behielt die Dinge im Auge, wie er es immer tat, und als ich vorbeikam, sagte ich zu ihm: „Sie macht uns stolz, sie baut das alte Haus auf, nicht wahr?" Und er sagt: „Mach weiter mit deiner Arbeit." Und ich stieg ein.

Als Katie auf dem Weg nach draußen war, blieb sie an der Tür stehen und redete mit mir.

„Hat er etwas über mich gesagt, Onkel Bill?"

„Kein Wort", sage ich .

Und sie geht raus.

Sie haben wahrscheinlich bemerkt, dass es in London keine Schafherde mit den Nüssen gibt, sondern dass sie alle auf den Fersen des anderen zum Abendessen marschieren. In einem Monat gehen sie alle an einen Ort, im nächsten Monat an einen anderen. Jemand, der gerade drängt, schreit, dass er einen neuen Ort gefunden hat, und alle machen sich auf den Weg, um es auszuprobieren. Das Problem bei den meisten Lokalen ist, dass sie, sobald sie den Brauch haben , glauben, dass er auch weiterhin kommen wird, und dass sie sich nur zurücklehnen und zusehen müssen, wie er kommt. Die Popularität kommt durch die Tür, und gutes Essen und guter Service fliegen durch das Fenster hinaus. Bei MacFarland's würden wir davon nichts bekommen. Auch wenn Andy beim ersten Anzeichen von Nachlässigkeit nicht wie eine halbe Tonne zu Boden gegangen wäre, mussten Jules und ich beide unseren beruflichen Ruf aufrechterhalten. Ich gab mir keine Miene, als ich sah, wie die Dinge auf uns zukamen. Ich arbeitete umso härter und sorgte dafür, dass die vier jungen Leute unter mir – es waren jetzt vier – keine Zeit verloren, die Befehle zu holen.

Die Konsequenz war, dass der Unterschied zwischen uns und den meisten beliebten Restaurants darin bestand, dass wir unsere Popularität bewahrten. Wir haben sie gut ernährt und ihnen gut gedient; Und sobald das Ding einmal ins Rollen gekommen war, hörte es nicht mehr auf. Wenn man es so betrachtet, ist Soho gar nicht so weit vom Zentrum des Geschehens entfernt, und ihnen machte der zusätzliche Schritt nichts aus, da sie sahen, dass am Ende etwas Gutes dabei war. So erlangten wir unsere Popularität, und wir behielten unsere Popularität; und wir haben es bis heute. So ist MacFarland's zu dem geworden, was es ist, Herr.

Mit der Miene von jemandem, der eine umfassende Geschichte erzählt hat, hielt Henry inne und bemerkte, dass es wunderbar sei, wie Mr. Woodward aus Chelsea sein Können trotz seiner fortgeschrittenen Jahre bewahrt habe.

Ich starrte ihn an.

„Aber, Himmel, Mann!" Ich weinte: „Du denkst doch sicher nicht, dass du fertig bist?" Was ist mit Katie und Andy? Was ist mit Ihnen passiert? Sind sie jemals wieder zusammengekommen?'

„Oh, ah", sagte Henry, „ich habe es vergessen!"

Und er fuhr fort.

Mit der Zeit habe ich den jungen Andy langsam satt. Er verdiente so schnell wie möglich ein Vermögen mit dem plötzlichen Aufschwung des Abendmahlsbrauchs, und er wusste ganz genau, dass es ohne Katie überhaupt keinen Abendmahlsbrauch gegeben hätte ; und man hätte gedacht, dass jeder, der behauptet, ein Mensch zu sein, die Dankbarkeit gehabt hätte , zu vergeben und zu vergessen und zu Katie zu gehen und ein höfliches

Wort zu sagen, wenn sie hereinkam. Aber nein, er blieb nur herum und sah völlig schwarz aus ihnen; Und eines Nachts geht er hin und tut es ziemlich genau.

Der Laden war an diesem Abend voll, und Katie war da und spielte Klavier, und alle amüsierten sich, als der junge Kerl am Klavier die Melodie anstimmte, zu der Katie in der Show tanzte. Das war ein eingängiger Song. „Lum-tum-tum, tiddle- tiddle -um." So ähnlich ging es. Nun, der junge Bursche machte sich daran, und alle begannen zu klatschen und auf die Tische zu hämmern und Katie zuzurufen, sie solle aufstehen und tanzen; was sie tat, in einem offenen Raum in der Mitte, und sie hatte kaum angefangen, als der junge Andy vorbeikam.

Er geht mit ganzer Kinnlade auf sie zu, und ich habe auf dem Tisch neben ihnen etwas gesehen , das abgestaubt werden wollte , also bin ich hingegangen und habe angefangen, es abzustauben, und zum Glück habe ich zufällig alles gehört.

Ganz leise sagt er zu ihr: „Das kannst du hier nicht machen." Was denkst du ist dieser Ort?'

Und sie sagt zu ihm: „Oh, Andy!"

„Ich bin Ihnen sehr dankbar", sagt er, „für all die Mühe, die Sie sich zu machen scheinen, aber das ist nicht nötig." MacFarland ist sehr gut zurechtgekommen, bevor Sie Ihre gut gemeinten Bemühungen, daraus einen Bärengarten zu machen, gemacht haben.'

Und er prägt das Geld aus dem Abendmahlsbrauch! Manchmal denke ich, dass Gratitood der Vergangenheit angehört und dass diese Welt nicht für eine Klapperschlange mit Selbstachtung geeignet ist.

'Andy!' Sie sagt.

'Das ist alles. Darüber brauchen wir nicht zu streiten. Wenn Sie hierher kommen und zu Abend essen möchten, kann ich Sie nicht davon abhalten. Aber ich werde den Ort nicht in einen Nachtclub verwandeln lassen.'

Ich weiß nicht, wann ich so etwas gehört habe. Wenn ich nicht den Mut gehabt hätte, hätte ich ihm einen Blick zugeworfen .

Katie sagte kein weiteres Wort, sondern ging einfach zu ihrem Tisch zurück.

Aber die Episode war, wie man sagt, nicht zu Ende . Sobald die Gruppe, mit der sie zusammen war, merkte, dass sie mit dem Tanzen fertig war, begann es zu streiten; und eine junge Nuss mit einer Stirnlänge von etwa anderthalb Zoll und ebenso viel Kinn hat es ganz besonders in die Höhe getrieben.

„Nein, sage ich! Ich sage: „Weißt du!" schrie er. „Das ist schade, wissen Sie. Zugabe! Hör nicht auf. Zugabe!'

Andy geht auf ihn zu.

„Ich muss Sie bitten, nicht so viel Lärm zu machen", sagt er sehr respektvoll. „Sie stören die Leute."

„Verdammt verstörend!" Warum sollte sie nicht –"

'Einen Moment. Du kannst draußen auf der Straße so viel Lärm machen, wie du willst, aber solange du hier bleibst, wirst du ruhig sein. Verstehst du?'

Nach oben springt die Nuss. Er hatte genug getrunken. Ich weiß es, weil ich ihm gedient habe.

„Wer zum Teufel bist du?" er sagt.

„Setz dich", sagt Andy.

Und der junge Kerl bekam einen Schlag auf ihn. Und im nächsten Moment packte Andy ihn am Kragen und warf ihn auf eine Weise raus, die einem echten Profi in Whitechapel Ehre gemacht hätte. Er hat ihn so ordentlich wie möglich auf den Bürgersteig geworfen.

Das hat die Party zerbrochen.

Bei Restaurants kann man das nie sagen. Was einen tötet, macht einen anderen. Ich habe keinen Zweifel daran, dass es das Ende der Sache gewesen wäre, wenn wir einen guten Kunden aus dem Guelph rausgeschmissen hätten. Aber es schien nur MacFarland zu helfen. Ich schätze, es hat dem Ort genau das gewisse Etwas verliehen, das die Verrückten glauben ließ, dass es sich hier um echtes Böhmen handelte. Wenn man darüber nachdenkt, verleiht es einem Ort durchaus einen gewissen Charme, wenn man das Gefühl hat, dass der Kerl am Nebentisch jeden Moment an der schlaffen Hose hochgerissen und auf die Straße geschleudert werden könnte.

Jedenfalls schien unser Abendmahlsbrauch es so zu sehen; und danach musste man vorher einen Tisch reservieren, wenn man bei uns essen wollte. Sie strömten regelrecht dorthin.

Aber Katie tat es nicht. Sie flog nicht. Sie blieb weg. Und kein Wunder, nachdem Andy sich so schlecht benommen hat. Ich hätte mit ihm darüber gesprochen, aber er war nicht der Typ, mit dem man über Dinge spricht.

Eines Tages sage ich zu ihm, um ihn aufzuheitern: „Was kostet dieses Restaurant jetzt, Mr. Andy?"

„Verfluche das Restaurant", sagt er.

Und er mit all dem Abendmahlsbrauch! Es ist eine Rumwelt!

Herr, hatten Sie jemals einen echten Schock – etwas, das aus dem Nichts kam und Sie einfach umgehauen hat? Das habe ich, und ich werde Ihnen davon erzählen.

Wenn ein Mann in meinem Alter ist und einen Job hat, der ihn beschäftigt, bis es Zeit für ihn ist, ins Bett zu gehen, gewöhnt er sich an, sich nicht viel um alles zu kümmern, was ihm nicht direkt unter die Nase gehalten wird . Deshalb war mir Katie inzwischen irgendwie entfallen. Es war nicht so, dass ich das Kind nicht mochte, aber ich hatte so viel zu bedenken, weil ich vier junge Kerle unter mir hatte und es im Restaurant so geschäftig zuging, wenn ich an sie dachte Ich ging einfach davon aus, dass es ihr gut ging, und kümmerte mich nicht darum. Natürlich hatten wir seit der Nacht, als Andy ihren Kumpel mit der kleinen Größe an der Stirn herumhüpfte, bei MacFarland's nichts mehr von ihr gesehen, aber das machte mir keine Sorgen. Wenn ich sie gewesen wäre, wäre ich genauso stehengeblieben wie sie, da der junge Andy immer noch seinen Buckel hatte. Ich ging, wie ich Ihnen sage, davon aus, dass es ihr gut ging, und dass der Grund dafür, dass wir nichts von ihr gesehen haben, darin bestand, dass sie ihre Schirmherrschaft woanders hinnahm.

Und dann, eines Abends, der zufällig mein freier Abend war, bekam ich einen Brief, und zehn Minuten nachdem ich ihn gelesen hatte , war ich platt.

Wenn man in meinem Alter ist, kann man an das Schicksal glauben, und das Schicksal hatte bei diesem Spiel sicherlich seine Hand im Spiel. Wenn es nicht mein freier Abend gewesen wäre, wäre ich, weil ich im Dienst war, erst um ein Uhr morgens oder darüber hinaus nach Hause gekommen. Da es sich jedoch um meinen freien Abend handelte, war ich um halb acht zurück.

Ich wohnte in derselben Pension in Bloomsbury, in der ich die letzten zehn Jahre gelebt hatte, und als ich dort ankam , fand ich ihren Brief halb unter meiner Tür geschoben.

Ich kann Ihnen jedes Wort davon erzählen. So lief es:

Liebling Onkel Bill,

Seien Sie nicht zu traurig, wenn Sie das lesen. Es ist niemandes Schuld,

Aber ich habe einfach alles satt und möchte alles beenden. Du

waren mir immer so lieb, dass ich möchte, dass du gut zu mir bist

ich jetzt. Ich möchte nicht, dass Andy die Wahrheit erfährt, also möchte

ich dich

um es so aussehen zu lassen, als ob es ganz natürlich passiert wäre. Du wirst dies tun

für mich, nicht wahr? Es wird ganz einfach sein. Wenn Sie das bekommen,

Es wird eins sein, und alles wird vorbei sein, und du kannst einfach hochkommen

und öffne das Fenster und lass das Gas raus und dann wird es jeder tun

Ich glaube, ich bin einfach eines natürlichen Todes gestorben. Es wird ganz einfach sein. Ich verlasse

Die Tür wurde aufgeschlossen, damit Sie hineinkommen können. Ich bin gerade im Zimmer

über deinem. Ich habe es gestern mitgenommen, um in deiner Nähe zu sein. Auf Wiedersehen,

Onkel Bill. Du wirst es für mich tun, nicht wahr? Ich möchte nicht, dass Andy das tut

weiß, was es wirklich war.

KATIE

Das war's, Herr, und ich sage Ihnen, es hat mich umgehauen. Und dann kam mir irgendwie eine neue Idee, dass ich am besten bald etwas tun sollte, und ich ging schnell die Treppe hinauf.

Da lag sie mit geschlossenen Augen auf dem Bett und die Blähungen begannen sich zu verschlimmern.

Als ich eintrat, sprang sie auf und starrte mich an. Ich ging zum Wasserhahn, stellte den Durchfluss ab und schaue sie dann an.

„Na dann", sage ich .

'Wie bist du hier her gekommen?'

„Egal, wie ich hierhergekommen bin. Was hast du zu deiner eigenen Meinung zu sagen?'

Sie fing einfach an zu weinen, genau wie damals, als sie ein Kind war und jemand ihr wehgetan hatte.

„Hier", sage ich , „lasst uns hier rausgehen und dorthin gehen, wo es etwas Luft zum Atmen gibt." Nehmen Sie das nicht an. „Du kommst raus und erzählst mir alles darüber."

Sie wollte zu mir gehen, und plötzlich sah ich, dass sie hinkte. Also führte ich sie in mein Zimmer und setzte sie auf einen Stuhl.

„Na dann", sage ich noch einmal.

„Sei mir nicht böse, Onkel Bill", sagt sie.

Und sie sieht mich so mitleiderregend an, dass ich auf sie zugehe , meinen Arm um sie lege und ihr auf die Schulter klopfe.

„Mach dir keine Sorgen, mein Lieber", sage ich , „niemand wird dir böse sein." Aber um Himmels willen", sage ich , „sagen Sie einem Mann, warum Sie im Namen der Güte jemals so dumm gehandelt haben."

„Ich wollte alles beenden."

'Aber warum?'

Sie brach wieder in Weinen aus, wie ein Kind.

„Hast du nicht in der Zeitung davon gelesen, Onkel Bill?"

„Was steht in der Zeitung?"

„Mein Unfall. Ich habe mir vor langer Zeit bei der Probe den Knöchel gebrochen, als ich meinen neuen Tanz geübt habe . Die Ärzte sagen, dass es nie wieder gut werden wird. Ich werde nie mehr tanzen können. Ich werde immer hinken. Ich werde nicht einmal mehr richtig laufen können. Und als ich daran dachte ... und Andy ... und alles ... ich ...'

Ich stand auf.

„Na ja, na ja", sage ich . 'Gut gut gut! Ich weiß es nicht, denn ich gebe dir die Schuld. Aber tu es nicht. Es ist ein Scherzspiel. Schau mal, wenn ich dich eine halbe Stunde allein lasse, wirst du es dann nicht noch einmal anprobieren? Versprechen.'

„Sehr gut, Onkel Bill. Wo gehst du hin?'

„Oh, gerade raus. Ich werde bald zurück sein. „Du sitzt da und ruhst dich aus."

Mit dem Taxi brauchte ich keine zehn Minuten, um zum Restaurant zu gelangen. Ich fand Andy im Hinterzimmer.

„Was ist los, Henry?" er sagt.

„Schauen Sie sich das an", sage ich .

Es besteht immer dieses Risiko, Herr, wenn man der Andy-Typ ist, der seinen eigenen Willen durchsetzen muss und dann geradeaus geht und ihn durchsetzt; und das bedeutet, dass, wenn ihm Ärger widerfährt, er schnell kommt. Mir kommt es manchmal so vor, als ob wir alle in diesem Leben früher oder später Schwierigkeiten haben müssen, und einige von uns bekommen sie nach und nach, sozusagen dünn gestreut, und ein paar von uns bekommen sie in einem Klumpen – *Biff* ! Und genau das ist Andy passiert, und ich wusste, dass es passieren würde, als ich ihm diesen Brief zeigte. Ich sage fast zu ihm: „Machen Sie sich bereit, junger Mann, denn hier bekommen Sie es hin."

Ich gehe nicht oft ins Theater, aber wenn, dann mag ich eines dieser Stücke mit etwas Ingwer darin, über die die Zeitungen normalerweise schimpfen. In den Zeitungen heißt es, dass echte Menschen nicht so weitermachen. Glauben Sie mir, Herr, das tun sie. Ich sah einmal einen Kerl auf der Bühne, der einen Brief las, der ihm nicht nur gefiel; und er keuchte und verdrehte die Augen und versuchte etwas zu sagen, konnte es aber nicht und musste sich an einem Stuhl festhalten, um nicht zu fallen. In der Zeitung stand, dass das alles falsch sei und dass er ihnen im wirklichen Leben nichts getan hätte . Glauben Sie mir, das Papier war falsch. Es gab nichts, was der Kerl tat, was Andy nicht tat, als er diesen Brief las.

'Gott!' er sagt. „Ist sie ... Sie ist nicht ... Warst du rechtzeitig?" er sagt.

Und er schaut mich an und ich habe gesehen , dass er es in den Nacken bekommen hat, genau richtig.

„Wenn du meinst , ist sie tot", sage ich, „nein, sie ist nicht tot."

'Gott sei Dank!'

„Noch nicht", sage ich .

Und im nächsten Moment verließen wir den Raum, stiegen ins Taxi und machten uns schnell auf den Weg.

Er war nie ein großer Redner, nicht Andy, und er unterhielt sich nicht in diesem Taxi. Er sagte kein Wort, bis wir die Treppe hinaufgingen .

'Wo?' er sagt.

„Hier", sage ich .

Und ich öffne die Tür.

Katie stand da und schaute aus dem Fenster. Sie drehte sich um, als sich die Tür öffnete, und dann sah sie Andy. Ihre Lippen öffneten sich, als wollte sie etwas sagen, aber sie sagte nichts. Und Andy, er hat auch nichts gesagt. Er hat nur geschaut, und sie hat nur geschaut.

Und dann stolpert er durch den Raum, geht auf die Knie und legt seine Arme um sie.

„Oh, mein Kind", sagt er.

Und ich merkte, dass ich nicht erwünscht war, also schloss ich die Tür und sprang hinein. Ich ging und sah mir die letzte Hälfte eines Musiksaals an. Aber ich weiß nicht, es hat mich irgendwie nicht fasziniert. Man muss sich darauf konzentrieren, um gute Varieté-Turniere zu schätzen.

EIN HAUCH NATUR

Die Gefühle von Herrn J. Wilmot Birdsey , als er eingekeilt in der Menge stand, die sich Zentimeter für Zentimeter auf die Tore des Chelsea Football Ground zubewegte, ähnelten eher denen eines hungernden Mannes, der gerade eine Mahlzeit bekommen hat, aber merkt, dass er keine bekommt Wahrscheinlich werde ich für viele Tage noch eins bekommen. Er war satt und glücklich. Er sprudelte vor Lebensfreude und einer herzlichen Zuneigung zu seinen Mitmenschen. In seinem Hinterkopf lauerte der schwarze Schatten zukünftiger Entbehrungen, aber im Moment ließ er sich davon nicht stören. An diesem verrücktesten und fröhlichsten Tag im ganzen frohen neuen Jahr war er zufrieden damit, in der Gegenwart zu schwelgen und der Zukunft zu erlauben, sich von selbst zu regeln.

Herr Birdsey hatte etwas getan, was er seit seiner Abreise aus New York vor fünf Jahren nicht mehr getan hatte. Er hatte sich ein Baseballspiel angesehen.

New York verlor einen großen Baseballfan, als Hugo Percy de Wynter Framlinghame , sechster Earl of Carricksteed , Mae Elinor heiratete, die einzige Tochter von Herrn und Frau J. Wilmot Birdsey aus East Seventy-Third Street; denn kaum hatte dieses international bedeutsame Ereignis stattgefunden, als Mrs Birdsey kündigte an, dass das Zuhause in Zukunft so nah wie möglich an der lieben Mae und dem lieben Hugo in England liegen würde, hob J. Wilmot aus seinem bequemen Morris- Stuhl, als wäre er eine Muschel gewesen, versperrte ihn in ein schnelles Taxi, und dekantierte ihn in eine Kabine auf Deck B der *Olympic* . Und da war er, ein Verbannter.

Herr Birdsey ertrug die schlimmste Entführung seit den Tagen der alten Pressebande mit jener entzückenden Liebenswürdigkeit, die ihn bei seinen Kameraden so beliebt und in seinem Zuhause zu einem Inbegriff machte. Zu Beginn seiner Ehe war seine Position klar definiert worden, ohne dass ein Fehler möglich war. Es war seine Aufgabe, Geld zu verdienen und, wenn er dazu aufgefordert wurde, auf Geheiß seiner Frau und seiner Tochter Mae durch die Reifen zu springen und sich tot zu stellen. Diese Aufgaben erfüllte er zwanzig Jahre lang gewissenhaft.

Nur gelegentlich störte ihn seine bescheidene Rolle, denn er liebte seine Frau und vergötterte seine Tochter. Die internationale Allianz war einer dieser Anlässe. Er hatte keine Einwände gegen Hugo Percy, den sechsten Earl of Carricksteed . Der vernichtende Schlag war die Verbannungsstrafe gewesen. Er liebte Baseball mit einer Liebe, die die Liebe der Frauen übertraf, und die Aussicht, nie wieder in seinem Leben ein Spiel zu sehen, entsetzte ihn.

Und dann, eines Morgens, kam wie eine Stimme aus einer anderen Welt die Nachricht, dass die White Sox und die Giants in London auf dem Chelsea Football Ground eine Ausstellung geben würden. Er hatte die Tage vor Weihnachten gezählt wie ein Kind.

Es waren Hindernisse zu überwinden gewesen, bevor er dem Spiel beiwohnen konnte, aber er hatte sie überwunden und hatte in der ersten Reihe gesessen, als sich die beiden Teams vor King George aufstellten.

Und nun bewegte er sich zusammen mit den anderen Zuschauern langsam vom Boden weg. Das Schicksal war sehr gut zu ihm gewesen. Es hatte ihm ein großartiges Spiel beschert, sogar bis zu zwei Homeruns. Aber die Krönung seiner Güte bestand darin, dass er die Sitze auf beiden Seiten von ihm zwei Männern seines Könnens zugeteilt hatte, zwei gottähnlichen Wesen, die jede Bewegung auf dem Spielbrett kannten und wie Wölfe heulten, wenn sie nicht einer Meinung waren Schiedsrichter. Lange vor dem neunten Inning empfand er ihnen gegenüber die Zuneigung eines Schiffbrüchigen, der auf einer einsamen Insel zwei Jugendfreunde trifft.

Tor zubewegte, bemerkte er diese beiden Männer, einen auf beiden Seiten von ihm. Er sah sie liebevoll an und versuchte zu entscheiden, welches davon ihm am besten gefiel. Es war traurig, daran zu denken, dass sie bald wieder für immer aus seinem Leben verschwinden müssten.

Er kam zu einem plötzlichen Entschluss. Er würde den Abschied verschieben. Er würde sie zum Abendessen einladen. Um das Beste, was das Savoy Hotel bieten konnte, würden sie den Kampf des Nachmittags noch einmal ausfechten. Er wusste nicht, wer sie waren oder irgendetwas über sie, aber was spielte das für eine Rolle? Sie waren Bruder-Fans. Das reichte ihm.

Der Mann zu seiner Rechten war jung, glattrasiert und hatte ein etwas geierhaftes Gesicht. Sein Gesicht war jetzt kalt und teilnahmslos, fast beängstigend; Aber nur eine halbe Stunde zuvor war es ein Schlachtfeld widersprüchlicher Gefühle gewesen, und sein Hut zeigte immer noch die Delle, wo er ihn anlässlich von Mr. Dalys Homerun gegen die Kante seines Sitzes geschlagen hatte. Ein würdiger Gast!

Der Mann auf Mr Birdseys Linker gehörte einer anderen Fächerart an. Obwohl er während des Spiels manchmal geheult hatte, hatte er die meiste Zeit schweigend zugesehen und war so hungrig und angespannt, dass ein weniger erfahrener Beobachter als Mr Birdsey könnte seine Unbeweglichkeit auf Langeweile zurückgeführt haben. Aber ein Blick auf seinen festen Kiefer und seine leuchtenden Augen verrieten ihm, dass auch hier ein Mann und ein Bruder waren.

Die Augen dieses Mannes leuchteten immer noch, und unter ihrer seltsam tiefen Bräune waren seine bärtigen Wangen blass. Er starrte mit blindem Blick direkt vor sich hin.

Herr Birdsey tippte dem jungen Mann auf die Schulter.

„Ein Spiel!" er sagte.

Der junge Mann sah ihn an und lächelte.

„Das können Sie wetten", sagte er.

„Ich habe seit fünf Jahren kein Ballspiel mehr gesehen."

„Das letzte, das ich gesehen habe, war vor zwei Jahren im nächsten Juni."

„Kommen Sie zum Abendessen in mein Hotel und besprechen Sie es", sagte Mr Birdsey impulsiv.

'Sicher!' sagte der junge Mann.

Herr Birdsey drehte sich um und tippte dem Mann zu seiner Linken auf die Schulter.

Das Ergebnis war etwas unerwartet. Der Mann zuckte zusammen, fast wie ein Sprung, und die Blässe seines Gesichts verwandelte sich in ein kränkliches Weiß. Als er sich umdrehte, traf sein Blick Mr Birdsey blieb einen Moment stehen, bevor sie umfielen, und in ihnen herrschte panische Angst. Sein Atem pfiff leise durch die zusammengebissenen Zähne.

Herr Birdsey war überrascht. Die Herzlichkeit des glattrasierten jungen Mannes hatte ihn nicht auf die Möglichkeit eines solchen Empfangs vorbereitet. Ihm war kalt. Er wollte sich gerade murmelnd für einen Fehler entschuldigen, als der Mann ihn mit einem Lächeln beruhigte. Es war eher ein schmerzhaftes Lächeln, aber es reichte Mr Birdsey . Dieser Mann mochte ein nervöses Temperament haben, aber sein Herz war am rechten Fleck.

Auch er lächelte. Er war ein kleiner, kräftiger, rotgesichtiger kleiner Mann und besaß ein Lächeln, das Fremde immer beruhigte. Viele anstrengende Jahre an der New Yorker Börse hatten eine gewisse kindliche Liebenswürdigkeit in Mr. nicht zerstört Birdsey , und es leuchtete, als er dich anlächelte.

„Ich fürchte, ich habe dich erschreckt", sagte er beruhigend. „Ich wollte dich fragen, ob du dir heute Abend ein Abendessen von einem völlig Fremden, der zufällig auch ein Verbannter ist, anbieten würdest."

Der Mann zuckte zusammen. 'Exil?'

„Ein verbannter Fan." Finden Sie nicht, dass die Polo Grounds weit weg sind? Dieser Herr schließt sich mir an. Ich habe eine Suite im Savoy Hotel und dachte, wir könnten dort alle in aller Ruhe zu Abend essen und über das Spiel reden. Ich habe seit fünf Jahren kein Ballspiel mehr gesehen.'

„Ich auch nicht."

„Dann musst du kommen." Das musst du wirklich. Wir Fans sollten in einem fremden Land zusammenhalten. Komm doch.'

„Danke", sagte der bärtige Mann; 'Ich werde.'

Zeit lang etwas schwierig sein . Die erste schöne Raserei, in der Mr Birdsey hatte seine Einladungen ausgesprochen, doch als die Suppe serviert wurde, verebbte sie allmählich, und er spürte ein Gefühl der Verlegenheit.

Es gab eine subtile Störung im ordnungsgemäßen Ablauf der Dinge. Er spürte es in der Luft. Seine beiden Gäste waren zum Schweigen geneigt, und der glattrasierte junge Mann hatte eine Kunstfertigkeit entwickelt, den Mann mit dem Bart anzustarren, was den sensiblen Menschen offensichtlich beunruhigte.

„Wein", murmelte Mr Birdsey zum Kellner. „Wein, Wein!"

Er sprach mit der Ernsthaftigkeit eines Generals, der seine Reserven für den großen Angriff einberuft. Der Erfolg dieses kleinen Abendessens war ihm enorm wichtig. Es gab Umstände, die es zu einer Oase in seinem Leben machen würden. Er wollte, dass es ein Anlass war, auf den er in den kommenden grauen Tagen zurückblicken und sich trösten konnte. Er konnte es nicht zulassen, dass es ein Misserfolg wurde.

Er wollte gerade etwas sagen, als der junge Mann ihn erwartete. Er beugte sich vor und wandte sich an den bärtigen Mann, der mit abwesendem Blick Brot zerbröckelte.

„Sicher sind wir uns schon einmal begegnet?" er sagte. „Ich bin mir sicher, dass ich mich an dein Gesicht erinnere."

Die Wirkung dieser Worte auf den anderen war ebenso merkwürdig wie die Wirkung von Mr Birdseys Tipp auf die Schulter war gewesen. Er sah auf wie ein gejagtes Tier.

Er schüttelte wortlos den Kopf.

„Neuartig", sagte der junge Mann. „Ich hätte es schwören können, und ich bin mir sicher, dass es irgendwo in New York war." Kommst du aus New York?'

'Ja.'

„Es scheint mir", sagte Mr Birdsey , „dass wir uns vorstellen sollten."
Komisch, dass es noch keinem von uns aufgefallen ist. Mein Name ist
Birdsey , J. Wilmot Birdsey . Ich komme aus New York.'

„Mein Name ist Waterall ", sagte der junge Mann. „Ich komme aus New
York."

Der bärtige Mann zögerte.

„Mein Name ist Johnson. Ich habe früher in New York gelebt.'

„Wo wohnen Sie jetzt, Herr Johnson?" fragte Waterall .

Der bärtige Mann zögerte erneut. „Algier", sagte er.

Herr Birdsey wurde inspiriert, neben Smalltalk auch bei der Sache zu
helfen.

„Algier", sagte er. „Ich war noch nie dort, aber ich verstehe, dass es ein
ziemlicher Ort ist." Sind Sie dort geschäftlich tätig, Mr. Johnson?'

„Ich lebe dort für meine Gesundheit."

„Sind Sie schon länger dort?" erkundigte sich Waterall .

'5 Jahre.'

„Dann muss ich Sie in New York gesehen haben, denn ich war noch nie
in Algier, und ich bin sicher, dass ich Sie irgendwo gesehen habe. Ich fürchte,
Sie werden mich für langweilig halten, wenn ich so bei dem Punkt bleibe,
aber Tatsache ist, dass das Einzige, worauf ich stolz bin, mein Gedächtnis
für Gesichter ist. Es ist ein Hobby von mir. Wenn ich glaube, dass ich mich
an ein Gesicht erinnere und es nicht zuordnen kann, verfalle ich in
Schlaflosigkeit. Das ist teils reine Eitelkeit, teils liegt es aber auch daran, dass
in meinem Job ein gutes Gedächtnis für Gesichter von großem Vorteil ist.
Es hat mir hundertmal geholfen.'

Herr Birdsey war ein intelligenter Mann, und er konnte sehen, dass
Wateralls Tischgespräche Johnson aus irgendeinem Grund auf die Nerven
gingen. Wie ein guter Gastgeber bemühte er sich, sich einzumischen und für
einen reibungslosen Ablauf zu sorgen.

„Ich habe großartige Berichte über Algier gehört", sagte er hilfsbereit.
„Ein Freund von mir war letztes Jahr mit seiner Yacht dort. Es muss ein
herrlicher Ort sein.'

„Es ist die Hölle auf Erden", schnappte Johnson und beendete das
Gespräch auf der Stelle.

Durch die grimmige Stille flatterte ein Engel in Menschengestalt herein —
ein Kellner mit einer Flasche. Das Knallen des Korkens war für Mr. mehr als

nur Musik Birdseys Ohren. Es war das Dröhnen der Geschütze der Ablösungsarmee.

Das erste Glas, wie es bei ersten Gläsern üblich ist, taut den bärtigen Mann so weit auf, dass er versucht, die Fragmente des Gesprächs wieder aufzunehmen, die er zerstört hatte.

„Ich fürchte, Sie werden mich für schroff gehalten haben, Herr „Birdsey ", sagte er unbeholfen; „Aber dann haben Sie fünf Jahre lang nicht in Algier gelebt, und ich schon."

Herr Birdsey zwitscherte mitfühlend.

„Am Anfang hat es mir gefallen. Für mich sah es sehr gut aus. Aber fünf Jahre davon und nichts anderes, worauf man sich freuen kann, bis man stirbt …"

Er blieb stehen und leerte sein Glas. Herr Birdsey war immer noch beunruhigt. Das Gespräch verlief zwar einigermaßen, aber es hatte eine ausgesprochen düstere Wendung genommen. Er war leicht gerötet von dem ausgezeichneten Champagner, den er für dieses wichtige Abendessen ausgewählt hatte, und versuchte, es aufzuhellen.

„Ich frage mich", sagte er, „welcher von uns drei Fans heute die größten Schwierigkeiten hatte, zur Tribüne zu gelangen." Ich schätze, keiner von uns fand es zu einfach.'

Der junge Mann schüttelte den Kopf.

„Verlassen Sie sich nicht darauf, dass ich eine romantische Geschichte zu dieser Tausendundeiner Nacht-Unterhaltung beisteuere. Meine Schwierigkeit wäre gewesen, anzuhalten. Mein Name ist Waterall und ich bin der Londoner Korrespondent des *New York Chronicle* . Ich musste heute Nachmittag aus geschäftlichen Gründen dort sein.'

Herr Birdsey kicherte verlegen, aber nicht ohne einen gewissen schelmischen Stolz.

„Ich werde lachen, wenn du mein Geständnis hörst." Meine Tochter heiratete einen englischen Grafen, und meine Frau brachte mich hierher, um mich unter seine Menge zu mischen. Heute Abend gab es eine große Dinnerparty, bei der die ganze Bande anwesend sein sollte, und es war mehr als mein Leben wert, ihr aus dem Weg zu gehen. Aber wenn die Giants und die White Sox im Umkreis von fünfzig Meilen um Sie herum spielen – nun, ich packte einen Griff und schlich mich durch den Hintereingang hinaus, kam zum Bahnhof und nahm den Schnellzug nach London. Und was dort in diesem Moment vor sich geht, darüber möchte ich nicht nachdenken. Ungefähr jetzt", sagte Mr Birdsey blickte auf seine Uhr: „Ich schätze, sie werden die *Vorspeisen servieren* und auf den leeren Stuhl starren." Es war eine Schande, das zu tun, aber was hätte ich bei Mike anders tun können?"

Er sah den bärtigen Mann an.

„Haben Sie irgendwelche Abenteuer erlebt, Mr. Johnson?"

'NEIN. Ich – ich bin gerade gekommen.'

Der junge Mann Waterall beugte sich vor. Sein Verhalten war ruhig, aber seine Augen glitzerten.

„War das nicht schon Abenteuer genug?" er sagte.

Ihre Blicke trafen sich über den Tisch hinweg. Zwischen ihnen saß Mr Birdsey blickte leicht beunruhigt von einem zum anderen. Etwas passierte, ein Drama spielte sich ab, und er hatte nicht den Schlüssel dazu.

Johnsons Gesicht war blass und die Tischdecke zerknitterte unter seinen Fingern, aber seine Stimme war ruhig, als er antwortete:

'Ich verstehe nicht.'

„Werden Sie Verständnis dafür haben, wenn ich Ihnen Ihren richtigen Namen nenne, Herr ? Benyon ?'

'Was ist das alles?' sagte Herr Birdsey schwach.

Waterall drehte sich zu ihm um, der Geierstich in seinem Gesicht war deutlicher denn je zu erkennen. Herr Birdsey war sich einer plötzlichen Abneigung gegen diesen jungen Mann bewusst.

„Es ist ganz einfach, Herr Birdsey . Wenn Sie nicht unvorbereitet Engel bewirtet haben, haben Sie zumindest einer Berühmtheit ein Abendessen gegeben. Ich habe Ihnen gesagt, dass ich sicher war, diesen Herrn schon einmal gesehen zu haben. Ich habe mich gerade daran erinnert, wo und wann. „Das ist Herr John Benyon , und ich habe ihn das letzte Mal vor fünf Jahren gesehen, als ich Reporter in New York war und über seinen Prozess berichtet habe."

„Sein Prozess?"

„Er hat der New Asiatic Bank hunderttausend Dollar geraubt, seine Kaution überzogen und man hat nie wieder etwas von ihm gehört."

„Für die Liebe von Mike!"

Herr Birdsey starrte seinen Gast mit Augen an, die augenblicklich größer wurden. Er war erstaunt, als er feststellte, dass tief in ihm ein unverkennbares Hochgefühl herrschte. Als er an diesem Morgen das Haus verließ, hatte er beschlossen, dass dies ein Tag der Tage werden würde. Nun, niemand könnte das einen Anti-Höhepunkt nennen.

„Das ist also der Grund, warum Sie in Algier gelebt haben?"

Benyon antwortete nicht. Draußen sandte der Strandverkehr ein leises Rauschen in den warmen, gemütlichen Raum.

Waterall sprach. „Was in aller Welt dich, Benyon , dazu bewogen hat, das Risiko einzugehen, nach London zu kommen, wo jeder zweite Mann, den du triffst, ein New Yorker ist, kann ich nicht verstehen." Die Chancen, dass Sie erkannt werden, stehen bei zwei zu eins. „Mit Ihrer kleinen Affäre vor fünf Jahren haben Sie ziemlich viel Aufsehen erregt."

Benyon hob den Kopf. Seine Hände zitterten.

„Ich werde es Ihnen sagen ", sagte er mit einer Art wilder Kraft, die dem freundlichen kleinen Mr. weh tat Birdsey wie ein Schlag. „Das lag daran, dass ich ein toter Mann war und eine Chance sah, für einen Tag zum Leben zu erwachen; weil ich das verdammte Grab , in dem ich seit fünf Jahrhunderten lebe, satt hatte; weil ich mich nach New York sehne, seit ich es verlassen habe – und hier bestand die Chance, für ein paar Stunden dorthin zurückzukehren. Ich wusste, dass ein Risiko bestand. Ich habe es gewagt. Also?'

Herr Birdseys Herz war fast zu voll für Worte. Endlich hatte er ihn gefunden, den Super-Fan, den Mann, der durch Feuer und Wasser gehen würde, um ein Baseballspiel zu sehen. Bis zu diesem Moment hatte er sich selbst als denjenigen angesehen, der dieser schwindelerregenden Eminenz am nächsten kam. Er hatte großen Gefahren getrotzt, um dieses Spiel zu sehen. Selbst in diesem Moment ließ er seine Gedanken nicht ganz von den Spekulationen los, was seine Frau zu ihm sagen würde, wenn er sich wieder in die Herde schlich. Aber was hatte er im Vergleich zu diesem Mann, Benyon, riskiert ? Herr Birdsey strahlte. Er konnte sein Mitgefühl und seine Bewunderung nicht zurückhalten. Es stimmt, der Mann war ein Krimineller. Er hatte eine Bank um hunderttausend Dollar beraubt. Aber was war das denn? Sie hätten das Geld wahrscheinlich aus Dummheit verschwendet. Und außerdem hatte eine Bank, die sich nicht um ihr Geld kümmern konnte, es verdient, es zu verlieren.

Herr Birdsey verspürte fast einen gerechten Anflug von Empörung über die New Asiatic Bank.

Er brach das Schweigen, das Benyons Worten gefolgt war, mit einer besonders unmoralischen Bemerkung:

„Nun, es ist ein Glück, dass nur wir dich erkannt haben", sagte er.

Waterall starrte. „Schlagen Sie vor, dass wir die Sache vertuschen sollten, Herr ?" Birdsey ?' sagte er kalt.

'Nun ja-'

Waterall stand auf und ging zum Telefon.

'Was werden Sie tun?'

„Rufen Sie natürlich Scotland Yard an. Was haben Sie gedacht?'

Zweifellos hat der junge Mann seine Bürgerpflicht erfüllt, dennoch ist festzuhalten, dass Herr Birdsey musterte ihn mit ungetrübtem Entsetzen.

„Das kannst du nicht!" Das darfst du nicht!' er weinte.

„Das werde ich auf jeden Fall."

„Aber – aber – dieser Kerl ist den ganzen Weg hierher gekommen, um sich das Ballspiel anzusehen."

Herrn unglaublich vor Birdsey meinte, dass dieser Aspekt der Angelegenheit nicht jedermanns Sache sein sollte und alle anderen Aspekte ausschließt.

„Du kannst ihn nicht aufgeben." Es ist zu roh.'

„Er ist ein verurteilter Verbrecher."

„Er ist ein Fan." Sag mal, er ist *der* Fan.'

Waterall zuckte mit den Schultern und ging zum Telefon. Benyon sprach.

'Einen Moment.'

Waterall drehte sich um und blickte in die Mündung einer kleinen Pistole. Er lachte.

'Das habe ich erwartet. Winken Sie, so viel Sie wollen.'

Benyon legte seine zitternde Hand auf die Tischkante.

„Ich schieße, wenn du dich bewegst."

„Das wirst du nicht. Du hast nicht die Nerven. Es gibt nichts für dich. Du bist nur ein billiger Betrüger, und das ist alles. In einer Million Jahren würden Sie nicht den Mut aufbringen, diesen Abzug zu betätigen.'

Er nahm den Hörer ab.

„Geben Sie mir Scotland Yard", sagte er.

Benyon den Rücken gekehrt . Benyon saß regungslos da. Dann fiel die Pistole mit einem Knall zu Boden. Im nächsten Moment war Benyon zusammengebrochen. Sein Gesicht war in seinen Armen vergraben, und er war ein Wrack eines Mannes, der wie ein verletztes Kind schluchzte.

Herr Birdsey war zutiefst verzweifelt. Er saß kribbelnd und hilflos da. Das war ein Albtraum.

Wateralls ruhige Stimme sprach am Telefon.

„Ist das Scotland Yard? Ich bin Waterall vom *New York Chronicle* . Ist Inspektor Jarvis da? Bitten Sie ihn, ans Telefon zu kommen... Bist du das, Jarvis? Das ist Waterall . Ich spreche aus der Savoy, Herr Birdseys Zimmer. Birdsey . Hören Sie, Jarvis. Hier ist ein Mann, der von der amerikanischen Polizei gesucht wird. Schicken Sie jemanden hierher und holen Sie ihn. Benyon . Die New Asiatic Bank in New York ausgeraubt. Ja, Sie haben einen Haftbefehl gegen ihn, fünf Jahre alt ... In Ordnung.'

Er legte den Hörer auf. Benyon sprang auf. Er stand zitternd da, ein erbärmlicher Anblick. Herr Birdsey war mit ihm auferstanden. Sie standen da und blickten Waterall an .

„Du – Stinktier!" sagte Herr Birdsey .

„Ich bin amerikanischer Staatsbürger", sagte Waterall , „und ich habe zufällig eine gewisse Vorstellung von den Pflichten eines Bürgers." Darüber hinaus bin ich ein Zeitungsmann und habe eine gewisse Vorstellung von meiner Pflicht gegenüber meiner Zeitung. Nennen Sie mich, wie Sie wollen, daran werden Sie nichts ändern.'

Herr Birdsey schnaubte.

„Sie leiden unter einer wachsenden Sentimentalität, Herr." Birdsey . Das ist es, was mit dir los ist. Nur weil dieser Mann fünf Jahre lang der Justiz entgangen ist, sollten Sie davon ausgehen, dass er von der ganzen Sache ausgeschlossen ist.'

'Aber aber-'

'Ich tu nicht.'

Er holte sein Zigarettenetui heraus. Er fühlte sich viel angespannter und nervöser, als die anderen vermutet hätten. Er hatte einen Moment lang sehr schnell nachgedacht, bevor er beschloss, diese hässliche kleine Pistole mit Verachtung zu behandeln. Seine Produktion hatte ihm einen entscheidenden Schock versetzt, und nun litt er unter einer Reaktion. Da seine Nerven angespannt waren, zündete er sich daher seine Zigarette sehr träge, sehr vorsichtig und mit einer beleidigenden Überlegenheit an, die Mr Birdsey ist der letzte Strohhalm.

Diese Dinge sind Angelegenheiten eines Augenblicks. Nur ein winziger Bruchteil der Zeit verging zwischen dem Spektakel von Mr Birdsey , empört, aber untätig, und Mr Birdsey ist ein Berserker, der Rot sieht und offen und unverhohlen Amok läuft. Die Transformation vollzog sich in der Zeit, die für das Anzünden eines Streichholzes erforderlich ist.

Noch während das Streichholz seine Flamme erlosch, begann Mr Birdsey sprang auf.

Äonen zuvor, als das junge Blut schnell durch seine Adern floss und das Leben noch vor ihm lag, hatte Mr Birdsey hatte Fußball gespielt. Einmal Fußballer, immer potenzieller Fußballer, bis ins Grab. Die Zeit hatte das fliegende Gerät als Faktor in Mr. entfernt Birdseys Leben. Zorn brachte es zurück. Er stürzte sich auf den jungen Mr Wateralls ordentlich gekleidete Beine, wie er vor dreißig Jahren an anderen Beinen getaucht war, die weniger ordentlich gekleidet waren. Sie stürzten gemeinsam zu Boden; und mit dem Absturz kam Mr Birdseys Ruf:

'Laufen! Lauf, du Narr! Laufen!'

Und noch während er sich atemlos und verletzt an seinen Mann klammerte und das Gefühl hatte, als hätte sich die ganze Welt in einer gewaltigen Explosion von Dynamit aufgelöst, öffnete sich die Tür, schlug zu, und Füße flohen den Gang hinunter.

Herr Birdsey befreite sich und erhob sich unter Schmerzen. Der Schock hatte ihn zu sich gebracht. Er war kein Berserker mehr. Er war ein angesehener Herr mittleren Alters, der sich sehr eigenartig benahm.

Waterall , errötet und zerzaust , starrte ihn sprachlos an. Er schluckte. 'Bist du verrückt?'

Herr Birdsey testete behutsam den Mechanismus eines Beins, bei dem der Verdacht bestand, gebrochen zu sein. Erleichtert stellte er seinen Fuß wieder auf den Boden. Er schüttelte den Kopf und blickte Waterall an . Er war leicht zerknittert, aber es gelang ihm, einen würdevollen Vorwurf zu machen.

„Das hättest du nicht tun sollen, junger Mann.“ Es war rohe Arbeit. Oh ja, ich weiß alles über dieses Bürgerpflicht-Zeug. Es geht nicht. Es gibt Ausnahmen zu jeder Regel, und diese war eine davon. Wenn ein Mann seine Freiheit riskiert, um bei einem Ballspiel mitzufiebern, muss man sie ihm überlassen. Er ist kein Gauner. Er ist ein Fan. Und wir Exil-Fans müssen zusammenhalten.“

Waterall zitterte vor Wut, Enttäuschung und der eigentümlichen Unannehmlichkeit, von einem älteren Herrn wie ein Sack voll Kohlen behandelt zu werden. Er stammelte vor Wut.

„Du verdammter alter Idiot, ist dir klar, was du getan hast? Die Polizei wird in einer Minute hier sein.'

'Lass sie kommen.'

„Aber was soll ich ihnen sagen? Welche Erklärung kann ich geben? Welche Geschichte kann ich ihnen erzählen? Kannst du nicht sehen, in was für ein Loch du mich gesteckt hast?'

Irgendetwas schien bei Mr. Klick zu machen Birdseys Seele. Es war, dass die Berserkerstimmung verschwand und die Vernunft wieder auf ihren Thron sprang. Er war nun in der Lage, ruhig zu denken, und was ihm durch den Kopf ging, erfüllte ihn plötzlich mit Trübsinn.

„Junger Mann", sagte er, „mach dir keine Sorgen." Du hast ein Kinderspiel. Sie müssen der Polizei nur eine Geschichte erzählen. Jede alte Geschichte wird ihnen genügen. Ich bin der Mann mit dem wirklich schwierigen Job – ich muss mich mit meiner Frau abfinden!'

SCHWARZ FÜR GLÜCK

Er war schwarz, aber hübsch. Offensichtlich war es ihm unter reduzierten Umständen dennoch gelungen, eine gewisse Klugheit, eine gewisse Ausstrahlung zu bewahren – das, was die Franzosen „tournure" *nennen* . Auch hatte die Armut in ihm nicht den Instinkt des Aristokraten für persönliche Sauberkeit zerstört; denn gerade als Elisabeth ihn erblickte, begann er, sich zu waschen.

Als er ihren Schritt hörte, blickte er auf. Er rührte sich nicht, aber in seiner Haltung lag Misstrauen. Seine Rückenmuskeln spannten sich, seine Augen leuchteten wie gelbe Lampen vor schwarzem Samt, sein Schwanz bewegte sich warnend ein wenig.

Elizabeth sah ihn an. Er sah Elizabeth an. Es entstand eine Pause, während er sie zusammenfasste. Dann stolzierte er auf sie zu, senkte plötzlich den Kopf und drückte ihn heftig gegen ihr Kleid. Er erlaubte ihr, ihn hochzuheben und in den Flur zu tragen, wo Francis, der Hausmeister, stand.

„Francis", sagte Elizabeth, „gehört diese Katze irgendjemandem hier?"

'Nicht verpassen. Diese Katze ist eine Streunerin, diese Katze ist es. „Ich habe tagelang versucht, den Besitzer dieser Katze ausfindig zu machen."

Francis verbrachte seine Zeit damit, Dinge zu finden. Es war die einzige Erholung seines ereignislosen Lebens. Manchmal war es ein Geräusch, manchmal ein verlorener Brief, manchmal ein Stück Eis, das im Kellner verirrt war – was auch immer es war, Francis versuchte es zu finden.

„Dann ist er schon lange hier?"

„Ich habe gesehen, wie er eine ganze Weile herumschnüffelte."

„Ich werde ihn behalten."

„Schwarze Katzen bringen Glück", sagte Francis sentimental.

„Dagegen werde ich sicherlich nichts einzuwenden haben", sagte Elizabeth. Sie hatte an diesem Morgen das Gefühl, dass ein bisschen Glück eine erfreuliche Neuheit sein würde. In letzter Zeit lief es bei ihr nicht besonders gut. Es lag nicht so sehr daran, dass der übliche Teil ihrer Manuskripte von der Zeitschrift, an die sie geschickt worden waren, mit redaktionellen Komplimenten zurückgekommen war – sie akzeptierte das als Teil des Spiels; Was sie jedoch als eine vom Schicksal herbeigeführte Behandlung von Skorbut ansah, war die Tatsache, dass ihre eigene Haustierzeitschrift, in der sie immer Zuflucht gesucht hatte, fast sicher, willkommen zu sein – obwohl sie von allen anderen kalt behandelt wurde –, plötzlich abgelaufen war mit einem leisen Gurgeln aus Mangel an öffentlicher

Unterstützung. Es war, als würde man einen freundlichen und aufgeschlossenen Verwandten verlieren, und es machte die Aufnahme einer schwarzen Katze in den Haushalt fast zu einer Notwendigkeit.

In ihrer Wohnung, die Tür geschlossen, beobachtete sie ihren neuen Verbündeten mit einiger Sorge. Auf dem Weg nach oben hatte er sich bewundernswert verhalten, aber es hätte sie nicht überrascht, obwohl es sie geschmerzt hätte, wenn er jetzt versucht hätte, durch die Decke zu fliehen. Katzen waren so emotional. Er blieb jedoch ruhig und nachdem er eine Weile schweigend durch den Raum getapt war , hob er den Kopf und stieß einen gurrenden Schrei aus.

„Das stimmt", sagte Elizabeth herzlich. „Wenn Sie nicht finden, was Sie wollen, fragen Sie danach. Der Ort gehört dir.'

Sie ging zum Kühlschrank und holte Milch und Sardinen hervor. An ihrem Gast war nichts heikel oder gekünstelt. Er war ein guter Grabenarbeiter, und es war ihm egal, wer das wusste. Er konzentrierte sich auf die Wiederherstellung seines Gewebes mit der zielstrebigen Miene eines Menschen, dessen letzte Mahlzeit nur noch eine dunkle Erinnerung ist. Elizabeth, die wie eine Vorsehung über ihm brütete, runzelte nachdenklich die Stirn.

„Joseph", sagte sie schließlich und ihre Miene wurde heller. 'das ist dein Name. Jetzt beruhige dich und fange an, ein Maskottchen zu sein.'

Joseph hat sich erstaunlich gut eingelebt. Am Ende des zweiten Tages vermittelte er den Eindruck, dass er der wahre Eigentümer der Wohnung sei und dass es seiner Gutmütigkeit zu verdanken sei, dass Elizabeth die Kontrolle über das Haus erhalten habe. Wie die meisten seiner Spezies war er ein Autokrat. Er wartete einen Tag, um herauszufinden, welcher Stuhl Elizabeths Lieblingsstuhl war , und übernahm ihn dann für seinen eigenen. Wenn Elizabeth eine Tür schloss, während er sich in einem Zimmer aufhielt, wollte er, dass sie geöffnet wurde, damit er hinausgehen konnte; Wenn sie es schloss, während er draußen war, wollte er, dass es geöffnet wurde, damit er hineinkommen konnte; Wenn sie es offen ließ, machte er sich Sorgen um den Durchzug. Aber die Besten von uns haben ihre Fehler, und Elizabeth vergötterte ihn trotz seiner Fehler.

Es war erstaunlich, welchen Unterschied er in ihrem Leben machte. Sie war eine freundliche Seele, und bis zu Josephs Ankunft war sie hauptsächlich auf die Schritte des Mannes in der Wohnung auf der anderen Straßenseite angewiesen, um Gesellschaft zu finden. Außerdem war das Gebäude alt und es knarrte nachts. Im Flur lag ein loses Brett, das im Dunkeln hinter einem Einbrechergeräusche von sich gab, wenn man auf dem Weg zum Bett darauf trat; und es gab lustige Kratzgeräusche, die einen zusammenzucken und den

Atem anhalten ließen. Joseph machte dem alles bald ein Ende. Mit Joseph in der Nähe wurde aus einem losen Brett ein loses Brett, nichts weiter, und aus einem kratzenden Geräusch war nur noch ein einfaches kratzendes Geräusch zu hören.

Und dann verschwand er eines Nachmittags.

Nachdem sie die Wohnung durchsucht hatte, ohne ihn zu finden, ging Elizabeth zum Fenster, in der Absicht, die Straße aus der Vogelperspektive zu überblicken. Sie hatte keine Hoffnung, denn sie war gerade von der Straße gekommen, und von ihm war noch nichts zu sehen gewesen.

Vor dem Fenster befand sich ein breiter Sims, der sich über die gesamte Breite des Gebäudes erstreckte. Es endete auf der linken Seite, auf einem flachen Balkon, der zu der Wohnung gehörte, deren Haustür ihrer gegenüber lag – der Wohnung des jungen Mannes, dessen Schritte sie manchmal hörte. Sie wusste, dass er ein junger Mann war, weil Francis es ihr gesagt hatte. Seinen Namen, James Renshaw Boyd, hatte sie aus derselben Quelle erfahren.

Auf diesem flachen Balkon saß Joseph, leckte sich mit der Spitze seiner roten Zunge das Fell und benahm sich im Allgemeinen so, als wäre er in seinem eigenen Hinterhof.

'Joseph ! ' rief Elizabeth – Überraschung, Freude und Vorwurf vereinten sich und verliehen ihrer Stimme ein fast melodramatisches Zittern.

Er sah sie kalt an. Schlimmer noch, er sah sie an, als wäre sie eine völlig Fremde gewesen. Er füllte sich mit ihrem Essen und Trinken und tötete sie; Als er das getan hatte, drehte er sich um und ging in die nächste Wohnung.

Elizabeth war ein temperamentvolles Mädchen. Joseph sah sie vielleicht an, als wäre sie eine Untertasse voller verdorbener Milch, aber er war ihre Katze, und sie hatte vor, ihn zurückzubekommen. Sie ging hinaus und klingelte in Mr. James Renshaw Boyds Wohnung.

Die Tür wurde von einem hemdsärmeligen jungen Mann geöffnet. Er war keineswegs ein unansehnlicher junger Mann. Tatsächlich war er für seinen Typus – den Typ mit den rauen Haaren, der glattrasierten, kantigen Kinnlade – ein ausgesprochen gutaussehender junger Mann. Obwohl sie ihn im Moment nur im Licht einer Maschine zur Rückführung streunender Katzen betrachtete, bemerkte Elizabeth das.

Sie lächelte ihn an. Es war nicht die Schuld dieses gutaussehenden jungen Mannes, dass sein Wohnzimmerfenster offen stand; oder dass Joseph ein undankbares kleines Tier war, das in dieser Nacht keinen Fisch haben sollte.

„Würde es Ihnen bitte etwas ausmachen, mir meine Katze zu überlassen?" sagte sie freundlich. „Er ist durch das Fenster in Ihr Wohnzimmer gegangen."

Er sah leicht überrascht aus.

'Deine Katze?'

„Meine schwarze Katze, Joseph. Er ist in Ihrem Wohnzimmer.'

„Ich fürchte, Sie sind am falschen Ort." Ich habe gerade mein Wohnzimmer verlassen und die einzige Katze dort ist meine schwarze Katze Reginald.

„Aber ich habe Joseph erst vor einer Minute reingehen sehen."

„Das war Reginald."

Zum ersten Mal erkannte Elizabeth die Wahrheit, als jemand, der einen schönen Strauch untersuchte, plötzlich entdeckte, dass es sich um eine Brennnessel handelte. Es war kein unschuldiger junger Mann, der vor ihr stand, sondern der schwärzeste Verbrecher, den Kriminologen kennen – ein Dieb der Katzen anderer Leute. Ihre Art schoss auf Null.

„Darf ich fragen, wie lange du deinen Reginald schon hast?"

„Seit heute Nachmittag um vier."

„Ist er durch das Fenster hereingekommen?"

'Warum ja. Jetzt, wo Sie es erwähnen, hat er es getan.'

„Ich muss Sie um Ihre Güte bitten, mir meine Katze zurückzugeben", sagte Elizabeth eisig.

Er betrachtete sie abwehrend.

„Angenommen", sagte er, „rein aus Gründen der akademischen Argumentation, dass Ihr Joseph mein Reginald ist, könnten wir uns dann nicht irgendwie einigen?" Lass mich dir noch eine Katze kaufen. Ein Dutzend Katzen.'

„Ich will kein Dutzend Katzen." Ich will Joseph.'

„Feine, dicke, weiche Katzen", fuhr er überzeugend fort. „Schöne, liebevolle Perser und Angoras und –"

„Natürlich, wenn du vorhast, Joseph zu stehlen ..."

„Das sind harte Worte." Jeder Anwalt wird Ihnen sagen, dass es für Katzen besondere Gesetze gibt. Eine streunende Katze festzuhalten ist keine unerlaubte Handlung oder ein Vergehen . Im berühmten Testfall Wiggins *v* . Bluebody, es wurde festgestellt –'

„Gibst du mir bitte meine Katze zurück?“

Sie stand ihm gegenüber, das Kinn in die Luft gereckt und mit leuchtenden Augen, und der junge Mann fiel plötzlich seinem Gewissen zum Opfer.

„Schau her“, sagte er, „ich werde mich deiner Gnade ausliefern.“ Ich gebe zu, dass die Katze deine Katze ist und dass ich kein Recht darauf habe und dass ich nur ein gewöhnlicher Dieb bin. Aber bedenken Sie. Ich war gerade von der ersten Probe meines ersten Theaterstücks zurückgekommen; Und als ich durch die Tür hereinkam, kam die Katze durch das Fenster herein. Ich bin so abergläubisch wie ein Waschbär, und ich hatte das Gefühl, dass es gleichbedeutend wäre, das Stück aufzugeben, bevor es jemals aufgeführt wurde. Ich weiß, dass es für Sie absurd klingen wird. *Du* hast keinen idiotischen Aberglauben. Du bist vernünftig und praktisch veranlagt. Aber wenn Sie unter den gegebenen Umständen einen Weg finden *würden , auf Ihre Rechte zu verzichten …* “

Vor der Wehmut in seinen Augen kapitulierte Elizabeth. Sie fühlte sich ganz überwältigt von dem Abscheu der Gefühle, die sie durchströmten. Wie sie ihn falsch eingeschätzt hatte! Sie hatte ihn für einen gewöhnlichen seelenlosen Katzenräuber gehalten, für einen wahllosen und grundlosen Katzenschnapper; und die ganze Zeit über war er widerstrebend durch dieses tiefe und lobenswerte Motiv zu dieser Tat gezwungen worden. Die ganze Selbstlosigkeit und Opferbereitschaft, die guten Frauen innewohnt, regte sich in ihr.

„Natürlich darfst du ihn nicht gehen lassen! “Das würde furchtbares Pech bedeuten.‘

„Aber wie wäre es mit dir –“

„Kümmere dich nicht um mich.“ Denken Sie an all die Menschen, die darauf angewiesen sind, dass Ihr Stück ein Erfolg wird.“

Der junge Mann blinzelte.

„Das ist überwältigend“, sagte er.

„Ich hatte keine Ahnung, warum du ihn wolltest. Er bedeutete mir nichts – zumindest nicht viel – das heißt – nun, ich schätze, ich mochte ihn ziemlich gern – aber er war es nicht – nicht –“

„Lebenswichtig?“

„Das ist genau das Wort, das ich wollte.“ Er war nur Gesellschaft, wissen Sie?

„Hast du nicht viele Freunde?"

„Ich habe keine Freunde."

„Du hast keine Freunde! Damit ist es erledigt. Du musst ihn zurücknehmen.'

„Daran konnte ich nicht denken."

„ Natürlich musst du ihn sofort zurückbringen."

„Das konnte ich wirklich nicht."

„Du musst."

„Das werde ich nicht."

„Aber, meine Güte, wie soll ich mich wohl fühlen, wenn ich weiß, dass du ganz allein warst und dass ich dein – dein Mutterschaf-Lamm sozusagen heimlich gestohlen habe?"

„Und wie würde ich mich wohl fühlen, wenn Ihr Stück einfach aus dem Fehlen einer schwarzen Katze scheitern würde?"

Er zuckte zusammen und fuhr sich überreizt mit den Fingern durch sein raues Haar.

„Solomon hätte dieses Problem nicht lösen können", sagte er. „Wie wäre es – es scheint der einzig mögliche Ausweg zu sein –, wenn Sie eine Art Führungsrecht an ihm behalten würden? Könnten Sie hier nicht manchmal hinübergehen und mit ihm – und übrigens auch mir – plaudern? Ich bin fast so einsam wie du. Chicago ist mein Zuhause. „Ich kenne kaum eine Menschenseele in New York."

Ihr einsames Leben in der Großstadt hatte Elizabeth dazu gezwungen, sich sofort ein Urteil über die Männer zu bilden, denen sie begegnete. Sie warf dem jungen Mann einen kurzen Blick zu und entschied sich für ihn .

„Das ist sehr nett von dir", sagte sie. „Das würde ich gerne tun." Ich möchte alles über Ihr Stück hören. Ich schreibe selbst, wissen Sie, in sehr kleinem Umfang, deshalb ist ein erfolgreicher Dramatiker für mich jemand."

„Ich wünschte, ich wäre ein erfolgreicher Dramatiker."

„Nun, Sie lassen das erste Stück, das Sie jemals geschrieben haben, am Broadway aufführen. Das ist ziemlich wunderbar.'

„M – ja", sagte der junge Mann. Elizabeth hatte den Eindruck, dass er zweifelnd sprach, und diese Bescheidenheit festigte den positiven Eindruck, den sie gewonnen hatte.

Die Götter sind gerecht. Für jedes Übel, das sie zufügen, leisten sie auch eine Entschädigung. Es scheint ihnen gut, dass Menschen in Großstädten einsam sind, aber sie haben es so eingerichtet, dass, wenn einer dieser Menschen es endlich schafft, eine Freundschaft mit einem anderen zu schließen, diese Freundschaft schneller wächst als die lauen Bekanntschaften von denen, die noch nie von der eisigen Berührung der Einsamkeit getroffen wurden. Innerhalb einer Woche hatte Elizabeth das Gefühl, diesen James Renshaw Boyd ihr ganzes Leben lang gekannt zu haben.

Und doch waren seine persönlichen Erinnerungen verlockend unvollständig. Elizabeth gehörte zu den Menschen, die eine Freundschaft gerne mit einer vollständigen Darstellung ihrer Position, ihres früheren Lebens und der Ursachen beginnen, die dazu geführt haben, dass sie sich zu dieser bestimmten Zeit an diesem besonderen Ort befanden. Bei ihrem nächsten Treffen hatte sie ihm, bevor er Zeit hatte, viel über sich selbst zu sagen, von ihrem Leben in der kleinen kanadischen Stadt erzählt, in der sie den ersten Teil ihres Lebens verbracht hatte; an die reiche und unerwartete Tante, die sie aus keinem besonderen Grund aufs College geschickt hatte, den irgendjemand nachvollziehen konnte, außer weil sie es genoss, unerwartet zu sein; von der Hinterlassenschaft derselben Tante, viel kleiner als erhofft, aber ausreichend, um eine dankbare Elizabeth nach New York zu schicken, um dort ihr Glück zu versuchen; von Herausgebern, Zeitschriften, abgelehnten oder angenommenen Manuskripten, Handlungssträngen für Geschichten; des Lebens im Allgemeinen, wie es dort gelebt wird, wo der Arch die Fifth Avenue überspannt und das beleuchtete Kreuz des Judson bei Nacht auf dem Washington Square leuchtet.

Sie hörte schließlich auf und wartete darauf, dass er anfing; und er begann nicht – das heißt nicht in dem Sinne, in dem das Wort Elisabeth vermittelt wurde. Er sprach kurz vom College, noch kürzer von Chicago – der Stadt, die er offenbar mit einer Abneigung betrachtete, die Lots Haltung gegenüber den Städten der Ebene im Vergleich dazu fast freundlich erscheinen ließ. Dann begann er, als hätte er die Anforderungen des anspruchsvollsten Inquisitors in Sachen persönlicher Erinnerungen erfüllt, über das Stück zu sprechen.

Die einzigen Tatsachen über ihn, auf die Elizabeth am Ende der zweiten Woche ihrer Bekanntschaft wirklich mit gutem Gewissen hätte schwören können, waren, dass er sehr arm war und dass ihm dieses Stück alles bedeutete.

Die Aussage, dass es ihm alles bedeutete, tauchte so oft in seinen Gesprächen auf, dass es wie eine Last auf Elizabeths Geist lastete, und nach und nach stellte sie fest, dass sie dem Spiel über ihre eigenen kleinen Unternehmungen hinaus einen Ehrenplatz in ihren Gedanken einräumte. Da dieses erstaunliche Ding auf der Kippe stand, kam es ihr fast böse vor, einen Moment damit zu verbringen, sich zu fragen, ob der Herausgeber einer Abendzeitung, der ihr halbwegs versprochen hatte, ihr den bezaubernden Posten der Beraterin der Lovelorn in seinem Tagebuch zu geben, erfüllen würde dieses halbe Versprechen.

Zu Beginn ihrer Freundschaft hatte ihr der junge Mann die Handlung des Stücks erzählt; und wenn er nicht unglücklicherweise einige wichtige Episoden vergessen hätte und über eine Kluft von ein oder zwei Akten zu ihnen zurückspringen müsste, und wenn er seine Figuren beim Namen genannt hätte, anstatt sie mit Beschreibungen wie „der Kerl, der in die verliebt ist" zu beschreiben Mädchen – nicht wie heißt er, sondern der andere Kerl – sie hätte zweifellos diesen mentalen Halb-Nelson drauf, der für das richtige Verständnis einer Komödie mit vier Akten eine große Hilfe ist. Seine genauen Angaben hatten sie jedoch ein wenig vage gemacht; aber sie sagte, es sei vollkommen großartig, und er fragte, ob sie das wirklich glaube? Und sie sagte ja, das tat sie, und sie waren beide glücklich.

Die Proben schienen seine Stimmung stark zu belasten. Er besuchte sie mit der erbärmlichen Regelmäßigkeit des jungen Dramatikers, aber sie schienen ihm wenig Balsam zu bringen. Elizabeth fand ihn im Allgemeinen in Trübsinn versunken, und dann verschob sie die Aufführung des kleinen Triumphs, den sie vielleicht errungen hatte, auf den sie sich gefreut hatte, und widmete sich der Aufgabe, ihn aufzuheitern. Wenn Frauen in keiner anderen Hinsicht wunderbar wären, wären sie wunderbar wegen ihrer Gabe, beim Einkaufen zuzuhören, anstatt darüber zu reden.

Elizabeth war mehr als stolz auf die Art und Weise, wie ihr Urteil über diesen jungen Mann gerechtfertigt wurde. Das Leben im unkonventionellen New York hatte sie äußerst misstrauisch gegenüber fremden jungen Männern gemacht, die ihr nicht offiziell vorgestellt wurden; Ihr Glaube an die menschliche Natur hatte viele Strapazen durchmachen müssen. Wölfe im Schafspelz waren in ihrem ungeschützten Leben häufige Gegenstände am Wegrand; und vielleicht war ihr Hauptgrund für die Wertschätzung dieser Freundschaft das Gefühl der Sicherheit, das sie ihr gab.

Ihre Beziehungen, sagte sie sich, waren so herrlich unsentimental. Es bestand keine Notwendigkeit für diese stille Abwehrhaltung, die im Umgang mit dem anderen Geschlecht mittlerweile fast unvermeidlich zu sein schien . Sie hatte das Gefühl, dass sie James Boyd vertrauen konnte; und es war wunderbar, wie beruhigend die Reflexion war.

Und deshalb war sie so schockiert und verängstigt, als die Sache passierte.

Es war einer ihrer ruhigen Abende gewesen. In letzter Zeit hatten sie es sich zur Gewohnheit gemacht, längere Zeit wortlos zusammenzusitzen. Aber es unterschied sich von anderen ruhigen Abenden dadurch, dass Elizabeths Schweigen ein leichtes, aber deutlich ausgeprägtes Gefühl der Verletzung verbarg. Normalerweise saß sie zufrieden mit ihren Gedanken da, aber heute Abend war sie aufgewühlt. Sie hatte eine Beschwerde.

An diesem Nachmittag hatte der Herausgeber der Abendzeitung, dessen Engelsstatus nicht einmal eine Glatze und das Fehlen von Flügeln und Harfe verbergen konnte, ihr definitiv mitgeteilt, dass der Mann, der die Kolumne bisher geleitet hatte, den Posten der Beamtin Heloise Milton zurückgetreten hatte Sie war Beraterin für Leser, die mit Herzensangelegenheiten zu kämpfen hatten; und er verließ sich auf sie, um das gewagte Experiment zu rechtfertigen, einer Frau einen so verantwortungsvollen Job zu überlassen. Stellen Sie sich vor, wie Napoleon sich nach Austerlitz gefühlt hat, stellen Sie sich Oberst Goethale vor, wie er über den letzten Spaten voll Erde aus dem Panamakanal nachdenkt, versuchen Sie sich einen Vorstadtbesitzer vorzustellen, der eine Blume aus der Erde wachsen sieht, in die er ein Päckchen mit garantierten Samen gesteckt hat, und Sie werden es haben eine schwache Vorstellung davon, was Elizabeth empfand, als diese goldenen Worte über die Lippen des Herausgebers kamen. Für den Moment war Ambition gesättigt. Die Jahre, die vergehen, könnten vielleicht andere Perspektiven eröffnen; aber im Moment war sie zufrieden.

Sie war auf flauschigen Wolken der Verzückung getreten und in James Boyds Wohnung gegangen, um ihm die großartige Neuigkeit zu überbringen.

Sie erzählte ihm die tolle Neuigkeit.

Er sagte: „Ah!"

Es gibt viele Möglichkeiten, „Ah!" zu sagen. Man kann Freude, Staunen, Verzückung hineinbringen; Sie können es auch so klingen lassen, als wäre es eine Antwort auf eine Bemerkung zum Wetter. James Boyd ließ es genau so klingen. Sein Haar war zerzaust, seine Stirn zusammengezogen und sein Auftreten abwesend. Der Eindruck, den er Elizabeth vermittelte, war, dass er sie kaum gehört hatte. Im nächsten Moment war er in eine Aufzählung der Verfehlungen der Schauspieler vertieft, die gerade für seine Komödie in vier Akten probten. Der Star hatte dies getan, die Hauptdarstellerin das, der Jugendliche etwas anderes. Zum ersten Mal hörte Elizabeth teilnahmslos zu.

Die Zeit kam, als James Boyd die Sprache versagte und er sich grübelnd in seinem Stuhl zurücklehnte. Elizabeth saß verärgert und verwundet in ihrem Bett und pflegte Joseph. Und so verging die Zeit im trüben Licht.

Wie es passierte, wusste sie nie. Einen Moment, Frieden; das nächste Chaos. Einen Moment Stille; Im nächsten Moment raste Joseph durch die Luft, voller Klauen und Schimpfwörter, und sich selbst in einem Griff gefangen, der ihr den Atem raubte.

Man kann James' Gedankengang dunkel rekonstruieren. Er ist verzweifelt; Im Theater läuft es schlecht, und das Leben hat seinen Reiz verloren . Während er sitzt, fällt sein Blick auf Elizabeths Profil. Es ist ein hübsches – vor allem beruhigendes – Profil. Eine fast schmerzhafte Sentimentalität erfasst James Boyd. Da sitzt sie, seine einzige Freundin in dieser grausamen Stadt. Wenn Sie argumentieren, dass es keinen Grund gibt, sich auf Ihre einzige Freundin zu stürzen und sie fast zu ersticken, argumentieren Sie fundiert; Der Punkt ist gut verstanden. Aber James Boyd war außerhalb der Reichweite stichhaltiger Argumente. Die vielen Proben hatten seine Nerven völlig strapaziert. Man kann sagen, dass er für seine Taten nicht verantwortlich war.

Das ist bei James der Fall. Elisabeth war natürlich nicht in der Lage, die Sache umfassend und verständnisvoll zu betrachten. Sie wusste nur, dass James sie falsch gespielt und ihr Vertrauen in ihn missbraucht hatte. Für einen Moment war der Schock der Überraschung so groß, dass sie keine Empörung verspürte – oder überhaupt irgendein anderes Gefühl als das rein körperliche Gefühl der Halbstrangulation. Dann begann sie, errötet und bitterer wütend, als sie sich jemals hätte vorstellen können, zu kämpfen. Sie riss sich von ihm los. Zusätzlich zu ihrem Kummer erfüllte diese Sache sie mit einem plötzlichen, sehr lebhaften Hass auf James. Im Hintergrund ihrer Wut nährte sich der demütigende Gedanke, dass alles ihre eigene Schuld war und dass sie durch ihre Anwesenheit hierher gekommen war.

Sie tappte zur Tür. Etwas krümmte und kämpfte in ihr, blendete ihre Augen und raubte ihr die Sprache. Sie verspürte nur den Wunsch, allein zu sein, zurück und sicher in ihrem eigenen Zuhause zu sein. Sie war sich bewusst, dass er sprach, aber die Worte erreichten sie nicht. Sie fand die Tür und öffnete sie. Sie spürte eine Hand auf ihrem Arm, schüttelte sie jedoch ab. Und dann war sie wieder hinter ihrer eigenen Tür, allein und in der Freiheit, in aller Ruhe die Ruinen dieses kleinen Tempels der Freundschaft zu betrachten, den sie so sorgfältig aufgebaut und in dem sie so glücklich gewesen war.

Die allgemeine Tatsache, dass sie ihm niemals vergeben würde, war eine Zeit lang ihr einziger zusammenhängender Gedanke. Darauf folgte die Entschlossenheit, dass sie sich niemals verzeihen würde. Und nachdem sie damit die beiden einzigen Freunde, die sie in New York hatte, in den Schatten gestellt hatte, konnte sie sich ungehindert der Aufgabe widmen, sich durch und durch einsam und elend zu fühlen.

Die Schatten wurden dunkler. Auf der anderen Straßenseite kündigte eine Art brodelnde Explosion, gefolgt von einem ruckartigen grellen Schein, der durch den Raum schoss, das Anzünden der großen Bogenlampe auf dem gegenüberliegenden Bürgersteig an. Sie ärgerte sich darüber, denn sie hatte

Lust auf völlige Düsternis; aber sie hatte nicht die Kraft, die Jalousie herunterzuziehen und den Raum zu verschließen. Sie saß da, wo sie war, und dachte über schmerzhafte Gedanken nach.

Die Tür der gegenüberliegenden Wohnung öffnete sich. Es klingelte einmal an ihrer Glocke. Sie antwortete nicht. Da kam noch einer. Sie saß regungslos da, wo sie war. Die Tür schloss sich wieder.

Die Tage vergingen. Elizabeth verlor den Überblick über die Zeit. Jeder Tag hatte seine Pflichten, die mit dem Zubettgehen endeten; Das war alles, was sie wusste – außer dass das Leben sehr grau und sehr einsam geworden war, viel einsamer sogar als zu der Zeit, als James Boyd für sie nichts weiter war als das gelegentliche Geräusch von Schritten.

Von James sah sie nichts. Es ist nicht schwer, in New York jemandem aus dem Weg zu gehen, selbst wenn man direkt gegenüber wohnt.

Es war Elizabeths erste Tat jeden Morgen, unmittelbar nach dem Aufwachen, ihre Haustür zu öffnen und alles einzusammeln, was draußen lag. Manchmal kam Post; und immer, es sei denn, Francis wurde, wie es manchmal der Fall war, verwirrt und zerstreut, die Morgenmilch und die Morgenzeitung.

Eines Morgens, etwa zwei Wochen nach diesem Abend, an den sie nicht zu denken versuchte, öffnete Elizabeth die Tür und fand direkt davor ein gefaltetes Stück Papier. Sie entfaltete es.

Ich gehe gerade ins Theater. Wünschst du mir nicht Glück? Ich bin mir sicher

es wird ein Hit. Joseph schnurrt wie ein Dynamo. – JRB

Am frühen Morgen arbeitet das Gehirn träge. Einen Moment lang stand Elizabeth da und betrachtete die Worte verständnislos; Dann wurde ihr mit einem Herzschlag klar, was sie meinten. Er muss das in der vergangenen Nacht an ihrer Tür gelassen haben. Das Stück war produziert! Und irgendwo in der gefalteten Innenseite der Morgenzeitung zu ihren Füßen muss die Meinung von „One in Authority" dazu stehen!

Dramatische Kritiken haben die Besonderheit, dass sie, wenn man sie sucht, wie Kaninchen graben und sich verstecken. Sie verstecken sich hinter Morden; sie ducken sich hinter Baseball-Ergebnissen; Sie verstecken sich gemütlich hinter den Wall-Street-Nachrichten. Es dauerte eine ganze Minute, bis Elizabeth fand, was sie suchte, und die ersten Worte, die sie las, trafen sie wie ein Schlag.

Mit der Art entzückender Scherzhaftigkeit, die ihn bei allen Anhängern und Tätern des Dramas so beliebt macht, zerriss der „One in Authority" James Boyds Stück. Er schlug James Boyds Stück nieder und trat dagegen; er sprang mit großen Füßen darauf; Er goss kaltes Wasser darüber und zerhackte es in kleine Stücke. Fröhlich schnitt er James Boyds Stück aus.

Elizabeth zitterte von Kopf bis Fuß. Sie hielt sich am Türpfosten fest, um sich zu stabilisieren. Im Nu war all ihr Groll verschwunden, ausgelöscht und ausgelöscht wie ein Nebel vor der Sonne. Sie liebte ihn und wusste jetzt, dass sie ihn immer geliebt hatte.

Es dauerte zwei Sekunden, bis ihr klar wurde, dass der „Eine mit Autorität" ein erbärmlicher Inkompetent war, der nicht in der Lage war, Verdienste anzuerkennen, wenn sie vor ihm zur Schau gestellt wurden. Sie brauchte fünf Minuten, um sich anzuziehen. Sie brauchte eine Minute, um die Treppe hinunter und zum Zeitungskiosk an der Straßenecke zu rennen. Hier kaufte sie mit einer Verschwendung, die den Besitzer bezauberte und begeisterte, alle anderen Papiere, die er liefern konnte.

Tragische Momente lassen sich am besten kurz beschreiben. Jede der Zeitungen nahm das Stück zur Kenntnis, und jede von ihnen verurteilte es mit kompromissloser Herzlichkeit. Die Kritik variierte nur im Ton. Einer fluchte genüsslich und voller Begeisterung; ein anderer mit einem gewissen Mitleid; ein Dritter mit einer Art verletzter Überlegenheit, als wäre er gegen seinen Willen gezwungen, über etwas Unaussprechliches zu sprechen; aber die Bedeutung von allem war dieselbe. James Boyds Stück war ein schrecklicher Misserfolg.

Zurück zum Haus eilte Elizabeth und ließ die Organe eines freien Volkes zurück, damit sie von dem jetzt mehr denn je entzückten Besitzer eingesammelt, geglättet und auf dem Ständer zurückgelegt werden konnten. Sie eilte die Treppe hinauf und als sie atemlos an James' Tür ankam, klingelte sie.

Schwere Schritte kamen den Gang hinunter; niedergeschlagene, entmutigte Schritte; Schritte, die Elizabeth einen Schauer ins Herz jagen ließen. Die Tür öffnete sich. James Boyd stand mit schweren Augen und abgezehrt vor ihr. In seinen Augen war Verzweiflung und auf seinem Kinn der blaue Bartwuchs des Mannes, dem die gepanzerte Faust des Schicksals die Energie entzogen hat, sich morgens zu rasieren.

Hinter ihm lagen die Morgenzeitungen auf dem Boden verstreut; und als Elisabeth sie sah, brach sie zusammen.

„Oh, Jimmy, Liebling!" Sie weinte; und im nächsten Moment war sie in seinen Armen und stand eine Weile still.

Wie lange danach noch verging, wusste sie nie; aber schließlich sprach James Boyd.

„Wenn du mich heiratest", sagte er heiser, „ist mir das völlig egal."

„Jimmy, Liebling!" sagte Elizabeth, „natürlich werde ich das tun."

Während sie dort standen, schoss lautlos ein schwarzer Streifen an ihnen vorbei und verschwand aus der Tür. Joseph verließ das sinkende Schiff.

„Lass ihn gehen, der Betrüger", sagte Elizabeth bitter. „Ich werde nie wieder an schwarze Katzen glauben."

Aber James war nicht dieser Meinung.

„Joseph hat mir alles Glück gebracht, das ich brauche."

„Aber das Stück hat dir alles bedeutet."

„Dann war es so."

Elizabeth zögerte.

„Jimmy, Schatz, es ist alles in Ordnung, weißt du? Ich weiß, dass Sie mit Ihrem nächsten Stück ein Vermögen verdienen werden, und ich habe jede Menge Geld für uns beide, von dem wir leben können, bis Sie es wieder gutmachen. Mit meinem Gehalt vom *Evening Chronicle kommen wir hervorragend zurecht* .'

'Was! Haben Sie einen Job bei einer New Yorker Zeitung?

„Ja, ich habe dir davon erzählt. Ich mache Heloise Milton. Warum, was ist los?'

Er stöhnte hohl.

„Und ich dachte, dass du mit mir nach Chicago zurückkommen würdest!"

'Aber ich werde. Natürlich werde ich. Was dachten Sie, was ich vorhatte?'

'Was! Gib einen richtigen Job in New York auf!' Er blinzelte. „Das passiert nicht wirklich." Ich träume.'

„Aber, Jimmy, bist du sicher, dass du in Chicago Arbeit finden kannst? Wäre es nicht besser, hier zu bleiben, wo alle Manager sind, und …"

Er schüttelte den Kopf.

„Ich denke, es ist an der Zeit, dass ich dir etwas über mich selbst erzähle", sagte er. „Bin ich sicher, dass ich in Chicago Arbeit finden kann?" Ich habe Pech gehabt. Liebling, hast du in deinen materielleren Momenten jemals mit einer Frühstückswurst von Boyd's Premier gespielt oder Körper und Seele mit einem Stück hausgemachtem Boyd's Excelsior Schinken zusammengehalten? Mein Vater macht sie, und die Tragödie meines Lebens ist, dass er möchte, dass ich ihm dabei helfe. Das war meine Position. Ich verabscheute das Familienunternehmen genauso sehr, wie mein Vater es liebte. Ich hatte die Vorstellung – eine dumme Vorstellung, wie sich herausstellte –, dass ich mich im literarischen Bereich durchsetzen könnte. Seit ich auf dem College war, habe ich in gewisser Weise gekritzelt. Als es für mich an der Zeit war, in die Firma einzusteigen, habe ich es meinem Vater direkt gesagt. Ich sagte: „Geben Sie mir eine Chance, eine gute Chance, um zu sehen, ob das göttliche Feuer wirklich da ist oder ob jemand nur aus Spaß den Alarm ausgelöst hat." Und wir haben ein Schnäppchen gemacht. Ich hatte dieses Stück geschrieben und wir machten daraus einen Testfall. Wir haben vereinbart, dass Papa das Geld für eine Broadway-Produktion aufbringen soll. Wenn es gelingt, ist das in Ordnung; Ich bin der junge Gus Thomas und kann im literarischen Spiel weitermachen. Wenn es sprudelt, ziehe ich meinen Mantel aus, und ich verzichte auf Hirngespinste von literarischen Triumphen und beginne als der Typ, der mit Boyd & Co. die Co. ins Leben gerufen hat. Nun, die Ereignisse haben bewiesen, dass ich der Typ *bin* , und jetzt bin ich Ich werde meinen Teil der Abmachung genauso einhalten wie Papa seinen. Ich weiß ganz genau: Wenn ich mich weigere, fair zu spielen und hier in New York zu bleiben und es noch einmal zu versuchen, würde Papa mich weiterhin einsetzen. Das ist der Typ Mann, der er ist. Aber ich würde es nicht für eine Million Broadway-Erfolge tun. Ich hatte meine Chance und habe getäuscht; und jetzt gehe ich zurück, um ihn glücklich zu machen, indem ich ein echtes, lebendiges Mitglied der Firma bin. Und das Seltsame daran ist, dass ich die Idee gestern Abend gehasst habe, und heute Morgen, jetzt, wo ich dich habe, freue ich mich fast darauf."

Er schauderte leicht.

„Und doch – ich weiß es nicht. Es hat immer noch etwas ziemlich Grausames in meiner fast künstlerisch geprägten Seele, im Luxus von ermordeten Schweinchen zu leben. Haben Sie jemals gesehen, wie sie ein Schwein überredeten, die Hauptrolle in einer Boyd Premier Breakfast-Wurst zu spielen? Es ist ziemlich grässlich. Sie fesseln sie an den Hinterbeinen und – brrrr!'

„Macht nichts", sagte Elizabeth beruhigend. „Vielleicht macht es ihnen nichts aus."

„Nun, ich weiß es nicht", sagte James Boyd zweifelnd. „Ich habe ihnen dabei zugeschaut, und ich muss sagen, dass sie nicht allzu erfreut zu sein schienen."

„Versuche, nicht daran zu denken."

„Sehr gut", sagte James pflichtbewusst.

Plötzlich ertönte ein Schrei aus dem Stockwerk darüber, und kurz darauf stürmte ein junger Mann mit schockhaarigem Haar im Schlafanzug in die Wohnung.

'Was jetzt?' sagte James. „Übrigens, Fräulein Herrold , meine Verlobte ; Herr Briggs – Paul Axworthy Briggs, manchmal auch als der junge Romanautor bekannt. Was beunruhigt dich, Paul?'

Mr. Briggs stammelte vor Aufregung.

„Jimmy", rief der junge Romanautor, „was ist Ihrer Meinung nach passiert?" Eine schwarze Katze ist gerade in meine Wohnung gekommen. Ich hörte ihn vor der Tür miauen und öffnete sie, und er stürmte herein. Und ich habe gestern Abend mit meinem neuen Roman angefangen! Sag mal, du glaubst *doch* , dass schwarze Katzen Glück bringen, nicht wahr?

'Glück! Mein Junge, halte die Katze mit stählernen Reifen an deiner Seele fest. Er ist der größte kleine Glücksbringer in New York. Er war bis heute Morgen bei mir an Bord.'

„Dann – bei Jupiter! Ich hätte fast vergessen zu fragen: War Ihr Stück ein Hit? Ich habe die Papiere noch nicht gesehen.

„Nun, wenn Sie sie sehen, lesen Sie die Bekanntmachungen nicht. Es war der schlimmste Frost, den der Broadway seit Kolumbus' Zeiten erlebt hat."

„Aber – ich verstehe es nicht."

'Mach dir keine Sorge. Das musst du nicht. Geh zurück und füll die Katze mit Fisch, sonst verlässt sie dich. Ich nehme an, Sie haben die Tür offen gelassen?'

'Mein Gott!' sagte der junge Romanautor, erbleichte und rannte zur Tür.

„Glaubst du, Joseph *wird* ihm Glück bringen?" sagte Elizabeth nachdenklich.

„Es kommt darauf an, welche Art von Glück du meinst." Joseph scheint auf hinterlistige Weise vorzugehen. Wenn ich Josephs Methoden kenne, wird Briggs' neuer Roman von jedem Verleger der Stadt abgelehnt; Und dann, wenn er in seiner Wohnung sitzt und sich fragt, mit welchem seiner Rasiermesser er am Ende sein soll, klingelt es an der Klingel, und das schönste Mädchen der Welt kommt herein, und dann – nun ja, nimm Wenn du es von mir weißt, wird es ihm gut gehen.'

„Der Roman wird ihm nichts ausmachen?"

'Nicht im geringsten.'

„Nicht einmal, wenn das bedeutet, dass er weggehen und Schweine und so etwas töten muss.“

„Über das Schweinegeschäft, Liebes.“ Ich habe eine leichte Tendenz bei Ihnen bemerkt, sich dabei etwas morbide zu verhalten. Ich weiß, dass sie sie an den Hinterbeinen festbinden und so weiter; Aber Sie müssen bedenken, dass ein Schwein diese Dinge aus einem anderen Blickwinkel betrachtet. Ich glaube, dass es den Schweinen gefällt. Versuchen Sie, nicht daran zu denken.'

„Sehr gut“, sagte Elizabeth pflichtbewusst.

DER ROMANTIK EINES HÄSSLICHEN POLIZISTEN

Der Wanderer durch London überquert die Themse über die Chelsea Bridge und findet sich im angenehmen Battersea wieder. Als er den Park umrundet, wo das Weibchen dieser Art mit seinen Jungen am Ziergewässer der Wildvögel umherstreift, stößt er auf eine ausgedehnte Straße. Die eine Seite davon ist der Natur überlassen, die andere dem Intellekt. Rechts erstrecken sich grüne Bäume bis in die Mitteldistanz; auf der linken Seite endlose Wohnblöcke. Es ist die Battersea Park Road, die Heimat der Klippenbewohner.

Polizeibeamter Plimmer erfasste die erste Viertelmeile der Klippen. Es war seine Pflicht, in der gemessenen Art und Weise des Londoner Polizisten vor ihnen herzugehen, nach rechts abzubiegen, dann nach links abzubiegen und auf der Straße, die hinter ihnen verlief, zurückzukommen. Auf diese Weise war es ihm möglich, den Frieden des Königs über nicht weniger als vier Villenblöcke zu wahren.

Es erforderte nicht viel Pflege. Battersea hat zwar seine harten Bürger, aber sie leben nicht in der Battersea Park Road. Die Spezialität von Battersea Park Road ist Brain, nicht Crime. Autoren, Musiker, Journalisten, Schauspieler und Künstler sind die Bewohner dieser Villen. Ein Kind könnte sie kontrollieren. Sie überfallen und zerschlagen nichts als Klaviere; sie stehlen nichts als Ideen; Sie ermorden niemanden außer Chopin und Beethoven. Dadurch wird ein ehrgeiziger junger Polizist nicht befördert.

Zu diesem Schluss kam Edward Plimmer innerhalb von 48 Stunden nach seiner Installation. Er erkannte die Wohnungen als das, was sie waren – nur so viele Schichten großhirniger Schuldlosigkeit. Und es bestand nicht einmal die Möglichkeit eines Einbruchs. Kein Einbrecher verschwendet seine Zeit damit, Autoren auszurauben. Constable Plimmer versöhnte sich mit der Tatsache, dass sein Aufenthalt in Battersea als eine Art Urlaub betrachtet werden musste.

Es tat ihm nicht ganz leid. Zunächst empfand er die neue Atmosphäre tatsächlich als beruhigend. Sein letzter Schlag war mitten im stürmischen Whitechapel gewesen, wo seine Arme vom unaufhörlichen Schleppen drahtiger Betrunkener zum Bahnhof geschmerzt hatten und seine Schienbeine sich gegen die Tritte empört hatten, mit denen sie von hochmütigen Geistern überschüttet wurden, die keine Zurückhaltung duldeten. Außerdem hatten drei Freunde eines Herrn, den er davon zu überzeugen versuchte, seine Frau nicht zu ermorden, an einem Samstagabend derart auf ihn eingewirkt, dass sein ohnehin schon hässliches

Aussehen, als er aus dem Krankenhaus kam, durch eine Nase, die einer knorrigen Nase ähnelte, zusätzlich beeinträchtigt wurde Wurzel eines Baumes. All diese Dinge hatten den Charme von Whitechapel verloren, und der klösterliche Frieden der Battersea Park Road war dankbar und tröstlich.

Und gerade als die ungebrochene Ruhe ihren Reiz zu verlieren begann und Tatenträume ihn erneut beunruhigten, trat ein neues Interesse in sein Leben; und als es kam, hörte er auf, aus Battersea entfernt zu werden. Er verliebte sich.

Es geschah auf der Rückseite der York Mansions. Alles, was jemals passiert ist, ist dort passiert; Denn im hinteren Teil dieser Wohnblöcke findet das wahre Leben statt. Vorne sieht man nie etwas, außer ab und zu einen jungen Mann mit zerzaustem Kopf, der eine Pfeife raucht; aber hinten, wo die Köche herauskommen, um mit den Handwerkern zu verhandeln, herrscht zu bestimmten Tageszeiten ein recht respektables Treiben. Pointierte Dialoge über die Eier von gestern und die Zähigkeit des Fleisches vom Samstag werden *fortissimo* zwischen fröhlichen Jugendlichen auf der Straße und satirischen jungen Frauen in bedruckten Kleidern geführt, die aus ihren Küchentüren auf kleine Balkone kommen. Das Ganze hat einen angenehmen Romeo-und-Julia-Touch. Romeo klappert in seinem Einkaufswagen heran. 'Vierundsechzig!' er weint. „Sechzig- fow , sechzig- fow , sechzig- fow –" Die Küchentür öffnet sich und Juliet kommt heraus. Sie blickt Romeo an, ohne große Zuneigung zu zeigen. „Sind Sie Perkins und Blissett ?" sie erkundigt sich kalt. Romeo gibt es zu. „Zwei von den Eiern von gestern waren schlecht." Romeo protestiert. Er verteidigt seine Eier. Sie waren frisch von der Henne; er stand über ihr, während sie sie hinlegte. Juliet hört kühl zu. „Ich glaube *nicht* ", sagt sie. „Na ja, die Hälfte Zucker, eine Marmelade und zwei Frühstücksspeck", fügt sie hinzu und beendet den Streit. Es ertönt ein Rasseln, als würde ein Dampfer den Anker lichten; die Waren fahren im Aufzug des Handwerkers nach oben; Juliet sammelt sie ein, geht hinaus und knallt die Tür zu. Das kleine Drama ist vorbei.

So ist das Leben hinter den York Mansions – eine geschäftige, pulsierende Angelegenheit.

Plimmers zweiter Woche des einfachen Lebens über die Welt gelegt , als seine Aufmerksamkeit durch einen Pfiff erregt wurde. Es folgte ein musikalisches „Hi!"

Constable Plimmer blickte auf. Auf dem Küchenbalkon einer Wohnung im zweiten Stock stand ein Mädchen. Als er sie langsam und erschöpfend ansah, spürte er seltsame Erregungen. Es war etwas an diesem Mädchen, das Constable Plimmer begeisterte . Ich sage nicht, dass sie eine Schönheit war; Ich behaupte nicht, dass Sie oder ich von ihr geschwärmt hätten; Ich sage nur, dass Constable Plimmer dachte, es gehe ihr gut.

'Vermissen?' er sagte.

„Hast du Zeit für dich?“ sagte das Mädchen. „Alle Uhren sind stehengeblieben.“

„Die Zeit“, sagte Constable Plimmer und schaute auf die Uhr, „will genau zehn Minuten vor vier sein.“

'Danke.'

„Überhaupt nicht, Fräulein.“

Das Mädchen war zu Gesprächen geneigt. Es war diese schöne Stunde des Tages, wenn man das Mittagessen erledigt hat und noch nicht an das Abendessen denken muss und ein bisschen Zeit hat, ein oder zwei Mal durchzuatmen. Sie beugte sich über den Balkon und lächelte freundlich.

„Wenn Sie wissen wollen, wie spät es ist, fragen Sie einen Pleeceman “, sagte sie. „Du bist schon lange dabei?“

„Nur knapp zwei Wochen, Miss.“

„Ich bin seit drei Tagen hier.“

„Ich hoffe, es gefällt Ihnen, Fräulein.“

'Soso. „Der Milchmann ist ein netter Junge.“

Constable Plimmer antwortete nicht. Er war damit beschäftigt, den Milchmann im Stillen zu hassen. Er kannte ihn – einen dieser gutaussehenden Kerle; einer dieser geölten und lockigen Perisher; Einer dieser blühenden Faszinatoren, die durch die Welt ziehen und hässlichen, ehrlichen Männern mit liebevollem Herzen das Leben schwer machen. Oh ja, er kannte den Milchmann.

„Er ist ein seltener Witzbold“, sagte das Mädchen.

Constable Plimmer antwortete weiterhin nicht. Er war sich vollkommen bewusst, dass der Milchmann mit seinen Witzen selten war. Er hatte ihn gehört. Die Art und Weise, wie Mädchen sich in jeden verliebten, der die Gabe des Sprechens hatte – das war es, was Constable Plimmer verbitterte .

„Er-“, kicherte sie. „Er nennt mich kleines Stiefmütterchengesicht.“

„Wenn Sie mich entschuldigen würden, Miss“, sagte Constable Plimmer kalt, „ich muss mich an meinen Takt halten.“

Kleines Stiefmütterchengesicht! Und du konntest ihn dafür nicht verhaften! Was für eine Welt! Constable Plimmer ging auf und ab, ein blau gekleideter Vulkan.

Es ist schrecklich, von einem Milchmann besessen zu sein. Für Constable Plimmers verwirrte Vorstellungskraft kam es seit diesem Interview so vor, als sei die Welt zu einem einzigen soliden Milchmann geworden. Wohin er auch ging, es schien, als würde er diesem Milchmann begegnen. Wenn er sich auf der Vorderstraße befand, kam dieser Milchmann – Alf Brooks, wie es schien, sein abscheulicher Name war – mit seinen klirrenden Dosen vorbeigerattert, als wäre er Apollo, der seinen Streitwagen steuerte. Wenn er hinten rund war, war da Alf, sein verdammter Tenor, der Duette mit den Balkonen spielte. Und das alles im Widerspruch zum bekannten Gesetz der Naturgeschichte, dass Milchmänner nicht nach fünf Uhr morgens herauskommen. Das verärgerte Constable Plimmer . Sie sprechen davon, dass ein Mann „mit der Milch nach Hause geht“, wenn Sie meinen, dass er sich in den frühen Morgenstunden einschleicht. Wenn alle Milchmänner wie Alf Brooks wären, wäre der Satz bedeutungslos.

Er grübelte. Die Ungerechtigkeit des Schicksals machte ihn wütend. Ein Mann erwartet von Soldaten und Seeleuten Ärger in seinen Herzensangelegenheiten, und selbst von einem Briefträger herausgeschnitten zu werden, bedeutet, vor einem würdigen Feind zu fallen; aber Milchmänner – nein! Die Vorsehung hatte nur die Gehilfen der Lebensmittelhändler und die Telegraphenjungen dazu bestimmt, Milchmänner zu fürchten.

Doch hier war Alf Brooks, entgegen allen Regeln, der etablierte Liebling der Villen. Helle Augen leuchteten von den Balkonen, als sein „Milch – oo – oo “ ertönte. Goldene Stimmen kicherten entzückt über seine gebrüllte Spreu. Und Ellen Brown, die er Little Pansy-Face nannte, war definitiv in ihn verliebt.

Sie leisteten Gesellschaft. Sie gingen hinaus. Diese erdrückende Wahrheit erfuhr Edward Plimmer von Ellen selbst.

Sie hatte sich hinausgeschlichen, um einen Brief an den Briefkasten an der Ecke zu schicken, und sie erreichte ihn gerade, als der Polizist während seiner Streife dort eintraf.

Die Nervosität trieb Constable Plimmer dazu, sich vorwurfsvoll zu äußern.

„Ullo, , ullo , , ullo “, sagte er. „Liebesbriefe posten?“

'Was ich? Ich wende mich an den Polizeikommissar und sage ihm, dass Sie nichts taugen.'

„Ich werde es ihm geben.“ Er und ich essen heute Abend zu Abend.'

Die Natur hatte nie vorgesehen, dass Constable Plimmer verspielt war. Am schlimmsten war er, als er ausrastete. Er schnappte sich den Brief mit scheinbar heiterer Fröhlichkeit und schaffte es nur, wie ein wütender Gorilla auszusehen. Das Mädchen stieß einen erschrockenen Schrei aus.

Der Brief war an Herrn A. Brooks gerichtet.

Danach war die Verspieltheit im Nachhinein. Das Mädchen war verängstigt und wütend, und er blickte finster drein, mit einer Mischung aus Eifersucht und Bestürzung.

„Ho!" er sagte. „Ho! Herr A. Brooks!'

Ellen Brown war ein nettes Mädchen, aber sie hatte ein Temperament, und es gab Momente, in denen ihren Manieren deutlich die Gelassenheit fehlte, die die Kaste der Vere de Vere auszeichnet.

„Na, was ist damit?" Sie weinte. „Kann man nicht an den jungen Herrn schreiben, mit dem man Gesellschaft leistet, ohne die Erlaubnis aller einzuholen …" Sie hielt inne, um ihre Kräfte für den Angriff zu sammeln. „Ohne die Erlaubnis jedes großen, hässlichen, rotgesichtigen Polizisten mit großen Füßen und gebrochener Nase in London einholen zu müssen?"

Constable Plimmer verwandelte sich in dumpfes Unglück. Ja, sie hatte recht. Das war die richtige Beschreibung. So würde ihn ein unparteiischer Scotland Yard beschreiben müssen, wenn er sich jemals verirrte. 'Fehlen. Ein großer, hässlicher Polizist mit rotem Gesicht, großen Füßen und gebrochener Nase.' Sonst würden sie ihn nie finden.

„Vielleicht hast du Einwände dagegen, dass ich mit Alf hinausgehe? Vielleicht haben Sie etwas gegen ihn? Ich nehme an, du bist eifersüchtig!'

Den letzten Vorschlag brachte sie ganz aus sportlichem Geist ein. Sie liebte den Kampf und hatte das Gefühl, dass dieser viel zu schnell zu Ende gehen würde. Um es zu verlängern, gab sie ihm diese Gelegenheit. Es gab ein Dutzend Möglichkeiten, wie er antworten konnte, jede beleidigender als die andere; und dann, als er fertig war, konnte sie von vorne beginnen. Diese kleinen Begegnungen, die sie abhielt, schärften den Verstand, regten den Kreislauf an und hielten einen an der frischen Luft.

„Ja", sagte Constable Plimmer .

Es war die einzige Antwort, die sie nicht erwartet hatte. Für direkten Missbrauch, für Sarkasmus, für Würde, für fast jede Rede, die mit „Was!" beginnt. Neidisch auf dich. Warum …" Sie war vorbereitet. Aber das war unglaublich. Es machte sie kampfunfähig, so wie der wilde Stoß eines ungeübten Fechters einen Degenmeister kampfunfähig macht. Sie suchte in Gedanken und stellte fest, dass sie nichts zu sagen hatte.

Es gab einen angespannten Moment, in dem sie ihn, wie er ihr in die Augen blickte, merkwürdigerweise weniger hässlich vorfand, als sie angenommen hatte, und dann war er verschwunden, rollte in seinem Tempo dahin, mit der Miene, die alle Polizisten annehmen müssen, dass er keine Gefühle für ihn hatte alles, und – solange es sich benimmt – kein Interesse an der Menschheit.

Ellen hat ihren Brief gepostet. Nachdenklich ließ sie es in die Kiste fallen und kehrte nachdenklich in die Wohnung zurück. Sie schaute über ihre Schulter, aber Constable Plimmer war außer Sichtweite.

Plimmer zu ärgern . Für einen Mann, der in Liebe gekreuzt ist, ist die Tat das einzig Schmerzlindernde; und Battersea ließ keinen Handlungsspielraum. Er träumte jetzt von den alten Whitechapel-Tagen, wie ein Mann von den Freuden seiner Kindheit träumt. Er dachte bitter darüber nach, dass ein Mensch nie weiß, wann es ihm auf dieser Welt gut geht. Jeder dieser unzähligen Betrunkenen und Unruhestifter wäre jetzt wie Balsam für ihn gewesen. Er war wie ein Mann, der ein Vermögen verloren hat und in Armut das Brot der Reue isst. Erstaunt erinnerte er sich daran, dass er in diesen glücklichen Tagen über sein Los gemurrt hatte. Er erinnerte sich, dass er einem Freund im Bahnhofsgebäude, als er die Stelle an seinem rechten Schienbein mit Salbe einrieb, wo der gut beschuhte Fuß eines fröhlichen Kundenhändlers nach Hause gekommen war, anvertraut hatte, dass so etwas – gemeint waren militante Kundenhändler – „ein …“ sei etwas zu dick‘. Etwas zu dick! Nun, er würde einen dafür bezahlen, ihn zu treten. Und was die drei treuen Freunde des Möchtegern-Frauenmörders betrifft, der sich die Nase gebrochen hatte: Wenn er sie um die Ecke kommen sah, würde er sie wie Brüder willkommen heißen.

Und Battersea Park Road döste weiter – ruhig, intellektuell, gesetzestreu.

Ein Freund erzählte ihm, dass es in einer dieser Wohnungen einmal einen Mord gegeben habe. Er hat es nicht geglaubt. Wenn eine dieser Muscheln mit ihren weißen Blutkörperchen jemals eine Fliege erschlagen hat, dann war das nichts, was sie tun konnten. Auf den ersten Blick war die Sache lächerlich. Wenn sie zum Mord fähig wären, hätten sie Alf Brooks ermordet.

Er stand auf der Straße und blickte verärgert zu den ruhigen Gebäuden hinauf.

„Grr -rr - rr !“ Er knurrte und trat gegen den Bürgersteig.

Und noch während er sprach, erschien auf dem Balkon einer Wohnung im zweiten Stock eine Frau, eine ältere Frau mit scharfem Gesicht, die mit den Armen wedelte und schrie: „Polizist!“ Offizier! Komm rauf! Komm sofort her!'

Plimmer die Steintreppe hinauf . Sein Geist war wachsam und fragend. Mord? Wahrscheinlich kaum Mord. Wenn es das gewesen wäre, hätte die

Frau es gesagt. Sie sah nicht wie die Art von Frau aus, die bei einer solchen Sache zurückhaltend wäre. Naja, jedenfalls war es etwas; und Edward Plimmer war lange genug in Battersea, um für kleine Gefälligkeiten dankbar zu sein . Ein betrunkener Ehemann wäre besser als nichts. Zumindest wäre er etwas, das jemand in die Hände bekommen und ein bisschen herumwerfen könnte.

Die Frau mit dem scharfen Gesicht wartete an der Tür auf ihn. Er folgte ihr in die Wohnung.

„Was ist los, Ma'am?"

'Diebstahl! Unser Koch hat gestohlen!'

Sie schien darüber ausreichend aufgeregt zu sein, doch Constable Plimmer verspürte nur Depression und Enttäuschung. Als überzeugter Bewunderer des Geschlechts hasste er es, Frauen zu verhaften. Darüber hinaus ist es für einen Mann, der in der Stimmung ist, Anarchisten mit Bomben zu bekämpfen, ärgerlich, mit Bagatelldiebstählen konfrontiert zu werden. Aber Pflicht war Pflicht. Er zog sein Notizbuch hervor.

'Sie ist in ihrem Zimmer. Ich habe sie eingesperrt. Ich weiß, dass sie meine Brosche genommen hat. Uns ist Geld entgangen. Du musst sie durchsuchen.'

„Das geht nicht, Ma'am." Durchsucherin am Revier.'

„Nun, Sie können ihre Kiste durchsuchen."

Ein kleiner, kahlköpfiger, nervöser Mann mit Brille erschien wie aus einer Falle. Tatsächlich war er die ganze Zeit dort gewesen und hatte am Bücherregal gestanden; Aber er war einer dieser Männer, die man erst bemerkt, wenn sie sich bewegen und sprechen.

„Ähm – Jane."

„Na, Henry?"

Der kleine Mann schien etwas zu schlucken.

„Ich – ich denke, dass du Ellen möglicherweise Unrecht tust." Es ist durchaus möglich, was das Geld angeht ..." Er lächelte gespenstisch und wandte sich an den Polizisten. „Ähm – Offizier, ich sollte Ihnen sagen, dass meine Frau – ach – die Fäden unseres kleinen Hauses in der Hand hat; und es ist durchaus möglich, dass *ich* in einem Moment der Geistesabwesenheit ..."

„Willst du mir sagen, Henry, dass *du* mein Geld genommen hast?"

„Meine Liebe, es ist einfach möglich, dass in den Bauchmuskeln ..."

'Wie oft?'

Er schwankte spürbar. Das Gewissen begann die Kontrolle zu verlieren.

„Oh, nicht oft."

'Wie oft? Mehr als einmal?'

Das Gewissen hatte seinen Riegel geschossen. Der kleine Mann gab den Kampf auf.

„Nein, nein, nicht mehr als einmal." Sicherlich nicht mehr als einmal.'

„Du hättest es überhaupt nicht tun sollen." Wir werden später darüber sprechen. Es ändert nichts an der Tatsache, dass Ellen eine Diebin ist. Ich habe ein halbes Dutzend Mal Geld verpasst. Außerdem gibt es noch die Brosche. Gehen Sie hier entlang, Offizier.'

Constable Plimmer ging in diese Richtung – sein Gesicht war eine Maske. Er wusste, wer hinter der verschlossenen Tür am Ende des Gangs auf sie wartete. Aber es war seine Pflicht, so auszusehen, als wäre er ausgestopft, und das tat er auch.

Sie saß auf ihrem Bett, gekleidet für die Straße. Es sei ihr Nachmittag unterwegs, hatte die Frau mit dem scharfen Gesicht Constable Plimmer informiert und die Tatsache darauf zurückgeführt, dass sie den Verlust der Brosche rechtzeitig entdeckt hatte, um ihr ein direktes Eingreifen der Vorsehung zu verhindern. Sie war blass und in ihren Augen lag ein gehetzter Ausdruck.

„Du böses Mädchen, wo ist meine Brosche?"

Sie hielt es wortlos hin. Sie hatte es in ihrer Hand gehalten.

„Sehen Sie, Offizier!"

„Ich habe es nicht gestohlen. Ich habe es nicht, sondern ausgeliehen. Ich wollte es zurücklegen.'

'Zeug und Unsinn! Leihen Sie es sich tatsächlich aus! Wozu?'

„Ich – ich wollte gut aussehen."

Die Frau lachte kurz. Constable Plimmers Gesicht war nur noch ein ausdrucksloser Holzklotz.

„Und was ist mit dem Geld, das mir gefehlt hat? Ich nehme an, Sie werden sagen, dass Sie sich das nur ausgeliehen haben?'

„Ich habe nie kein Geld genommen."

„Nun, es ist weg, und Geld geht nicht von alleine." Bringen Sie sie zur Polizeistation, Officer.'

Constable Plimmer hob schwere Augen.

„Sie erheben eine Anklage, Ma'am?"

„Segne den Mann! Natürlich erhebe ich eine Gebühr. Was hast du gedacht, wofür ich dich gebeten habe einzuspringen?'

„Kommen Sie mit, Fräulein?" sagte Constable Plimmer .

Draußen auf der Straße schien die Sonne fröhlich auf das friedliche Battersea herab. Es war die Stunde, in der Kinder mit ihren Ammen ins Ausland gingen; und aus den grünen Tiefen des Parks erklangen fröhliche Stimmen. Eine Katze streckte sich in der Sonne aus und beäugte die beiden träge und zufrieden, während sie vorbeigingen.

Sie gingen schweigend. Constable Plimmer war ein Mann mit einem klaren Gespür dafür, was zum Verhalten eines diensthabenden Polizisten gehörte und was nicht : Er strebte stets nach einer maschinenähnlichen Unpersönlichkeit. Es gab Zeiten, in denen es schwierig war, aber er gab sein Bestes. Er schritt weiter, das Kinn erhoben und den Blick abgewandt. Und neben ihm –

Nun ja, sie weinte nicht. Das war etwas.

Um die Ecke, wunderschön in hellem Flanell gekleidet, an beiden Enden fröhlich, mit einem neuen Strohhut und den gelbsten Schuhen im Südwesten Londons, parfümiert, lockig, ein Prinz unter jungen Männern, stand Alf Brooks. Er war pikiert. Als er drei Uhr sagte, meinte er drei Uhr. Es war jetzt Viertel nach drei, und sie war nicht erschienen. Alf Brooks schwor ungeduldig einen Eid, und ihm kam, wie schon manchmal zuvor, der Gedanke in den Sinn, dass Ellen Brown nicht das einzige Mädchen auf der Welt war.

„Gib ihr noch fünf Minuten –"

In diesem Moment bog Ellen Brown mit Eskorte um die Ecke.

Wut war das erste Gefühl, das das Spektakel in Alf Brooks hervorrief. Mädchen, die einen Kerl warten ließen, während er mit Polizisten herumalberte, waren für ihn keine Mädchen. Sie konnten ein für alle Mal verstehen, dass er ein Mann war, der sich etwas aussuchen konnte.

Und dann ließ ein elektrischer Schlag die Welt vor seinen Augen tanzen. Dieser Polizist trug seinen Gürtel; er war im Dienst. Und Ellens Gesicht war nicht das Gesicht eines Mädchens, das zum Vergnügen mit der Macht spazierte.

Sein Herz blieb stehen und begann dann zu rasen. Seine Wangen waren dunkelrot gerötet. Sein Kiefer fiel herunter und eine prickelnde Wärme glühte in den Teilen um seine Wirbelsäule herum.

'Goo'!'

Seine Finger suchten nach seinem Kragen.

„Krümel!"

Ihm war am ganzen Körper heiß.

'Goo' Lor'! Sie wurde gekniffen!'

Er zupfte an seinem Kragen. Es erstickte ihn.

Alf Brooks zeigte sich in der ersten echten Krise, die ihm das Leben aufgezwungen hatte, nicht besonders gut. Das muss man zugeben. Später, als es vorbei war und er Zeit hatte, sich selbst zu prüfen, gestand er es sich ein. Aber selbst dann entschuldigte er sich, indem er Space polternd fragte, was er sonst hätte tun können. Und wenn die Frage beim ersten Mal nicht viel Balsam auf seine Seele brachte, erwies sie sich bei ständiger Wiederholung als wunderbar beruhigend. Er wiederholte es in regelmäßigen Abständen während der nächsten zwei Tage, und am Ende dieser Zeit war seine Heilung abgeschlossen. Am dritten Morgen hatte sein „Milch – oo – oo " wieder seinen gewohnten sorglosen Klang angenommen, und er hatte das Gefühl, dass er unter schwierigen Umständen auf die einzig mögliche Weise gehandelt hatte.

Halten. Er war Alf Brooks, in der Nachbarschaft bekannt und respektiert ; sonntags ein Sänger im Chor; Besitzer eines Milkwalks im angesagtesten Teil von Battersea; im Grunde ein Mann des öffentlichen Lebens. Sollte er am helllichten Tag und auf offener Straße ein Mädchen erkennen, das mit einem Polizisten ging, weil sie es musste, einen Übeltäter, ein Mädchen, das gekniffen worden war?

an ihrer hölzernen Seite Constable Plimmer , kam auf ihn zu. Sie war zehn Meter entfernt – sieben – fünf – drei – Alf Brooks zog seinen Hut über seine Augen und ging an ihr vorbei, ohne etwas zu sehen, ein Fremder.

Er beeilte sich weiter. Er hatte das merkwürdige Gefühl, als würde ihn jemand treten, aber er wagte nicht, sich umzusehen.

Constable Plimmer blickte mit ernstem Blick in die Ferne. Sein Gesicht war röter als je zuvor. Unter seiner blauen Tunika waren seltsame Gefühle am Werk. Etwas schien seine Kehle zu füllen. Er versuchte es zu schlucken.

Er blieb stehen. Das Mädchen blickte ihn mit einer Art dumpfen, fragenden Art an. Ihre Blicke trafen sich zum ersten Mal an diesem Nachmittag, und Constable Plimmer kam es so vor, als sei das, was auch immer es war, das die Innenseite seines Halses störte, größer und unkontrollierbarer geworden.

In ihrem Blick lag das Elend des geplagten Tieres. Er hatte in Whitechapel Frauen gesehen, die so aussahen. Die Frau, der er indirekt seine gebrochene Nase verdankte, hatte so ausgesehen. Als seine Hand auf den Kragen des Mannes fiel, der sie zu Tode trat, hatte er ihre Augen gesehen. Es waren Ellens Augen, wie sie jetzt da stand – gequält, niedergeschlagen und doch klaglos.

Constable Plimmer sah Ellen an, und Ellen sah Constable Plimmer an . Unten auf der Straße spielten einige Kinder mit einem Hund. In einer der Wohnungen begann eine Frau zu singen.

„Hoffentlich“, sagte Constable Plimmer .

Er sprach schroff. Das Sprechen fiel ihm schwer.

Das Mädchen erschrak.

„Was sagst du?“

„Hör mal. Auskommen. Renn weg.'

'Wie meinst du das?'

Constable Plimmer blickte finster. Sein Gesicht war scharlachrot. Sein Kiefer ragte hervor wie ein Wellenbrecher aus Granit.

„Mach weiter“, knurrte er. „Hör mal. Sag ihm, es war alles ein Witz. Ich erkläre es am Bahnhof.'

Es schien ihr langsam zu dämmern.

„Meinst du, ich soll gehen?“

'Ja.'

'Wie meinst du das? Du wirst mich nicht zum Bahnhof bringen?'

'NEIN.'

Sie starrte ihn an. Dann brach sie plötzlich zusammen,

„Er würde mich nicht ansehen. Er schämte sich für mich. Er tat so, als würde er mich nicht sehen.'

Sie lehnte sich an die Wand und ihr Rücken zitterte.

„Nun, lauf ihm nach und sag ihm, dass alles …"

'Nein nein Nein.'

Constable Plimmer blickte missmutig auf den Bürgersteig. Er hat es getreten.

Sie drehte sich um. Ihre Augen waren rot, aber sie weinte nicht mehr. Ihr Kinn hatte eine mutige Neigung.

„Ich konnte nicht – nicht nach dem, was er getan hat." Lass uns mitgehen. Es ist mir egal.'

Sie sah ihn neugierig an.

„Hättest du mich wirklich gehen lassen?"

Constable Plimmer nickte. Er spürte, dass ihr Blick sein Gesicht suchte, aber er begegnete ihnen nicht.

'Warum?'

Er hat nicht geantwortet.

„Was wäre mit dir passiert, wenn du es getan hättest?"

Constable Plimmer war aus dem Stoff, aus dem Albträume gemacht sind. Er trat mit zunehmender Bösartigkeit gegen den harmlosen Bürgersteig.

„Die Macht entlassen", sagte er knapp.

„Und auch ins Gefängnis geschickt, das sollte mich nicht wundern."

'Vielleicht.'

Er hörte, wie sie tief Luft holte, und wieder herrschte Schweigen über ihnen. Der Hund am Ende der Straße hatte aufgehört zu bellen. Die Frau in der Wohnung hatte aufgehört zu singen. Sie waren seltsamerweise allein.

„Hättest du das alles für mich getan?" Sie sagte.

'Ja.'

'Warum?'

„Weil ich nicht glaube, dass du es jemals getan hast. Ich meine, ich habe das Geld gestohlen. Auch nicht die Brosche.'

'War das alles?'

„Was meinst du mit – alle?“

„War das der einzige Grund?“

Er drehte sich fast drohend zu ihr um.

„Nein“, sagte er heiser. „Nein, das war es nicht, und du weißt, dass es das nicht war. Nun, wenn Sie es wollen, können Sie es haben. Es war, weil ich dich liebe. Dort! Jetzt habe ich es gesagt, und jetzt kannst du so viel über mich lachen, wie du willst.‘

„Ich lache nicht“, sagte sie nüchtern.

„Du denkst, ich bin ein Idiot!“

„Nein, das tue ich nicht.“

„Ich bin nichts für dich.“ *Er ist* der Kerl, an dem du hängen bleibst.‘

Sie schauderte leicht.

'NEIN.'

'Wie meinst du das?'

'Ich habe mich verändert.' Sie hielt inne. „Ich denke, ich werde mich noch mehr verändert haben, wenn ich rauskomme.“

'Herauskommen?'

„Komm aus dem Gefängnis.“

„Du gehst nicht ins Gefängnis.“

'Ja bin ich.'

„Ich werde dich nicht mitnehmen.“

'Ja du wirst. Glaubst du, ich lasse zu, dass du dich in solche Schwierigkeiten bringst, um mich aus der Klemme zu retten? Nicht viel.'

„Du kannst es hoffen, wie ein braves Mädchen.“

'Nicht ich.'

Er stand da und sah sie an wie ein verwirrter Bär.

„Sie können mich nicht fressen.“

„Sie werden dir alle Haare abschneiden.“

„Gefallen dir meine Haare?“

'Ja.'

„Nun, es wird wieder wachsen.“

„Warten Sie nicht auf zu reden. Hoppla.'

„Das werde ich nicht. Wo ist der Bahnhof?'

„Nächste Straße.“

„Na dann komm doch.“

Die blaue Glaslampe des Polizeireviers kam in Sicht und sie blieb einen Moment stehen. Dann ging sie wieder weiter, das Kinn geneigt. Aber ihre Stimme zitterte ein wenig, als sie sprach.

„Fast da. Nächster Halt: Battersea. Alles verändern! „Ich sage, Herr – ich kenne Ihren Namen nicht.“

„ Plimmer ist mein Name, Fräulein.“ Edward Plimmer .'

„Ich frage mich, ob – ich meine, es wird dort, wo ich hingehe, ziemlich einsam sein – ich frage mich, ob – ich meine, es wäre eher ein Spaß, wenn ich rauskomme, wenn ich einen Kumpel finden würde, der auf mich wartet „Hallo“ sagen.

Constable Plimmer stützte seine großen Füße auf die Steine und wurde lila.

„Fräulein“, sagte er, „ich werde da sein, wenn ich die ganze Nacht wach bleiben muss.“ Das erste, was Sie sehen, wenn sie die Türen öffnen, ist ein großer, hässlicher Polizist mit rotem Gesicht, großen Füßen und einer gebrochenen Nase. Und wenn Sie „Hallo“ zu ihm sagen, wenn er „Hallo“ zu Ihnen sagt, wird er so erfreut sein wie Punch und so stolz wie ein Herzog. Und, Fräulein‘ – er ballte die Hände, bis die Nägel das lederne Fleisch schmerzten – ‚und, Fräulein, ich möchte nur noch eines sagen. Sie werden eine Zeit lang viel Zeit für sich haben ; Sie können gut nachdenken, ohne dass Sie jemand stört. Und wenn Sie nichts dagegen haben, möchte ich Sie bitten, darüber nachzudenken, ob Sie diesen schmalbrüstigen, gottverlassenen Kerl, der Sie so gemein behandelt hat, nicht vergessen und auf halbem Weg bleiben können Ich mag jemanden, der ganz genau weiß, dass du das einzige Mädchen bist, das es gibt.‘

Sie schaute an ihm vorbei auf die Lampe, die blau und bedrohlich über der Bahnhofstür hing.

„Wie lange habe ich noch Zeit?“ Sie sagte. „Was werden sie mir geben? Dreißig Tage?'

Er nickte.

„So lange werde ich nicht brauchen", sagte sie. „Ich sage, wie nennen dich die Leute? – Leute, die dich mögen, meine ich? – Eddie oder Ted?"

„So lange werde ich nicht brauchen", sagte sie. „Ich sage, wie nennen dich die Leute? – Leute, die dich mögen, meine ich? – Eddie oder Ted?"

Ein Meer voller Probleme

Herr Meggs' Entscheidung stand fest. Er wollte Selbstmord begehen.

In der Zeitspanne, die zwischen dem ersten Aufkommen der Idee und seinem gegenwärtigen Zustand fester Entschlossenheit verstrichen war, hatte es Augenblicke gegeben, in denen er schwankte. In diesen Momenten hatte er mit Hamlet über die Frage debattiert, ob es edler sei, zu leiden oder zu den Waffen zu greifen, um einem Meer von Problemen entgegenzuwirken und sie durch Widerstand zu beenden. Aber das alles war jetzt vorbei. Er war entschlossen.

Herr Meggs' Standpunkt, sozusagen der Hauptpfeiler seiner selbstmörderischen Strategie, war, dass es für ihn neben der Frage stand, ob es edler sei, im Geiste zu leiden oder nicht. Der Geist hat sich kaum darauf eingelassen. Er musste sich entscheiden, ob es sich lohnte, den vollkommen höllischen Schmerz in seinem Magen noch länger zu ertragen. Für Mr Meggs war eine Märtyrerin der Verdauungsstörungen. Da er sich auch den Freuden der Tafel widmete, war das Leben für ihn zu einem einzigen langen Kampf geworden, in dem er, was auch immer geschah, immer das Schlimmste davontrug.

Er hatte es satt. Er blickte auf die Jahre zurück und fand darin keine Hoffnung für die Zukunft. Eines nach dem anderen hatten ihn alle Patentarzneien der Schöpfung im Stich gelassen. Smith's Supreme Digestive Pellets – er hatte ihnen ein mehr als faires Verfahren geboten. Blenkinsops flüssiger Lebensspender – er hatte genug davon getrunken, um ein Schiff schweben zu lassen. Perkins' Premier Pain-Preventer, wärmstens empfohlen von der schwertschluckenden Dame bei Barnum and Bailey's – er hatte darin geschwelgt. Und so weiter unten auf der Liste. Sein innerer Organismus hatte die Menge von ihnen einfach nur verspottet.

„Tod, wo ist dein Stachel?" dachte Mr Meggs und begann sofort mit den Vorbereitungen.

Diejenigen, die sich mit diesem Thema befasst haben, sagen, dass die Tendenz, Selbstmord zu begehen, bei denjenigen am größten ist, die ihr fünfundfünfzigstes Lebensjahr überschritten haben, und dass die Rate bei unbeschäftigten Männern doppelt so hoch ist wie bei beschäftigten Männern. Unglücklicher Herr Meggs hat es dementsprechend sozusagen mit beiden Läufen erwischt. Er war sechsundfünfzig und vielleicht der arbeitsloseste Erwachsene im gesamten Vereinigten Königreich. Er schuftete nicht und spinnte auch nicht. Zwanzig Jahre zuvor hatte ihn ein unerwartetes Erbe in die Lage versetzt, seiner natürlichen Vorliebe für Müßiggang bis zum Äußersten zu frönen. Beruflich war er damals Angestellter in einer eher unbekannten Reederei. Außerhalb der Bürozeiten hegte er eine leichte Vorliebe für Briefe, was sich in der Absicht äußerte, eines Tages die hundert besten Bücher durchzulesen, sich aber eigentlich mit der Tageszeitung und einer gelegentlichen Zeitschrift begnügte.

So war Herr Meggs mit sechsunddreißig. Die Notwendigkeit, für seinen Lebensunterhalt arbeiten zu müssen, und ein Gehalt, das zu gering war, als dass er sich zwischen den teureren und schädlicheren Gerichten auf der Speisekarte vergnügen konnte, hatten seine Verdauung bis zu diesem Zeitpunkt in vernünftigen Grenzen gehalten. Manchmal hatte er ein Stechen; häufiger hatte er keine.

Dann kam das Erbe und mit ihm Mr Meggs ließ sich gehen. Er verließ London und zog sich in sein Heimatdorf zurück, wo er mit einem französischen Koch und einer Reihe von Sekretärinnen, denen er in langen Abständen gelegentliche Absätze eines Buches über britische Schmetterlinge diktierte, an dem er zu arbeiten glaubte, das nächste durchging 20 Jahre. Er konnte es sich leisten, gute Leistungen zu erbringen, und er hat sich außerordentlich gut geschlagen. Niemand drängte ihn, Sport zu treiben, also machte er keinen Sport. Niemand warnte ihn vor den Gefahren, die Hummer und Waliserkaninchen für einen Mann mit sesshaften Gewohnheiten darstellen, denn es war niemandes Aufgabe, ihn zu warnen. Im Gegenteil, die Leute förderten eher die Hummerseite seines Charakters, denn er war eine gastfreundliche Seele und ließ seine Freunde gerne mit ihm speisen. Das Ergebnis war, dass die Natur, wie es ihre Gewohnheit ist, nach ihm suchte und ihn bekam. Es schien Mr Meggs , dass er eines Morgens aufwachte und feststellte, dass er an chronischer Dyspepsie litt. Das war seiner Meinung nach eine der Härten seiner Position. Das Ding schien ihn plötzlich aus heiterem Himmel zu treffen. Einen Moment lang schien alles Frieden und Freude zu sein; Als nächstes schien sich irgendwie eine lebhafte und gereizte Wildkatze mit glühenden Krallen in sein Inneres eingedrungen zu haben.

Also Herr Meggs beschloss, es zu beenden.

In dieser Krise seines Lebens kehrten die alten methodischen Gewohnheiten seiner Jugend zurück. Ein Mann kann nicht über einen längeren Zeitraum Angestellter in einer unbekannten Speditionsfirma sein, ohne sich ein System anzueignen, und Mr Meggs traf seine Vorbereitungen ruhig und mit einer Weitsicht, die einer besseren Sache würdig wäre.

Und so finden wir ihn an einem herrlichen Junimorgen an seinem Schreibtisch sitzend, bereit für das Ende.

Draußen brannte die Sonne auf die geordneten Straßen des Dorfes. Hunde dösten im warmen Staub. Männer, die arbeiten mussten, gingen feucht ihrer Arbeit nach, ihre Gedanken waren weit weg in schattigen Wirtshäusern.

Aber Mr Meggs war in seinem Arbeitszimmer geistig und körperlich kühl.

Vor ihm auf dem Schreibtisch lagen sechs kleine Zettel. Es handelte sich um Banknoten, die bis auf ein paar Pfund sein gesamtes weltliches Vermögen repräsentierten. Daneben lagen sechs Briefe, sechs Umschläge und sechs Briefmarken. Herr Meggs musterte sie ruhig.

Er hätte es nicht zugegeben, aber es hatte ihm viel Spaß gemacht, diese Briefe zu schreiben. Die Überlegungen darüber, wer seine Erben werden sollten, hatten ihn mehrere Tage lang angenehm beschäftigt und ihn sogar zeitweise so sehr von seinen inneren Sorgen abgelenkt, dass er sich oft in einer fast heiteren Stimmung überrascht hatte. Ja, er hätte es geleugnet, aber es war ein großer Spaß gewesen, in seinem Sessel zu sitzen und darüber nachzudenken, wen er aus Englands wimmelnden Millionen aussuchen sollte, um ihn mit seinem Geld glücklich zu machen. Alle möglichen Pläne waren ihm durch den Kopf gegangen. Er hatte ein Machtgefühl, das ihm der bloße Besitz des Geldes nie gegeben hatte. Er begann zu verstehen, warum Millionäre ungewöhnliche Testamente erstellen. Einmal hatte er mit dem Gedanken gespielt, zufällig jemanden aus dem Londoner Verzeichnis auszuwählen und ihm alles zu schenken, was er zu hinterlassen hatte. Er hatte den Plan erst aufgegeben, als ihm klar wurde, dass er selbst nicht in der Lage sein würde, die fassungslose Freude des Empfängers mitzuerleben. Und welchen Nutzen hatte es, so etwas zu starten, wenn man am Ende nicht dabei war?

Sentimentalität folgte der Skurrilität. Seine alten Freunde im Büro – das waren die Männer, die davon profitierten. Was waren das für gute Kerle! Einige waren tot, aber mit einem halben Dutzend von ihnen hielt er immer noch zeitweise Kontakt. Und – ein wichtiger Punkt – er kannte ihre aktuellen Adressen.

Dieser Punkt war wichtig, denn Mr Meggs hatte beschlossen, kein Testament zu hinterlassen, sondern das Geld direkt an die Begünstigten zu überweisen. Er wusste, was Testamente waren. Selbst unter ganz einfachen Umständen machten sie oft Ärger. Vor zwanzig Jahren hatte es ein paar kleine Komplikationen bezüglich seines eigenen Erbes gegeben. Jemand hatte das Testament angefochten, und bevor die Sache zufriedenstellend geklärt war, waren die Anwälte mit etwa zwanzig Prozent der Gesamtsumme davongekommen. Nein, kein Testament. Wenn er einen anfertigte und sich dann umbrachte, könnte er unter dem Vorwand der Unzurechnungsfähigkeit verärgert werden. Er kannte keinen Verwandten, der Anspruch auf das Geld hätte, aber es bestand die Möglichkeit, dass es einen entfernten Cousin gab;

und dann könnten die Kameraden seiner Jugend es vielleicht doch nicht
schaffen, sich zu sammeln.

Er lehnte es ab, das Risiko einzugehen. In aller Stille und nach und nach
hatte er die Aktien, in denen sein Vermögen angelegt war, verkauft und das
Geld bei seiner Londoner Bank deponiert. Sechs Stapel großer Banknoten,
die die Summe in sechs gleiche Teile teilen; sechs Briefe, verpackt in einem
Anflug von Pathos und männlicher Resignation; sechs Umschläge, leserlich
adressiert; sechs Briefmarken; und dieser Teil seiner Vorbereitungen war
abgeschlossen. Er leckte die Briefmarken ab und legte sie auf die Umschläge;
nahm die Notizen und fügte sie in die Briefe ein; faltete die Briefe und steckte
sie in die Umschläge; versiegelte die Umschläge; und als er die Schublade
seines Schreibtisches aufschloss, kam eine kleine, schwarze, hässlich
aussehende Flasche zum Vorschein.

Er öffnete die Flasche und schüttete den Inhalt in ein Medizinglas.

Es war nicht ohne langes Nachdenken geschehen, dass Mr Meggs hatte
sich für die Methode seines Selbstmordes entschieden. Das Messer, die
Pistole, das Seil – sie alle hatten ihm ihre Reize präsentiert. Er hatte die
Vorzüge des Ertrinkens und des Sprungs in die Zerstörung aus großer Höhe
weiter untersucht.

In jedem gab es Mängel. Entweder waren sie schmerzhaft, oder sie waren
unordentlich. Herr Meggs hatte eine gepflegte Seele und empörte sich vor
dem Gedanken, seine Figur zu verderben, was er mit Sicherheit tun würde,
wenn er sich ertränken würde; oder den Teppich, wie er es tun würde, wenn
er die Pistole benutzen würde; oder den Bürgersteig – und möglicherweise
einen unschuldigen Fußgänger, was unfehlbar passieren muss, wenn er vom
Denkmal springt. Das Messer kam nicht in Frage. Sein Instinkt sagte ihm,
dass es höllisch wehtun würde.

NEIN; Gift war die Sache. Einfach einzunehmen, schnell zu wirken und
im Großen und Ganzen angenehmer als sonst.

Herr Meggs versteckte das Glas hinter dem Tintenfass und klingelte.

„Ist Miss Pillenger angekommen?" er erkundigte sich beim Diener.

„Sie ist gerade gekommen, Sir."

„Sag ihr, dass ich hier auf sie warte."

Jane Pillenger war eine Institution. Ihre offizielle Position war die der
Privatsekretärin und Schreibkraft von Mr Meggs . Das heißt, in den seltenen
Fällen, in denen Mr Meggs' Gewissen überwand seine Trägheit und zwang
ihn, die Arbeit an seinen „British Butterflies" wieder aufzunehmen. An Miss
Pillenger richtete er die wenigen weitschweifigen und zusammenhangslosen

Bemerkungen, die seine Vorstellung von einer regelmäßigen harten, mühsamen Phase des literarischen Komponierens ausmachten. Als er sprachlos und erschöpft wie ein Marathonläufer, der seinen Sprint ein oder zwei Meilen zu früh begonnen hat, in seinen Stuhl zurücksank, war es Miss Pillengers Aufgabe, ihre Stenographienotizen zu entschlüsseln, sie ordentlich zu tippen und sie in ihre spezielle Schublade zu legen der Schreibtisch.

Miss Pillenger war eine misstrauische Jungfer mit strengen Ansichten, ungewissem Alter und einem tief verwurzelten Misstrauen gegenüber Männern – ein Misstrauen, das sie, um einem missbrauchten Sex gerecht zu werden, nichts gefördert hatten. Männer hatten im Umgang mit Miss Pillenger immer fast nüchtern korrekt gehandelt . In ihrer zwanzigjährigen Tätigkeit als Stenotypistin und Sekretärin hatte sie bei keinem ihrer Arbeitgeber auch nur eine Schachtel Pralinen mit Verachtung und Empörung ablehnen müssen. Dennoch blieb sie weiterhin eisig auf der Hut. Die geballte Faust ihrer Würde war stets zurückgezogen, bereit, sich auf den ersten Mann zu stürzen, der es wagte, über die Grenzen der professionellen Höflichkeit hinauszugehen.

Das war Miss Pillenger . Sie war die letzte einer langen Reihe ungeschützter englischer Mädchen, die aufgrund der schwierigen Umstände gezwungen waren, sich den entsetzlich trostlosen Unsinn anzuhören, den Mr Meggs musste sich zum Thema britische Schmetterlinge äußern. Mädchen waren gekommen und Mädchen waren gegangen, Blondinen, Ex-Blondinen, Brünetten, Ex-Brünetten, Beinahe-Blondinen, Beinahe-Brünette; Sie waren fröhlich, voller Hoffnung und Leben gekommen, angelockt von dem üppigen Gehalt, das Mr Meggs sah sich nach einer Weile gezwungen zu zahlen; und sie waren einer nach dem anderen wie erschöpfte Muscheln abgefallen, unfähig, die erdrückende Langeweile des Dorflebens zu ertragen, die Mr Meggs für die Welt. Für Mr Meggs' Heimatstadt war keine Stadt des Vergnügens. Entfernen Sie die magische Laterne des Pfarrers und das Krafttrainingsgerät gegenüber dem Postamt, und Sie haben die Versuchung, den Primelpfad zu beschreiten, praktisch beseitigt. Die einzigen jungen Männer im Ort waren schweigsame, klaffende Jugendliche, die die Verrücktenkommissare scharf und misstrauisch ansahen, wenn sie sich trafen. Der Tango war unbekannt und der One-Step. Die einzige Form des Tanzes – und das nur in den seltensten Abständen – war eine Art Polka, die den Bewegungen eines leicht betrunkenen Boxkängurus ähnelte. Herr Meggs' Sekretärinnen und Schreibkräfte warfen der Stadt einen erschrockenen, entsetzten Blick zu und stürmten wie verängstigte Ponys nach London.

Nicht so, Miss Pillenger . Sie blieb. Sie war eine Geschäftsfrau und es reichte ihr, dass sie ein gutes Gehalt erhielt. Für fünf Pfund pro Woche hätte sie eine Stelle als Sekretärin und Schreibkraft bei einer Polarexpedition übernommen. Sechs Jahre lang war sie mit Herrn zusammen Meggs , und zweifellos freute sie sich darauf, noch mindestens sechs Jahre mit ihm zusammen zu sein.

Vielleicht war es das Pathos dieses Gedankens, das Mr Meggs , als sie mit dem Notizbuch in der Hand durch die Tür des Arbeitszimmers segelte. Hier, sagte er sich, war ein zutrauliches Mädchen, das sich des drohenden Untergangs nicht bewusst war und sich auf ihn verließ wie eine Tochter auf ihren Vater. Er war froh, dass er Miss Pillenger bei seinen Vorbereitungen nicht vergessen hatte .

Pillenger sicherlich nicht vergessen . Auf seinem Schreibtisch lag neben den Briefen ein kleiner Stapel Scheine im Gesamtwert von fünfhundert Pfund – ihr Vermächtnis.

Miss Pillenger war immer sachlich. Sie setzte sich auf ihren Stuhl, öffnete ihr Notizbuch, befeuchtete ihren Bleistift und wartete erwartungsvoll auf Mr Meggs soll sich räuspern und mit der Arbeit an den Schmetterlingen beginnen. Sie war überrascht, als er ihr ein süßes, langsames Lächeln schenkte, anstatt die Stirn zu runzeln, wie er es immer tat, wenn er sich auf die Komposition vorbereitete.

Pillenger mädchenhaft und defensiv war, riss unter diesem Lächeln zu den Waffen. Es lief zwischen ihren Nervenzentren hin und her . Dieser Moment der Krise hatte lange auf sich warten lassen, aber jetzt war er zweifellos endlich da. Nach zwanzig Jahren drohte einem Arbeitgeber ein Desaster, als er versuchte, mit ihr zu flirten.

Herr Meggs lächelte weiter. Lächeln kann man nicht klassifizieren. Nichts lässt so viele Interpretationen zu wie ein Lächeln. Herr Meggs meinte, er lächele das traurige, zärtliche Lächeln eines Mannes, der sich am Rande des Grabes befindet und sich von einem treuen Mitarbeiter verabschiedet. Miss Pillenger war der Ansicht, dass er wie ein verlassener alter Kerl lächelte, der sich hätte schämen sollen.

„Nein, Fräulein Pillenger ", sagte Herr Meggs : „Ich werde heute Morgen nicht arbeiten." Ich möchte, dass Sie, wenn Sie so gut sind, diese sechs Briefe für mich aufgeben.'

Miss Pillenger nahm die Briefe entgegen. Herr Meggs musterte sie zärtlich.

„Miss Pillenger , Sie sind schon lange bei mir. Sechs Jahre, nicht wahr? Sechs Jahre. Gut gut. Ich glaube, ich habe dir noch nie ein kleines Geschenk gemacht, oder?'

„Du gibst mir ein gutes Gehalt."

„Ja, aber ich möchte dir noch etwas geben." Sechs Jahre sind eine lange Zeit. Ich habe gelernt, Sie mit einem anderen Gefühl zu betrachten als das, was ein gewöhnlicher Arbeitgeber für seine Sekretärin empfindet. Sie und ich haben sechs lange Jahre zusammengearbeitet. Sicherlich darf ich Ihnen ein Zeichen meiner Wertschätzung für Ihre Treue geben.' Er nahm den Stapel Notizen. „Das ist für Sie, Miss Pillenger ."

Er stand auf und reichte sie ihr. Er musterte sie einen Moment lang mit der ganzen Sentimentalität eines Mannes, dessen Verdauung seit über zwei Jahrzehnten nicht in Ordnung ist. Das Pathos der Situation riss ihn mit. Er beugte sich über Fräulein Pillenger und küsste sie auf die Stirn.

Mit Ausnahme des Lächelns gibt es nichts, das so schwer zu klassifizieren ist wie ein Kuss. Herr Meggs' Vorstellung war, dass er Miss Pillenger so küsste, wie ein großer, zu Tode verwundeter General seine Mutter, seine Schwester oder eine besonders mitfühlende Tante geküsst hätte; Frau Pillengers Ansicht, die hiervon erheblich abweicht, kann in ihren eigenen Worten dargelegt werden.

'Ah!' sie weinte, als sie Mr Als sie Meggs' günstig platziertem Kiefer einen Schlag versetzte, der, wenn er nur einen Zentimeter tiefer gelandet wäre, ihn vielleicht ohnmächtig gemacht hätte, sprang sie auf. 'Wie kannst du es wagen! Ich habe auf diesen Herrn gewartet Meggs . Ich habe es in deinen Augen gesehen. Ich habe es erwartet. Lassen Sie mich Ihnen sagen, dass ich überhaupt nicht die Art von Mädchen bin, bei der es sicher ist, sich so zu benehmen. Ich kann mich schützen. Ich bin nur ein berufstätiges Mädchen –'

Herr Meggs , der mit dem Rücken gegen den Schreibtisch gefallen war, als ein angeschlagener Faustkämpfer in die Seile fiel, riss sich zusammen, um zu protestieren.

„Miss Pillenger ", rief er entsetzt, „Sie verstehen mich falsch." Ich hatte nicht die Absicht –'

„Verstehst du dich falsch? Bah! Ich bin nur ein berufstätiges Mädchen –'

„Nichts war weiter von mir entfernt –"

'In der Tat! Nichts war weiter von dir entfernt! Du gibst mir Geld, du überschüttest mich mit deinen abscheulichen Küssen, aber nichts lag dir ferner als die offensichtliche Interpretation eines solchen Verhaltens !' Bevor ich zu Mr Meggs , Miss Pillenger, war Sekretärin eines Schriftstellers aus Indiana gewesen. Sie hatte Stil vom Meister gelernt . „Jetzt, wo du zu weit gegangen bist, hast du Angst vor dem, was du getan hast." Das kann durchaus sein, Herr Meggs . Ich bin nur ein berufstätiges Mädchen –'

„Miss Pillenger , ich flehe Sie an –"

'Schweigen! Ich bin nur ein berufstätiges Mädchen —'

Eine Welle wahnsinniger Wut erfasste Mr Meggs . Der Schock über den Schlag und noch mehr die schreckliche Undankbarkeit dieser schrecklichen Frau ließen ihn fast vor dem Mund schäumen.

„Sagen Sie nicht ständig, dass Sie nur ein berufstätiges Mädchen sind", brüllte er. „Du wirst mich verrückt machen." Gehen. Geh weg von mir. Aussteigen. Geh irgendwohin, aber lass mich in Ruhe!'

Miss Pillenger bereute es nicht ganz, der Bitte Folge zu leisten. Herr Meggs' plötzliche Wut hatte sie erschreckt und erschreckt. Solange sie die Szene siegreich beenden konnte, wollte sie sich unbedingt zurückziehen.

„Ja, ich werde gehen", sagte sie würdevoll, als sie die Tür öffnete. „Jetzt, da Sie sich in Ihrem wahren Gesicht gezeigt haben , Mr Meggs , dieses Haus ist kein geeigneter Ort für eine Arbeit …"

Sie erregte den Blick ihres Arbeitgebers und verschwand hastig.

Herr Meggs ging aufgeregt im Raum auf und ab. Die Szene hatte ihn bis ins Mark erschüttert. Er kochte vor Empörung. Dass seine freundlichen Gedanken so falsch interpretiert wurden — das war zu viel. Von allen undankbaren Welten war diese Welt die —

Er stoppte plötzlich in seinem Schritt, teils weil sein Schienbein gegen einen Stuhl gestoßen war, teils weil ihm eine Idee in den Sinn gekommen war.

Er hüpfte wie verrückt und fügte eine weitere Parallele zwischen sich und Hamlet hinzu, indem er laut einen Selbstgespräch führte.

„Wenn ich Selbstmord begehe, werde ich gehängt", schrie er.

Und als er diese Worte sprach, überkam ihn ein seltsamer Frieden, wie über einen Mann, der aus einem Albtraum erwacht ist. Er setzte sich an den Schreibtisch. Was für ein Idiot er gewesen war, jemals über Selbstzerstörung nachzudenken. Was könnte ihn dazu bewogen haben? Sich selbst zu entfernen, nur damit eine Meute undankbarer Rohlinge sich in seinem Geld suhlen könnte — das war der Plan eines vollkommenen Narren.

Er würde keinen Selbstmord begehen. Nicht, wenn er es wüsste. Er blieb dabei und lachte über sie. Und wenn er ab und zu Schmerzen im Inneren verspürte, was ist dann damit? Napoleon hatte sie, und sieh ihn dir an. Er wäre schockiert, wenn er Selbstmord begehen würde.

Mit dem Feuer einer neuen Entschlossenheit, die in seinen Augen aufleuchtete, drehte er sich um, um die sechs Briefe zu ergreifen und ihren Inhalt aus ihnen herauszureißen.

Sie waren nicht mehr da.

Es dauerte Mr Meggs brauchte vielleicht dreißig Sekunden, um sich zu erinnern, wohin sie gegangen waren, und dann fiel ihm alles wieder ein. Er hatte sie dem Dämon Pillenger gegeben , und wenn er sie nicht einholte und zurückholte, würde sie sie per Post verschicken.

Von all den gemischten Gedanken, die in Mr In diesem Moment hatte Meggs vor allem die Überlegung im Kopf, dass es von seiner Haustür bis zum Postamt weniger als fünf Minuten zu Fuß waren.

<hr>

Miss Pillenger ging in der Junisonne kochend die verschlafene Straße entlang, als Mr Meggs hatte es mit Empörung getan. Auch sie war bis ins Mark erschüttert. Es war ihre Absicht, ihre Pflicht zu erfüllen, indem sie die ihr anvertrauten Briefe aufgab, und dann für immer aus dem Dienst eines Mannes auszutreten, der sechs Jahre lang ein vorbildlicher Arbeitgeber gewesen war, sich schließlich selbst vergessen und sein wahres Wesen gezeigt hatte.

Ihre Meditationen wurden von einem heiseren Schrei in ihrem Rücken unterbrochen; und als sie sich umdrehte, bemerkte sie, wie der vorbildliche Arbeitgeber schnell auf sie zulief. Sein Gesicht war scharlachrot, seine Augen waren wild und er trug keinen Hut.

Miss Pillengers Verstand arbeitete schnell. Sie erfasste die Situation blitzschnell. Unerwiderte, schuldbewusste Liebe hatte Herrn ausgelaugt Meggs' Grund, und sie sollte das Opfer seiner Wut werden. Sie hatte in den Zeitungen von Dutzenden ähnlicher Fälle gelesen. Wie wenig hätte sie sich jemals vorstellen können, dass sie die Heldin eines dieser leidenschaftlichen Dramen sein würde.

Sie suchte einen kurzen Moment lang die Straße auf und ab. Niemand war in Sicht. Mit einem lauten Schrei begann sie zu rennen.

'Stoppen!'

Es war die wilde Stimme ihres Verfolgers. Miss Pillenger erhöhte auf die dritte Geschwindigkeit. Dabei hatte sie eine Vision von Schlagzeilen.

'Stoppen!' brüllte Herr Meggs .

„Unerwiderte Leidenschaft hat diesen Mann zum Mörder gemacht", dachte Miss Pillenger .

'Stoppen!'

„VERRÜCKT VOR LIEBE TÖTET ER DIE SCHÖNE BLONDINE", blitzte es in purpurroten Buchstaben in Miss Pillengers Hinterkopf auf .

'Stoppen!'

**„Verschmäht, ersticht er sie
dreimal."**

Den Boden in Abständen von etwa zwanzig Metern zu berühren – das war das Ideal, das sie anstrebte. Sie wandte sich ihr mit der ganzen Kraft ihres starken Geistes zu.

In London, New York, Paris und anderen Städten, in denen das Leben lebhaft ist, hätte der Anblick eines hutlosen Herrn mit violettem Gesicht, der seine Sekretärin in schnellem Galopp durch die Straßen verfolgte, natürlich kaum oder gar kein Aufsehen erregt. Aber bei Mr Ereignisse in Meggs' Heimatstadt waren seltener. Der letzte Meilenstein in der Geschichte seines Heimatortes war der Besuch von Bingley's Stupendous Circus zwei Jahre zuvor gewesen, der auf dem Weg in die nächste Stadt die Hauptstraße entlang paradierte, während eifrige Mitarbeiter die Hinterräume von besuchten die Häuser und entfernte die gesamte Wäsche von den Leinen. Seitdem herrschte tiefer Frieden .

Als die Verfolgungsjagd immer wärmer wurde, begannen sich nach und nach Bürger aller Formen und Größen zu versammeln. Miss Pillengers Schreie und das allgemeine Erscheinungsbild von Mr Meggs gab Anlass zum Nachdenken. Nachdem sie über die Situation nachgedacht hatten, beschlossen sie schließlich, einzugreifen, mit dem Ergebnis, dass Mr Meggs' Griff fiel auf Miss Pillenger , der Griff mehrerer seiner Mitbürger fiel auf ihn.

'Rette mich!' sagte Fräulein Pillenger .

Herr Meggs zeigte sprachlos auf die Briefe, die sie immer noch in ihrer rechten Hand hielt. Er hatte zwanzig Jahre lang praktisch keinen Sport gemacht, und das Tempo hatte es ihm angemerkt.

Constable Gooch, Hüter des Wohlergehens der Stadt, verstärkte seine Kontrolle über Mr Meggs' Arm und gewünschte Erklärungen.

„Er – er wollte mich ermorden", sagte Miss Pillenger .

„Tötet ihn", riet ein ernster Zuschauer.

„Was meinst du damit, dass du die Dame ermorden wolltest?" fragte Constable Gooch.

Herr Meggs fand die Sprache.

„Ich – ich – ich – ich wollte nur diese Briefe."

'Wozu?'

'Sie gehören mir.'

„Sie beschuldigen sie, sie gestohlen zu haben ?"

„Er hat mir gegeben, dass ich mit seinen eigenen Händen posten soll", rief
Fräulein Pillenger .
„Ich weiß, dass ich es getan habe, aber ich will sie zurück."
Zu diesem Zeitpunkt hatte der Polizist, obwohl sein Sehvermögen durch
das Alter etwas getrübt war, unter dem Schweiß Gesichtszüge erkannt, die
zwar verzerrt waren, aber dennoch die von jemandem waren, den er als
führenden Bürger respektierte.
„Warum, Herr ? Meggs !' er sagte.
Diese Identifizierung durch jemanden mit Autorität beruhigte die Menge,
wenn auch ein wenig enttäuscht. Was es war, wussten sie nicht, aber es war
offenbar kein Mord, und sie begannen abzudriften.
„Warum geben Sie Mr „Meggs seine Briefe, wenn er Sie fragt, Ma'am?"
sagte der Polizist.
Miss Pillenger richtete sich hochmütig auf.
„Hier sind Ihre Briefe, Herr „Meggs , ich hoffe, wir werden uns nie
wiedersehen."
Herr Meggs nickte. Das war auch seine Ansicht.
Alle Dinge wirken zum Guten zusammen. Am nächsten Morgen war Herr
Meggs erwachte aus einem traumlosen Schlaf mit dem Gefühl, dass in ihm
eine merkwürdige Veränderung stattgefunden hatte. Er war abscheulich steif,
und die Bewegung seiner Gliedmaßen bereitete ihm Schmerzen, aber tief in
seinem Inneren herrschte ein neuartiges Gefühl von Leichtigkeit. Er hätte
erklären können, dass er glücklich sei.

Er zuckte zusammen, erhob sich aus dem Bett und humpelte zum Fenster.
Er warf es auf. Es war ein perfekter Morgen. Eine kühle Brise streichelte sein
Gesicht und brachte angenehme Düfte und den beruhigenden Klang der
Geschöpfe Gottes mit sich, die einen neuen Tag beginnen.

Ihm kam ein erstaunlicher Gedanke.

„Warum, mir geht es gut!"

Dann ein anderer.

„Es muss die Übung sein, die ich gestern gemacht habe." „Bei George,
ich werde es regelmäßig tun."

Er trank genüsslich die Luft. In seinem Inneren gab ihm die Wildkatze
plötzlich eine Kralle, aber es war eine halbherzige Anstrengung, die
Anstrengung eines Menschen, der weiß, dass er geschlagen ist. Herr Meggs
war so in seine Gedanken vertieft, dass er es nicht einmal bemerkte.

„London", sagte er zu sich selbst. „Einer dieser Orte für Körperkultur... Vergleichsweise junger Mann.... Begib mich in ihre Hände... Leichte, regelmäßige Bewegung..."

Er humpelte ins Badezimmer.

DER MANN MIT ZWEI LINKEN FÜSSEN

Studenten der Folklore der Vereinigten Staaten von Amerika sind zweifellos mit der urigen alten Geschichte von Clarence MacFadden vertraut . Clarence MacFadden hatte offenbar den Wunsch zu tanzen, aber seine Füße waren nicht in der richtigen Gangart. Also suchte er einen Professor auf, fragte ihn nach seinem Preis und sagte, er sei bereit zu zahlen. Der Professor" (die Legende geht weiter) „blickte erschrocken auf seine Füße und bemerkte ihre enorme Ausdehnung; Und er hat einen Fünf-Punkte-Aufschlag von seinem regulären Preis bekommen, weil er MacFadden das Tanzen beigebracht hat.'

Mir ist oft die große Ähnlichkeit zwischen dem Fall Clarence und dem Fall Henry Wallace Mills aufgefallen. Es gibt nur einen Unterschied. Es scheint, dass erstere bloß Eitelkeit und Ehrgeiz waren; wohingegen die treibende Kraft, die Henry Mills dazu trieb, sich der Natur zu widersetzen und den Tanz zu versuchen, die reinere Liebe war. Er tat es, um seiner Frau zu gefallen. Wäre er nie zur Ye Bonnie Briar-Bush Farm, diesem beliebten Ferienort, gegangen und hätte dort Minnie Hill kennengelernt, hätte er zweifellos die Stunden, die er nicht für die Arbeit bei der New Yorker Bank aufgewendet hatte, in Ruhe damit verbracht, bei der New Yorker Bank zu lesen, bei der er angestellt war als zahlender Kassierer. Denn Henry war ein unersättlicher Leser. Seine Vorstellung von einem angenehmen Abend bestand darin, in seine kleine Wohnung zurückzukehren, seinen Mantel auszuziehen, seine Hausschuhe anzuziehen, eine Pfeife anzuzünden und dort weiterzumachen, wo er am Abend zuvor mit der Lektüre des BIS aufgehört hatte. CAL-Band der *Encyclopaedia Britannica* – er machte sich Notizen, während er in einem dicken Notizbuch las. Er las den BIS-CAL-Band, weil er nach vielen Tagen das A-AND, AND-AUS und AUS-BIS fertiggestellt hatte. Henrys Lernmethode hatte etwas Bewundernswertes – und doch ein wenig Schreckliches. Er verfolgte Learning mit der kalten und leidenschaftslosen Unerbittlichkeit eines Hermelins, der ein Kaninchen verfolgt. Der normale Mann, der Ratenzahlungen für die *Encyclopaedia Britannica leistet* , neigt dazu, übermäßig aufgeregt zu sein und ungeduldig zu Band XXVIII (VET-ZYM) zu springen, um zu sehen, wie am Ende alles ausgeht. Nicht so Henry. Er hatte keinen leichtfertigen Geist. Er hatte vor, die *Enzyklopädie* durchzulesen, und er wollte sich sein Vergnügen nicht dadurch verderben, dass er einen Blick in die Zukunft wirft.

Es scheint ein unerbittliches Naturgesetz zu sein, dass kein Mensch an beiden Enden glänzen darf. Wenn er eine hohe Stirn und einen Durst nach Weisheit hat, wird sein Fuchstrott (falls vorhanden) wie das Taumeln eines Betrunkenen sein; während er, wenn er ein guter Tänzer ist, fast immer von den Ohren aufwärts versteinert ist. Es hätte kein besseres Beispiel für dieses Gesetz geben können als Henry Mills und sein Kassiererkollege Sidney Mercer. In New Yorker Banken sind Zahlkassierer, wie Bären, Tiger, Löwen und andere Tiere, immer zu zweit in einem Käfig eingesperrt und daher bei schwachem Geschäft in Bezug auf Unterhaltung und geselligen Verkehr aufeinander angewiesen. Henry Mills und Sidney konnten einfach kein gemeinsames Thema finden. Sidney wusste absolut nichts von so elementaren Dingen wie Abana, Aberration, Abraham oder Acrogenae ; während Henry seinerseits sich kaum bewusst war, dass es seit der Polka irgendwelche Entwicklungen im Tanz gegeben hatte. Für Henry war es eine Erleichterung, als Sidney seinen Job aufgab, um in den Refrain einer Musikkomödie einzutreten, und sein Nachfolger ein Mann wurde, der zwar voller Einschränkungen war, sich aber beim Bowling zumindest intelligent unterhalten konnte.

Das war also Henry Wallace Mills. Er war Mitte Dreißig, gemäßigt, fleißig, ein mäßiger Raucher und – man hätte sagen können – ein Junggeselle der Junggesellen, gerüstet gegen Amors gut gemeinte, aber veraltete Artillerie. Manchmal brachte Sidney Mercers Nachfolger im Käfig des Kassierers, ein sentimentaler junger Mann, das Thema Frau und Ehe zur Sprache. Er würde Henry fragen, ob er jemals vorhatte zu heiraten. Bei solchen Gelegenheiten blickte Henry ihn mit einer Mischung aus Verachtung, Belustigung und Empörung an; und würde mit einem einzigen Wort antworten:

'Mich!'

Es war die Art, wie er es sagte, die Sie beeindruckte.

Aber Henry hatte die unbemannte Atmosphäre eines einsamen Sommerurlaubsorts noch nicht erlebt. Er hatte gerade erst die Position in der Bank erreicht, in der er im Sommer seinen Jahresurlaub nehmen durfte. Bisher war er in den Wintermonaten immer aus seinem Käfig entlassen worden und hatte die zehn Tage der Freiheit in seiner Wohnung verbracht, mit einem Buch in der Hand und den Füßen auf der Heizung. Doch im Sommer nach Sidney Mercers Abgang entließen sie ihn im August.

Es war schmelzend warm in der Stadt. Etwas in Henry schrie nach dem Land. Einen Monat vor Beginn seines Urlaubs widmete er einen Großteil der Zeit, die er der *Encyclopaedia Britannica hätte widmen sollen* , der Lektüre von Sommerresortliteratur. Er entschied sich schließlich für die Ye Bonnie Briar-Bush Farm, weil die Werbung so gut davon sprach.

Die Ye Bonnie Briar-Bush Farm war ein ziemlich heruntergekommenes Gebäude, viele Meilen von irgendwo entfernt. Zu den Attraktionen gehörten ein Lovers' Leap, eine Grotte, Golf-Links – ein Fünf-Loch-Platz, auf dem der Enthusiast ungewöhnliche Gefahren in Form einer Reihe von Ziegen vorfand, die in Abständen zwischen den Löchern angebunden waren – und ein silberner See, von dem nur Teile davon vorhanden waren dienten als Abladeplatz für Blechdosen und Holzkisten. Für Henry war das alles neu und fremd und löste bei ihm eine seltsame Erregung aus. Etwas von Fröhlichkeit und rücksichtsloser Hingabe begann sich in seine Adern einzuschleichen. Er hatte das merkwürdige Gefühl, dass ihm in dieser romantischen Umgebung ein Abenteuer widerfahren sollte.

Zu diesem Zeitpunkt traf Minnie Hill ein. Sie war ein kleines, schlankes Mädchen, dünner und blasser, als sie hätte sein sollen, mit großen Augen, die Henry erbärmlich vorkamen und seine Ritterlichkeit erregten. Er begann viel über Minnie Hill nachzudenken.

Und dann traf er sie eines Abends am Ufer des silbernen Sees. Er stand da und schlug auf Dinge ein, die wie Mücken aussahen, was aber nicht sein konnte, denn in den Anzeigen hieß es ausdrücklich, dass in der Nachbarschaft der Ye Bonnie Briar-Bush Farm, als sie vorbeikam, nie welche gefunden worden seien . Sie ging langsam, als wäre sie müde. Eine seltsame Erregung, halb Mitleid, halb etwas anderes, durchströmte Henry. Er sah sie an. Sie sah ihn an.

„Guten Abend", sagte er.

Es waren die ersten Worte, die er zu ihr gesprochen hatte. Sie beteiligte sich nie an den Gesprächen im Speisesaal, und er war zu schüchtern gewesen, sie im Freien aufzusuchen.

Sie sagte auch „Guten Abend" und stimmte damit überein. Und es herrschte für einen Moment Stille.

Mitgefühl überwand Henrys Schüchternheit.

„Du siehst müde aus", sagte er.

'Ich bin müde.' Sie hielt inne. „Ich habe es in der Stadt übertrieben."

'Es?'

'Tanzen.'

„Oh, tanzen. Hast du viel getanzt?'

'Ja; viel.'

'Ah!'

Ein vielversprechender, sogar schneidiger Anfang. Aber wie geht es weiter? Zum ersten Mal bereute Heinrich mit der *Enzyklopädie* die konsequente Entschlossenheit seiner Methoden . Wie angenehm, wenn er in der Lage gewesen wäre, problemlos über Tanzen zu sprechen. Dann erinnerte ihn die Erinnerung daran, dass er, obwohl er noch nicht mit dem Tanzen begonnen hatte, das Ballett erst vor ein paar Wochen gelesen hatte.

„Ich selbst tanze nicht", sagte er, „aber ich lese gern darüber." Wussten Sie, dass das Wort „Ballett" drei verschiedene moderne Wörter umfasst: „Ballett", „Ball" und „Ballade" und dass Balletttanz ursprünglich von Gesang begleitet wurde?

Es hat sie getroffen. Es machte sie schwach. Sie sah ihn mit Ehrfurcht in den Augen an. Man könnte fast sagen, dass sie Henry anstarrte.

„Ich weiß kaum etwas", sagte sie.

„Das erste beschreibende Ballett, das in London, England, gesehen wurde", sagte Henry leise, „war „The Tavern Bilkers", das im Jahr 1717 im Drury Lane aufgeführt wurde."

'War es?'

„Und das früheste bekannte moderne Ballett wurde von jemandem zur Feier der Hochzeit des Herzogs von Mailand im Jahr 1489 aufgeführt."

Diesmal gab es weder Zweifel noch Bedenken hinsichtlich des Datums. Stahlringe hielten sie in seinem Gedächtnis fest, weil es sich dabei um eine seltsame Übereinstimmung handelte, bei der es sich auch um seine Telefonnummer handelte. Er verteilte es mit einer Rolle und die Augen des Mädchens weiteten sich.

„Was für eine Menge, was Sie wissen!"

„Oh nein", sagte Henry bescheiden. „Ich habe viel gelesen."

„Es muss großartig sein, viel zu wissen", sagte sie wehmütig. „Ich hatte nie Zeit zum Lesen. Ich wollte schon immer mal. Ich finde dich wundervoll!'

Henrys Seele dehnte sich aus wie eine Blume und schnurrte wie eine gut gekitzelte Katze. Noch nie in seinem Leben war er von einer Frau bewundert worden. Das Gefühl war berauschend.

Stille legte sich über sie. Sie machten sich auf den Weg zurück zur Farm und wurden durch das ferne Läuten einer Glocke gewarnt, dass das Abendessen bald stattfinden würde. Es war keine Musikglocke, aber die Distanz und die Magie dieses ungewöhnlichen Augenblicks verliehen ihr Charme. Die Sonne ging unter. Es warf einen purpurroten Teppich über den silbernen See. Die Luft war sehr still. Die von der Wissenschaft nicht klassifizierten Kreaturen, die möglicherweise mit Mücken verwechselt worden wären, wenn ihre Anwesenheit auf der Ye Bonnie Briar-Bush Farm möglich gewesen wäre, bissen stärker als je zuvor. Aber Henry beachtete sie nicht. Er gab ihnen nicht einmal eine Ohrfeige. Sie tranken sich satt an seinem Blut und gingen weg, um ihre Freunde auf diese gute Sache aufmerksam zu machen; aber für Henry existierten sie nicht. Ihm passierten seltsame Dinge. Und als er in dieser Nacht wach im Bett lag, erkannte er die Wahrheit. Er war verliebt.

Danach waren sie für den Rest seines Aufenthalts immer zusammen. Sie gingen im Wald spazieren, sie saßen am silbernen See. Er schüttete ihr die Schätze seiner Gelehrsamkeit aus, und sie sah ihn mit ehrfürchtigen Augen an und stieß von Zeit zu Zeit ein leises „Ja" oder ein musikalisches „Mensch!" aus.

Zu gegebener Zeit kehrte Henry nach New York zurück.

„Du liegst absolut falsch, was die Liebe angeht, Mills", sagte sein sentimentaler Kassiererkollege kurz nach seiner Rückkehr. „Du solltest heiraten."

„Das werde ich", antwortete Henry energisch. „Woche morgen."

Was den anderen so verblüffte, dass er einem Kunden, der in diesem Moment eintrat, fünfzehn Dollar für einen Zehn-Dollar-Scheck gab und nach Bankschluss aufgeregt telefonieren musste.

Henrys erstes Jahr als verheirateter Mann war das glücklichste seines Lebens. Er hatte diese Zeit immer als die gefährlichste der Ehe beschrieben. Er hatte sich auf Geschmackskonflikte , schmerzhafte Charakteränderungen und plötzliche und unvermeidliche Streitigkeiten vorbereitet. Nichts dergleichen ist passiert. Von Anfang an harmonierten sie perfekt miteinander. Sie verschmolz so reibungslos mit seinem Leben, wie ein Fluss in den anderen mündet. Er musste nicht einmal seine Gewohnheiten ändern. Jeden Morgen frühstückte er um acht, rauchte eine Zigarette und ging zur U-Bahn. Um fünf verließ er die Bank und um sechs kam er nach Hause, denn es war seine Gewohnheit, die ersten zwei Meilen des Weges zu Fuß zu gehen und dabei tief und regelmäßig zu atmen. Dann Abendessen. Dann der ruhige Abend. Manchmal die bewegten Bilder, aber im Allgemeinen der ruhige Abend, an dem er die *Enzyklopädie las* – jetzt laut –, während Minnie seine Socken stopfte, aber nie aufhörte, zuzuhören.

Jeder Tag brachte das gleiche Gefühl des dankbaren Staunens mit sich, dass er so wunderbar glücklich und außergewöhnlich friedlich sein sollte. Alles war so perfekt, wie es nur sein konnte. Minnie sah wie ein anderes Mädchen aus. Sie hatte ihr angezogenes Aussehen verloren. Sie füllte aus.

Manchmal unterbrach er seine Lektüre für einen Moment und blickte zu ihr herüber. Zuerst würde er nur ihr weiches Haar sehen, während sie sich über ihre Näharbeit beugte . Dann blickte sie, verwundert über die Stille, auf und er begegnete ihren großen Augen. Und dann gurgelte Henry vor Glück und forderte von sich selbst im Stillen:

„Kannst du es schlagen!"

Es war der Jahrestag ihrer Hochzeit. Sie feierten es gebührend. Sie aßen in einem überfüllten und lebhaften italienischen Restaurant in einer Seitenstraße der Seventh Avenue, wo Rotwein in der Rechnung enthalten war, und aufgeregte Leute, wahrscheinlich äußerst klug, saßen an kleinen Tischen und unterhielten sich lautstark. Nach dem Abendessen sahen sie eine Musikkomödie. Und dann – das große Ereignis des Abends – gingen sie zum Abendessen in ein schickes Restaurant in der Nähe des Times Square.

Das Abendessen in einem teuren Restaurant hatte etwas an sich, das Henrys Fantasie schon immer angeregt hatte. Obwohl er ein eifriger Verschlinger der Festlichkeiten der Literatur war, hatte er von Zeit zu Zeit deren helleres Gesicht gekostet – jene Romane, die damit beginnen, dass der Held inmitten der glitzernden Menge speist und seine Aufmerksamkeit auf einen vornehm aussehenden älteren Mann gelenkt wird eine graue Kaiserin, die mit einem Mädchen hereinkommt, das so auffallend schön ist, dass sich die Nachtschwärmer , als sie vorbeigeht, umdrehen, um nach ihr zu sehen. Und dann, während er dasitzt und raucht, kommt ein Kellner auf den Helden zu und sagt mit einem leisen „ *Pardon, m'sieu !* "' gibt ihm einen Zettel.

Die Atmosphäre bei Geisenheimer ließ Henry auf so etwas schließen. Sie waren mit dem Abendessen fertig und er rauchte eine Zigarre – seine zweite an diesem Tag. Er lehnte sich in seinem Stuhl zurück und betrachtete die Szene. Er fühlte sich gestärkt und abenteuerlustig. Er hatte das Gefühl, das alle ruhigen Männer haben, die gerne zu Hause sitzen und lesen, dass dies die Art von Atmosphäre war, in die er wirklich gehörte. Die Helligkeit des Ganzen – die blendenden Lichter, die Musik, der Trubel, in dem sich das tiefe Gurgeln des Weinhändlers überraschte, während er Suppe trank, vermischte sich mit dem schrillen Ton der Chorsängerin, die ihrem Partner zurief – diese Dinge kamen Henry. Am nächsten Geburtstag wurde er sechsunddreißig , kam sich aber wie ein junger einundzwanzig vor.

Eine Stimme sprach an seiner Seite. Henry blickte auf und sah Sidney Mercer.

Der Lauf eines Jahres, das Henry zu einem verheirateten Mann gemacht hatte, hatte Sidney Mercer zu etwas so Großartigem gemacht, dass das Spektakel Henry für einen Moment der Sprache beraubte. Ein makelloses Abendkleid schmiegte sich mit liebevoller Nähe an Sidneys geschmeidige Figur. Glänzende Schuhe aus perfektem Lackleder bedeckten seine Füße. Sein helles Haar war zu einer glatten Glätte zurückgekämmt, auf der die elektrischen Lichter wie Sterne auf einem wunderschönen Pool leuchteten.

Sein praktisch kinnloses Gesicht strahlte freundlich über einem makellosen Kragen.

Henry trug blauen Serge.

„Was machst du hier, Henry, alter Junge?" sagte die Vision. „Ich wusste nicht, dass du jemals zwischen die hellen Lichter gekommen bist."

Sein Blick wanderte zu Minnie. In ihnen lag Bewunderung, denn Minnie sah so hübsch aus.

„Frau", sagte Henry, als er wieder zu sprechen kam. Und zu Minnie: „ Herr Mercer." Alter Freund.'

„ Du bist also verheiratet? Wünsch dir Glück. Wie geht es der Bank?'

Henry sagte, der Bank gehe es so gut, wie man erwarten könne.

„Bist du noch auf der Bühne?"

Herr Mercer schüttelte wichtig den Kopf.

„Ich habe einen besseren Job bekommen." Professioneller Tänzer bei dieser Show. Geld hereinrollen. Warum tanzt du nicht?'

Die Worte hatten einen erschütternden Ton. Die Lichter und die Musik hatten bis zu diesem Moment eine subtile psychologische Wirkung auf Henry gehabt, die es ihm ermöglichte, sich mit dem Gefühl zu hypnotisieren, dass es nicht die Unfähigkeit zum Tanzen war, die ihn auf seinem Platz hielt, sondern dass er so viel davon gehabt hatte Etwas, bei dem er zur Abwechslung lieber ruhig dasitzen und zusehen wollte. Sidneys Frage änderte alles. Es brachte ihn dazu, der Wahrheit ins Auge zu sehen.

„Ich tanze nicht."

„Für die Liebe von Mike! Ich wette, Mrs. Mills tut es. Hätten Sie Lust, an die Reihe zu kommen, Mrs. Mills?'

„Nein, wirklich danke."

Aber jetzt war Henry von Reue am Werk. Er merkte, dass er Minnies Vergnügen im Weg gestanden hatte. Natürlich wollte sie tanzen. Alle Frauen taten es. Sie weigerte sich nur um seinetwillen.

„Unsinn, Min. Geh hin.'

Minnie sah zweifelnd aus.

„ Natürlich musst du tanzen, Min." Es wird mir gut gehen. Ich werde hier sitzen und rauchen.'

Im nächsten Moment machten Minnie und Sidney die komplizierte Maßnahme; und gleichzeitig hörte Henry auf, ein junger Einundzwanzigjähriger zu sein, und war sich sogar eines flüchtigen Zweifels bewusst, ob er wirklich erst fünfunddreißig war.

Wenn man die ganze Frage des Alters auf den Punkt bringt, kommt es darauf hinaus, dass ein Mann so lange jung ist, wie er tanzen kann, ohne einen Hexenschuss zu bekommen, und wenn er nicht tanzen kann, ist er überhaupt nicht jung. Dies war die Wahrheit, die sich Henry Wallace Mills aufdrängte, als er da saß und zusah, wie seine Frau in den Armen von Sidney Mercer über den Boden ging. Sogar er konnte sehen, dass Minnie gut tanzte. Er war begeistert vom Anblick ihrer Anmut; und zum ersten Mal seit seiner Heirat wurde er nachdenklich. Noch nie war ihm aufgefallen, wie viel jünger Minnie war als er. Als sie anlässlich des Kaufs der Heiratsurkunde im Rathaus das Papier unterschrieben hatte , hatte sie ihr Alter, wie er sich jetzt erinnerte, mit sechsundzwanzig angegeben. Es hatte damals keinen Eindruck auf ihn gemacht. Nun aber erkannte er deutlich, dass zwischen dem 26. und dem 35. Lebensjahr eine Lücke von neun Jahren klaffte; und ein eiskaltes Gefühl überkam ihn, alt und schwerfällig zu sein. Wie langweilig muss es für die arme kleine Minnie sein, Nacht für Nacht mit so einem alten Mistkerl eingesperrt zu sein? Andere Männer gingen mit ihren Frauen aus und vergnügten sich mit ihnen, indem sie die halbe Nacht mit ihnen tanzten. Alles, was er tun konnte, war, zu Hause zu sitzen und Minnies langweiliges Zeug aus der *Enzyklopädie zu lesen* . Was für ein Leben für das arme Kind! Plötzlich war er äußerst eifersüchtig auf den gummigelenkigen Sidney Mercer, einen Mann, den er bisher immer aus tiefstem Herzen verachtet hatte.

Die Musik verstummte. Sie kamen an den Tisch zurück, Minnie mit einem rosa Schimmer im Gesicht, der sie jünger als je zuvor machte; Sidney, der unerträgliche Arsch, grinst und grinst und tut so, als wäre er achtzehn. Sie sahen aus wie ein paar Kinder – Henry, der sich im Spiegel sah, stellte überrascht fest, dass seine Haare nicht weiß waren.

Eine halbe Stunde später, als Minnie im Taxi nach Hause fuhr, wurde sie im Halbschlaf durch eine plötzliche Versteifung ihres Arms, der ihre Taille umfasste, und ein plötzliches Schnauben nahe ihrem Ohr geweckt.

Es war Henry Wallace Mills, der beschloss, tanzen zu lernen.

Als literarisch veranlagter und zugleich sparsamer Schriftsteller war Henrys erster Schritt in Richtung seines neuen Ziels der Kauf eines Fünfzig-Cent-Buches mit dem Titel „ *Das ABC des modernen Tanzes* "von „Tango". Es wäre seiner Meinung nach – nicht ohne Grund – einfacher und kostengünstiger, wenn er die Schritte mit Hilfe dieser Abhandlung lernen würde, als durch die üblichere Methode, Unterricht zu nehmen. Doch bereits zu Beginn des Verfahrens wurde er mit Komplikationen konfrontiert.

Erstens war es seine Absicht, seine Aktivitäten vor Minnie geheim zu halten, um ihr an ihrem Geburtstag, der in ein paar Wochen bevorstand, eine angenehme Überraschung bereiten zu können. Zweitens erwies sich „*The ABC of Modern Dancing*"bei der Untersuchung als weitaus komplexer, als der Titel vermuten ließ.

Diese beiden Tatsachen waren der Ruin der literarischen Methode, denn während es möglich war, den Text und die Tafeln in der Bank zu studieren, war das Zuhause der einzige Ort, an dem er versuchen konnte, die Anweisungen in die Praxis umzusetzen. Sie können den rechten Fuß nicht entlang der gestrichelten Linie AB bewegen und den linken Fuß rund um die Kurve CD in den Kassenkäfig einer Bank bringen, und auch nicht, wenn Sie überhaupt auf die öffentliche Meinung achten, auf dem Bürgersteig nach Hause bringen. Und als er es eines Abends im Wohnzimmer der Wohnung versuchte, stellte er sich vor, dass Minnie in der Küche das Abendessen kochte, kam sie unerwartet herein und fragte, wie er das Steak zubereiten wollte. Er erklärte, dass er plötzlich einen Krampf verspürt habe, aber der Vorfall erschütterte seine Nerven.

Danach beschloss er, dass er Unterricht nehmen musste.

Mit dieser Entscheidung hörten die Komplikationen nicht auf. Tatsächlich wurden sie akuter. Es gab keine Schwierigkeiten, einen Lehrer zu finden. Die Zeitungen waren voll mit Anzeigen. Er wählte eine Frau Gavarni , weil sie an einem günstigen Ort lebte. Ihr Haus lag in einer Seitenstraße, der Bahnhof war leicht zu erreichen. Das eigentliche Problem bestand darin, Zeit für den Unterricht zu finden. Sein Leben verlief nach einem so regelmäßigen Zeitplan, dass er einen so wichtigen Moment wie die Stunde seiner Ankunft zu Hause kaum ohne aufregende Kommentare ändern konnte. Nur Täuschung könnte eine Lösung bringen.

„Min, Schatz", sagte er beim Frühstück.

„Ja, Henry?"

Henry wurde lila. Er hatte sie noch nie angelogen.

„Ich bekomme nicht genug Bewegung."

„Warum du so gut aussiehst."

„Ich habe manchmal ein schweres Gefühl. Ich denke, ich werde auf dem Heimweg noch etwa eine Meile für meinen Spaziergang einplanen. Also – ich werde in Zukunft etwas später zurück sein.'

„Sehr gut, Liebes."

Dadurch fühlte er sich wie ein Krimineller von besonders niedrigem Niveau, aber da er seinen Spaziergang aufgab, war er nun in der Lage, eine

Stunde am Tag dem Unterricht zu widmen; und Frau Gavarni hatte gesagt, dass das ausreichend wäre.

„Sicher, Bill", hatte sie gesagt. Sie war eine lebhafte alte Dame mit Militärschnurrbart und einem unkonventionellen Umgang mit ihrer Kundschaft. „Du kommst eine Stunde am Tag zu mir, und wenn du keine zwei linken Füße hast, machen wir dich in einem Monat zum Liebling der Gesellschaft."

'Ist das so?'

„Das ist es sicher. Ich hatte noch nie einen Misserfolg mit einer Puppe , bis auf einen. Und das war nicht meine Schuld.'

„Hatte er zwei linke Füße?"

„Hatte überhaupt keine Füße." Nach der zweiten Unterrichtsstunde fiel er vom Dach und musste sich abschneiden lassen. Dabei hätte ich ihm Tango mit Holzbeinen beibringen können , aber er wurde irgendwie entmutigt. Na dann, bis Montag, Bill. Gut sein.'

Und die freundliche alte Seele holte ihren Kaugummi von der Türverkleidung, wo sie ihn abgelegt hatte, um das Gespräch zu erleichtern, und entließ ihn.

Und nun begann, was Henry in späteren Jahren ohne zu zögern als die elendste Zeit seines Lebens betrachtete. Es mag Zeiten geben, in denen sich ein Mann, der seine erste Jugend bereits hinter sich hat, unglücklicher und lächerlicher fühlt, als wenn er Unterricht im modernen Tanz nimmt, aber es ist nicht leicht, daran zu denken. Körperlich verursachte seine neue Erfahrung bei Henry akute Schmerzen. Muskeln, von deren Existenz er nie geahnt hatte, entstanden offenbar nur zum Zweck, Schmerzen zu verursachen. Geistig litt er noch mehr.

Dies war teilweise auf die besondere Unterrichtsmethode zurückzuführen, die bei Mme. in Mode war Gavarnis , und zum Teil darauf, dass, als es um den eigentlichen Unterricht ging, plötzlich eine Nichte aus einem Hinterzimmer geholt wurde, um sie zu erteilen. Sie war eine blonde junge Dame mit lachenden blauen Augen, und Henry umklammerte nie ihre schlanke Taille, ohne sich gegenüber seiner abwesenden Minnie wie ein schwarzherziger Verräter zu fühlen. Das Gewissen quälte ihn. Hinzu kam das Gefühl, ein seltsames, gelenkloses Geschöpf mit ungewöhnlich großen Händen und Füßen zu sein, und die Tatsache, dass es Frau war Gavarnis Gewohnheit, während der Unterrichtsstunde in einer Ecke des Raumes zu stehen, Kaugummi zu kauen und Kommentare abzugeben, und es ist nicht überraschend, dass Henry blass und dünn wurde.

Frau Gavarni hatte die schwierige Angewohnheit, sich zu bemühen , Henry anzuregen, indem sie seine Leistungen und Fortschritte häufig mit denen eines Krüppels verglich, den sie angeblich früher einmal unterrichtet hatte.

Sie und die Nichte würden sich in seiner Gegenwart lebhaft darüber streiten, ob der Krüppel nach seiner dritten Unterrichtsstunde einen besseren Schritt gemacht hatte als Henry nach seiner fünften. Die Nichte sagte nein. Vielleicht auch, aber nicht besser. Frau Gavarni sagte, dass die Nichte vergaß, wie der Krüppel mit den Füßen abgerutscht war. Die Nichte sagte ja, das sei so, vielleicht sei sie das auch. Henry sagte nichts. Er schwitzte lediglich.

Er machte langsam Fortschritte. Dies konnte jedoch nicht seiner Lehrerin angelastet werden. Sie tat alles, was eine Frau konnte, um ihn zu beschleunigen. Manchmal verfolgte sie ihn sogar auf die Straße, um ihm auf dem Bürgersteig eine Möglichkeit zu zeigen, einige seiner zahlreichen technischen Fehler zu beseitigen , deren Beseitigung dazu beitragen würde, ihn eindeutig zum Krüppel zu machen. Das Elend, sie drinnen zu umarmen, war nichts im Vergleich zu dem Elend, sie auf dem Bürgersteig zu umarmen.

Dennoch machte er Fortschritte, nachdem er seine Unterrichtsstunden im Voraus bezahlt hatte und ein entschlossener Mann war. Eines Tages stellte er zu seiner Überraschung fest, dass seine Füße die Bewegungen vollführten, ohne dass er dabei irgendeine ausgeprägte Willenskraft zeigte – fast so, als wären sie mit einer eigenen Intelligenz ausgestattet. Es war der Wendepunkt. Es erfüllte ihn mit einem einzigartigen Stolz, wie er ihn seit seiner ersten Gehaltserhöhung bei der Bank nicht mehr gespürt hatte.

Frau Gavarni fühlte sich zu würdigem Lob bewegt.

„Etwas Tempo, Junge!" sie beobachtete. „Etwas Tempo!"

Henry errötete bescheiden. Es war die Auszeichnung.

Mit jedem Tag, an dem seine Fähigkeiten im Tanz immer offensichtlicher wurden, fand Henry Gelegenheit, den Moment zu segnen, in dem er sich entschieden hatte, Unterricht zu nehmen. Manchmal schauderte es ihn, weil er so knapp einer Katastrophe entgehen konnte. Mit jedem Tag, an dem er Minnie beobachtete, wurde ihm klarer, dass sie sich über die Monotonie ihres Lebens ärgerte. Dieses verhängnisvolle Abendessen hatte den Frieden in ihrem kleinen Zuhause zerstört. Oder vielleicht hatte es nur den Zusammenbruch herbeigeführt. Früher oder später, sagte er sich, würde sie der Eintönigkeit ihres Schicksals überdrüssig sein. Jedenfalls schien sich seit kurz nach dieser verstörenden Nacht ein Mangel an Leichtigkeit und Spontaneität in ihre Beziehungen einzuschleichen. Eine Seuche hat sich über das Haus ausgebreitet.

Nach und nach entwickelten Minnie und er einen fast förmlichen Umgang miteinander. Sie hatte die Lust daran verloren, abends vorgelesen zu bekommen, und hatte die Angewohnheit entwickelt, sich auf Kopfschmerzen zu berufen und früh zu Bett zu gehen. Manchmal, wenn sie ihren Blick auf sich zog, obwohl sie es nicht erwartet hatte, überraschte ihn ein rätselhafter Blick darin. Es war jedoch ein Blick, den er deuten konnte. Es bedeutete, dass sie sich langweilte.

Man hätte erwarten können, dass dieser Zustand Henry beunruhigt hätte. Im Gegenteil, es bereitete ihm einen angenehmen Nervenkitzel. Es gab ihm das Gefühl, dass es sich gelohnt hatte, die Qualen des Tanzenlernens auf sich zu nehmen. Je gelangweilter sie nun war, desto größer war ihre Freude, als er sich dramatisch zu erkennen gab. Wenn sie mit dem Leben zufrieden gewesen wäre, das er ihr als Nichttänzerin bieten konnte, welchen Sinn hatte es dann, Gewicht und Geld zu verlieren, um die Schritte zu lernen? Er genoss die stillen, unruhigen Abende, die die fröhlichen Abende des ersten Jahres ihrer Ehe ersetzt hatten. Je unwohler sie sich jetzt fühlten, desto mehr würden sie später ihr Glück schätzen. Henry gehörte zu dem großen Kreis von Menschen, die der Meinung sind, dass es ein größeres Vergnügen sei, plötzlich von Zahnschmerzen geheilt zu werden, als überhaupt keine Zahnschmerzen mehr zu haben.

Deshalb lachte er innerlich nur, als er ihr am Morgen ihres Geburtstags eine Handtasche überreichte, nach der sie sich, wie er wusste, schon lange gesehnt hatte, auf oberflächliche und mechanische Weise bedankte.

„Ich freue mich, dass es dir gefällt", sagte er.

Minnie blickte ohne Begeisterung auf die Handtasche.

„Das ist genau das, was ich wollte", sagte sie lustlos.

„Nun, ich muss gehen. „Die Karten fürs Theater besorge ich mir, während ich in der Stadt bin."

Minnie zögerte einen Moment.

„Ich glaube nicht, dass ich heute Abend viel ins Theater gehen möchte, Henry."

'Unsinn. Wir müssen an deinem Geburtstag eine Party veranstalten. Wir gehen ins Theater und essen dann wieder bei Geisenheimer zu Abend . Vielleicht arbeite ich heute nach Feierabend in der Bank, also werde ich wohl nicht nach Hause kommen. Wir treffen uns um sechs bei diesem Italiener.'

'Sehr gut. Du wirst also deinen Spaziergang verpassen?'

'Ja. Es spielt ausnahmsweise keine Rolle.'

'NEIN. „Du gehst also immer noch spazieren?"

'Oh ja ja.'

„Drei Meilen jeden Tag?"

„Verpassen Sie es nie. Es hält mich gesund.'

'Ja.'

'Tschau mein Schatz.'

'Auf Wiedersehen.'

Ja, es herrschte eine deutliche Kälte in der Atmosphäre. Gott sei Dank, dachte Henry, als er zum Bahnhof ging, morgen früh würde es anders sein. Er hatte eher das Gefühl eines jungen Ritters, der heimlich für seine Dame gefährliche Taten begangen hat und nun endlich dafür Anerkennung erhält.

Im Geisenheimer's war es genauso strahlend und laut wie zuvor, als Henry es in dieser Nacht erreichte und eine widerstrebende Minnie begleitete. Nach einem stillen Abendessen und einer Theateraufführung, bei der keiner von beiden mehr als ein Wort zwischen den Akten gewechselt hatte, hatte sie den Gedanken an das Abendessen aufgeben und nach Hause gehen wollen. Aber eine Polizeieinheit hätte Henry nicht von Geisenheimers Haus fernhalten können . Seine Stunde war gekommen. Er hatte wochenlang an diesen Moment gedacht und jedes Detail seiner großen Szene visualisiert. Zuerst saßen sie in stillem Unbehagen an ihrem Tisch . Dann kam wie zuvor Sidney Mercer und forderte Minnie zum Tanzen auf. Und dann – dann – erhob sich Heinrich, gab jede Verheimlichung auf und rief großartig: „Nein!" Ich werde mit meiner Frau tanzen!' Fassungsloses Erstaunen von Minnie, gefolgt von wilder Freude. Völlige Niederlage und Unbehagen dieses Stecknadelkopfes, Mercer. Und wenn sie dann an ihren Tisch zurückkehrten, atmete er leicht und regelmäßig, wie es sich für einen ausgebildeten Tänzer in perfekter Kondition gehört, sie schwankte ein wenig vor der plötzlichen Verzückung des Ganzen, sie saßen mit den Köpfen dicht beieinander und begannen ein neues Leben. Das war das Szenario, das Henry entworfen hatte.

Es lief – bis zu einem gewissen Punkt – so reibungslos wie immer in seinen Träumen. Der einzige Zwischenfall, den er befürchtet hatte, nämlich das Ausbleiben von Sidney Mercer, trat nicht ein. Er hatte das Gefühl, dass es die Szene ein wenig verderben würde, wenn Sidney Mercer nicht als Gegenspieler auftauchen würde; aber er hätte in diesem Punkt keine Befürchtungen haben müssen . Sidney hatte die Gabe, die bei kinnlosen, glatthaarigen Männern nicht ungewöhnlich ist, ein hübsches Mädchen ins Restaurant kommen zu sehen, selbst wenn er mit dem Rücken zur Tür stand. Sie hatten kaum Platz genommen, als er neben ihrem Tisch stand und grüßend meckerte.

„Warum, Henry! Immer hier!'

„Geburtstag meiner Frau.“

„Vielen Glückwunsch zum heutigen Tag, Frau Mills.“ Wir haben gerade noch Zeit, an der Reihe zu sein, bevor der Kellner mit Ihrer Bestellung kommt. Mitkommen.'

Die Band stimmte eine neue Melodie an, eine Melodie, die Henry gut kannte. Oft hatte Frau Gavarni hämmerte es aus einem alten und unwilligen Klavier, damit er mit ihrer blauäugigen Nichte tanzen konnte. Er stand auf.

'NEIN!' rief er großartig aus. „Ich werde mit meiner Frau tanzen!“

Er hatte die Sensation, die er hervorrufen wollte, nicht unterschätzt. Minnie sah ihn mit großen Augen an. Sidney Mercer war offensichtlich erschrocken.

„Ich dachte, du könntest nicht tanzen.“

„Man kann es nie sagen“, sagte Henry leichthin. „Es sieht ganz einfach aus. Wie auch immer, ich werde es versuchen.'

'Henry!' rief Minnie, als er sie umarmte.

Er hatte angenommen, dass sie so etwas sagen würde, aber kaum mit dieser Stimme. Es gibt eine Art „Henry!“ zu sagen. was überraschte Bewunderung und reumütige Hingabe vermittelt; aber sie hatte es nicht so gesagt. In ihrer Stimme lag ein Anflug von Entsetzen. Henry war ein einfacher Mensch, und die offensichtliche Lösung, dass Minnie dachte, er hätte im italienischen Restaurant zu viel Rotwein getrunken, kam ihm nicht in den Sinn.

Tatsächlich war er im Moment zu beschäftigt, um die Stimmlagen zu analysieren . Sie lagen jetzt auf dem Boden, und wie ein eisiger Wind wehte ihm allmählich der Gedanke entgegen, dass das Szenario, das er entworfen hatte, unvorhergesehenen Veränderungen unterworfen war.

Zunächst war alles gut gewesen. Sie waren fast allein auf dem Boden gewesen, und er hatte begonnen, seine Füße entlang der gestrichelten Linie AB zu bewegen, mit der sanften Schwungkraft, die die letzten paar Stunden seines Unterrichts geprägt hatte. Und dann befand er sich wie von Geisterhand mitten in einer Menschenmenge – einer wilden, hin und her tanzenden Menschenmenge, die offenbar keinen Orientierungssinn und keinerlei Fähigkeit zu haben schien, ihm aus dem Weg zu gehen. Für einen Moment stand ihm die wochenlange Ausbildung zur Seite. Dann ein Schock, ein unterdrückter Schrei von Minnie, und schon kam es zum ersten Zusammenstoß. Und damit verschwand das gesamte Wissen, das er sich so mühsam angeeignet hatte, aus Henrys Gedanken und hinterließ eine aufgeregte Leere. Das war eine Situation, auf die er durch sein Herumrutschen in einem leeren Raum nicht vorbereitet war. Das schlimmste Lampenfieber überkam ihn. Jemand stürmte ihn von hinten und fragte mürrisch, wohin er wohl gehen würde. Als er sich mit dem Gedanken, sich zu entschuldigen, umdrehte, rammte ihn jemand anderes von der anderen Seite. Einen Moment lang hatte er das Gefühl, als würde er in einem Fass die Niagara-Stromschnellen hinunterfahren, und dann lag er auf dem Boden, Minnie auf sich. Jemand ist über seinen Kopf gestolpert.

Er setzte sich auf. Jemand half ihm auf die Beine. Er wusste, dass Sidney Mercer an seiner Seite war.

„Mach es noch einmal", sagte Sidney mit einem strahlenden Grinsen und geschmeidiger Makellosigkeit. „Es ist ein großer Erfolg geworden, aber viele von ihnen haben es nicht gesehen."

Der Ort war voller Dämonengelächter.

'Mindest!' sagte Henry.

Sie waren im Wohnzimmer ihrer kleinen Wohnung. Ihr Rücken war ihm zugewandt und er konnte ihr Gesicht nicht sehen. Sie antwortete nicht. Sie bewahrte das Schweigen, das sie seit dem Verlassen des Restaurants bewahrt hatte. Während der Heimfahrt hatte sie kein einziges Mal gesprochen.

Die Uhr auf dem Kaminsims tickte. Draußen rumpelte eine Hochbahn vorbei. Stimmen kamen von der Straße.

„Min, es tut mir leid."

Schweigen.

„Ich dachte, ich könnte es schaffen. Oh Gott!' Das Elend war in jeder Note von Henrys Stimme zu hören. „Seit dem Abend, an dem wir zum ersten Mal dort waren, habe ich jeden Tag Unterricht genommen. Es ist nicht gut – ich schätze, es ist so, wie die alte Frau gesagt hat. Ich habe zwei linke Füße und es nützt nichts, wenn ich es jemals versuche. Ich habe es vor dir geheim gehalten, was ich tat. Ich wollte, dass es eine wundervolle Überraschung für Dich an Deinem Geburtstag wird. Ich wusste, wie krank und müde es dich wurde, mit einem Mann verheiratet zu sein, der dich nie ausführte, weil er nicht tanzen konnte. Ich dachte, es wäre an mir, zu lernen und dir eine gute Zeit zu bereiten, wie die Ehefrauen anderer Männer. ICH-'

'Henry!'

Sie hatte sich umgedreht und mit dumpfem Erstaunen sah er, dass sich ihr ganzes Gesicht verändert hatte. Ihre Augen strahlten vor strahlendem Glück.

'Henry! Waren Sie *deshalb* in dieses Haus gegangen – um Tanzunterricht zu nehmen?'

Er starrte sie wortlos an. Sie kam lachend auf ihn zu.

„Das war also der Grund, warum Sie so getan haben, als würden Sie immer noch spazieren gehen?"

'Du wusstest!'

„Ich habe dich aus diesem Haus kommen sehen. Ich ging gerade zum Bahnhof am Ende der Straße und sah dich. Bei dir war ein Mädchen, ein Mädchen mit gelben Haaren. Du hast sie umarmt!'

Henry leckte sich die trockenen Lippen.

„Min", sagte er heiser. „Sie werden es nicht glauben, aber sie hat versucht, mir das Jelly Roll beizubringen."

Sie hielt ihn am Revers seines Mantels fest.

„ Natürlich glaube ich es." Ich verstehe jetzt alles. Ich dachte damals, du würdest dich nur von ihr verabschieden! Oh, Henry, warum hast du mir nie gesagt, was du tust? Oh ja, ich weiß, du wolltest, dass es eine Überraschung für mich an meinem Geburtstag ist, aber du musst gesehen haben, dass da etwas nicht stimmte. Du musst gesehen haben, dass ich etwas gedacht habe. Sicherlich ist dir aufgefallen, wie es mir in den letzten Wochen ergangen ist?'

„Ich dachte, es liegt nur daran, dass du es langweilig findest."

'Langweilig! Ja bei dir!'

„Es war, nachdem du an diesem Abend mit Sidney Mercer getanzt hast. Ich habe mir das Ganze ausgedacht. Du bist so viel jünger als ich, Min. Es erschien dir nicht richtig, dass du dein Leben damit verbringen musstest, von einem Kerl wie mir vorgelesen zu werden.'

„Aber ich habe es geliebt!"

„Du musstest tanzen. Jedes Mädchen muss es tun. Frauen können nicht darauf verzichten."

„Dieser kann. Henry, hör zu! Erinnerst du dich, wie krank und erschöpft ich war, als du mich zum ersten Mal auf dieser Farm trafst? Wissen Sie, warum das so war? Das lag daran, dass ich jahrelang an einem dieser Orte schuftete, wo man hingeht und fünf Cent zahlt, um mit den Lehrerinnen zu tanzen. Ich war eine Lehrerin. Henry! Denken Sie nur daran, was ich durchgemacht habe! Jeden Tag muss man eine Million schwerer Männer mit großen Füßen durch einen großen Raum schleppen. Ich sage Ihnen, im Vergleich zu einigen von ihnen sind Sie ein Profi! Sie traten mir auf die Füße, stützten ihre zweihundert Pfund auf mich und brachten mich fast um. Jetzt könnt ihr vielleicht verstehen, warum ich nicht verrückt nach Tanzen bin! Glauben Sie mir, Henry, das Freundlichste, was Sie mir gegenüber tun können, ist, mir zu sagen, dass ich nie wieder tanzen darf.'

„Du – du –", er schluckte. „Meinst du wirklich, dass du das Leben, das wir hier führen, ertragen kannst?" Du findest es wirklich nicht langweilig?'

'Langweilig!'

Sie rannte zum Bücherregal und kam mit einem großen Band zurück.

„Lies mir vor, Henry, mein Lieber." Lies mir jetzt etwas vor. Es kommt einem vor, als wäre es eine Ewigkeit her, seit du es getan hast. Lies mir etwas aus der *Enzyklopädie vor*!'

Henry betrachtete das Buch in seiner Hand. Inmitten einer Freude, die ihn fast überwältigte, wurde ihm bewusst, dass etwas nicht stimmte.

„Aber das ist der MED-MUM-Band, Liebling."

'Ist es? Nun, das wird schon gut gehen. Lies mir alles über „Mama" vor.'

„Aber wir sind nur im CAL-CHA ..." Er schwankte. „Oh, na ja – ich", fuhr er rücksichtslos fort. 'Es ist mir egal. Tust du?'

'NEIN. „Setz dich hier hin, Liebling, und ich setze mich auf den Boden."

Henry räusperte sich.

„ Milicz oder Militsch (gest. 1374), böhmischer Geistlicher, war der einflussreichste unter den Predigern und Schriftstellern in Mähren und Böhmen, die im 14. Jahrhundert gewissermaßen den Weg für die reformatorische Tätigkeit von Hus ebneten." '

Er blickte nach unten. Minnies weiches Haar ruhte auf seinem Knie. Er streckte eine Hand aus und streichelte sie. Sie drehte sich um und sah auf, und er begegnete ihren großen Augen.

„Kannst du es schlagen?" sagte Henry schweigend zu sich selbst.